YUHIKAKU

地方財政の見取り図

BLUEPRINT FOR LOCAL PUBLIC FINANCE

著・菅原宏太
　　松本　睦
　　加藤秀弥

有斐閣 ストゥディア

はしがき

　私たちは，普段何気なく，蛇口から出てくる水道水で顔を洗い，信号機の指示に合わせて道路を渡っています。決められた日に決められた場所へごみを出せば，自動的に回収してもらえます。義務教育を受ける子どもたちの約96％は公立の小中学校へ通っています。通勤や通学で公営の交通機関を利用する人もいるでしょう。また，私たちは，こうして日常生活を当然のように支えてもらっているだけでなく，事故などの困ったことに遭遇すれば警察官や救急隊員に駆けつけてもらえますし，生活に困窮すれば給付金を受けることもできます。

　これらすべての公共サービスは，都道府県や市町村といった地方公共団体（地方自治体ともいいます）が供給しています。では，こうした活動のための資金源は何なのでしょうか。それぞれのジャンルの公共サービスの質や量はどのように決められるのでしょうか。そもそも，資金の調達方法や各サービスへの資金の割り振り方法は適切なのでしょうか。このように，身近な公共サービスを供給している地方公共団体の「お金のやりくり」について学問的に考えるのが地方財政論です。

　本書は，皆さんが地方財政論を学ぶための第一歩を踏み出すにあたり，ぜひ参考にしていただきたいという著者たちの思いから作成されたものです。地方財政と一口に言っても，地域の抱える事情はさまざまです。たとえば，東京都や大阪府のような大都市圏にある地方公共団体と，過疎地域にある地方公共団体とを同列に扱うことはできません。しかし，まずは地方財政の全体像をつかむことが大切です。本書の目的は，地方財政に期待されている役割，地方公共団体の歳出・歳入にかかる諸制度，制度の背景にある理論，これらについて基礎的な解説を提供することにあります。本書の学習を通じて得られる知識は，わが国の地方財政全体が抱える課題を考えるための基礎となるだけではなく，個別の地方公共団体が直面するさまざまな政策課題を考えるためにも役立つでしょう。本書の構成は，次のようなスタイルになっています。

　わが国の地方財政制度について理解するにあたっては，まず，中央政府（国）の財政と地方財政の関係性を学んでおく必要があります。そこで，国と

地方の役割分担の現状や地方財政に対する国の関与など，制度上の基本フレームを第1章で解説します。あわせて，1990年代半ばからわが国で行われてきた地方財政改革についても紹介します。

次に，経済学理論に基づいて地方財政のあり方を考えます。第2章では，市場経済において財政に求められる役割（公共サービスの供給，所得・富の格差是正，景気変動の影響緩和）を紹介し，それぞれの役割を国と地方のどちらが担うべきなのかについて理論的に考えます。第3章では，地方分権のメリットとデメリットのそれぞれに関する理論を紹介します。地方分権のもとでは，地方財政が担うべき役割を地方公共団体が責任をもって実行することになります。このような政策決定には，メリットのみならずデメリットもあることに注意する必要があります。

第2章，第3章からなるこの理論パートは，これ以降の各章における理論的な説明の根幹となっています。このパートをとりあえずスキップして，地方税や補助金といった各制度について学んでみることは可能です。しかし，制度の成り立ちの背景や現在の制度が抱える課題について理解するためには，理論による裏打ちが求められます。ですから，いずれこのパートに立ち返ることをお勧めします。

第4章からは個別テーマを扱う章です。歳出項目の見方，財政状況をとらえる指標，地方財政の能率性を高めるための行政改革といった，地方歳出に関するトピックを第4章で解説します。第5章では，地方税制度について，地方税が満たすべき諸条件（地方税原則）と照らし合わせながら，制度の背景にある考え方や制度が直面する課題を論じます。第6章と第7章のテーマは補助金です。使途が決められている特定補助金（国庫支出金）を第6章で，使途が自由な一般補助金（地方交付税など）を第7章で取り上げます。これら2つの章を通じて，それぞれのタイプの補助金の機能，および現行制度の課題について整理します。最後に，第8章で地方債制度を紹介し，それと関連して，地方公共団体の財政健全化を促進する仕組みについても解説します。

地方財政に関するトピックや政策課題は数多くありますが，本書が取り上げるのは，地方財政を考えるうえで最低限必要となる基本的なテーマです。そのような意味を込めて，本書のタイトルを『地方財政の見取り図』としました。

本書の学習を経て獲得した地方財政論の基礎知識を生かして，さらに高度な学習に進もうという読者の皆さんは，巻末の学習案内に挙げられている文献にトライしてみてください。

　なお，本書は，財政学や経済学についての予備知識を前提としていません。本書では簡単な経済学理論や統計指標が登場しますが，それらの概要を解説した補章 A 〜 C が用意されています。これらの補章は，本書の内容を理解するために経済学のテキストを別途用意するという手間を，読者が取らなくても済むためのものです。

　本書は，3 人の著者が，それぞれの原稿についてお互いにチェックしながら議論を重ねて作り上げたものです。完成までの過程において，京都産業大学大学院経済学研究科（通信教育課程）の修了生である，橋本和明さん（高知市役所），山口裕之さん（茨城県庁），結城亨さん（一般社団法人北見工業技術センター運営協会），吉澤朋子さん（特定非営利活動法人栃木県防災士会・元栃木県庁）には，表現の適切さや読みやすさなどについて行政の現場目線からさまざまなコメントをいただきました。また，有斐閣の担当編集者である柴田守さんには，企画から校正段階に至るまでの間に多くの提案と助言をいただきました。最後になりますが，本書執筆のそもそもの機会は，中井英雄先生（大阪経済法科大学学長，近畿大学名誉教授）よりいただきました。この場を借りて，皆さまに心より感謝を申し上げます。

2023 年 11 月

菅原宏太・松本睦・加藤秀弥

ウェブサポートページ
本書を用いた授業運営のための「PowerPoint のスライド素材」を提供いたします。ご希望の方は，以下の QR コード，もしくは URL からアクセスしてください。

https://www.yuhikaku.co.jp/books/detail/9784641151161

著者紹介

菅 原　宏 太（すがはら こうた）

神戸商科大学大学院経済学研究科博士後期課程単位取得後満期退学，経済学修士

現職：京都産業大学経済学部教授（専攻：地方財政論）

主要著作：Searching for a Soft Budget Constraint: The Case of the Intergovernmental Transfer System in Japan. *Advances in Local Public Economics: Theoretical and Empirical Studies*, (edited by M. Kunizaki, K. Nakamura, K. Sugahara, and M. Yanagihara), pp. 85-116 (Chapter 6), 2019.；A note on production taxation and public-input provision (with M. Matsumoto). *The Annals of Regional Science* 59, pp. 419-426, 2017.；「地域間協調行動の実証分析——繰返しゲームからみた定住自立圏形成」『日本地方財政学会研究叢書』第 21 号，79-195 頁，2014 年（日本地方財政学会第 15 回佐藤賞・論文の部受賞）；「財政競争の実証分析——日本の都道府県のケース」（共著）『愛知大学経済論集』第 171 号，1-29 頁，2006 年

松 本　　睦（まつもと むつみ）

神戸大学大学院経済学研究科博士後期課程中退，博士（経済学）

現職：名古屋大学大学院環境学研究科教授（専攻：地方財政論，公共経済学）

主要著作：Tax competition and tax base equalization in the presence of multiple tax instruments. *International Tax and Public Finance* 29, pp. 1213-1226, 2022.；『租税競争の経済学——資本税競争と公共要素の理論』有斐閣，2014 年（日本地方財政学会第 15 回佐藤賞・著書の部受賞）；Redistribution and regional development under tax competition. *Journal of Urban Economics* 64 (2), pp. 480-487, 2008.；A tax competition analysis of congestible public inputs. *Journal of Urban Economics* 48 (2), pp. 242-259, 2000.

加 藤　秀 弥（かとう ひでや）

名古屋大学大学院経済学研究科博士後期課程修了，博士（経済学）

現職：龍谷大学経済学部准教授（専攻：財政学，地方財政論，公共経済学）

主要著作：Vertical fiscal externality in public education inputs: When federal and state governments have different time perspectives (with M. Yanagihara). *Research in Economics* 77 (4), pp. 518-525, 2023.；「『ふるさと納税』による返礼品競争——租税競争モデルに基づく理論的研究」（共著）『地域学研究』第 51 巻第 2 号，175-195 頁，2021 年；『財政入門』（分担執筆）中央経済社，2019 年；『スタンダード ミクロ経済学』（分担執筆）中央経済社，2013 年；『スタンダード マクロ経済学』（分担執筆）中央経済社，2013 年

目　次

CHAPTER **1**

地方財政のすがた　　　　　　　　　　　　　　　　　1
　　　　　　　　　　　　　　簡単には割り切れない国と地方の関係

1 地方財政の規模‥‥‥‥‥‥‥‥‥‥‥‥‥‥‥‥‥‥‥‥‥2
　　国民経済と地方財政（**2**）　　分野別にみる地方財政（**4**）
　　地方財政の財源（**5**）

2 地方財政の役割と構造‥‥‥‥‥‥‥‥‥‥‥‥‥‥‥‥‥9
　　国と地方の役割分担（**9**）　　地方公共団体の種類（**12**）

3 地方財政計画と国の関与‥‥‥‥‥‥‥‥‥‥‥‥‥‥‥15
　　地方財政計画（**15**）　　国から地方への関与（**19**）　　財政責
　　任の考え方（**22**）

4 地方財政改革の流れ‥‥‥‥‥‥‥‥‥‥‥‥‥‥‥‥‥25
　　地方分権改革の流れ（**25**）　　第 1 次地方分権改革（**26**）
　　第 2 次地方分権改革（**29**）　　三位一体の改革と地方税制改
　　正（**31**）　　その他の地方財政改革（**34**）

Column ● ❶-1	国と地方の歳出・税収割合の国際比較	8
Column ● ❶-2	世界の地方行政構造	14
Column ● ❶-3	財政責任に対する各国民の意識	24

CHAPTER **2**

財政の機能と地方財政が果たすべき役割　　　　　37
　　　　　　　　　　　　　　　　　　　地方財政の仕事は何？

1 シャウプ勧告・神戸勧告‥‥‥‥‥‥‥‥‥‥‥‥‥‥‥38
　　シャウプ勧告・神戸勧告における地方の役割（**38**）　　シャ
　　ウプ勧告・神戸勧告が遺したもの（**40**）

2 財政の機能‥‥‥‥‥‥‥‥‥‥‥‥‥‥‥‥‥‥‥‥‥41
　　市場経済の特徴（**41**）　　市場の失敗①——公共財と価値財
　　（**45**）　　市場の失敗②——所得・富の格差（**49**）　　市場の
　　失敗③——景気変動の影響（**51**）

3 地方財政が果たすべき役割‥‥‥‥‥‥‥‥‥‥‥‥‥53

公共サービスの供給──地方公共財（**53**）　地域経済の開
放性（**58**）　所得・富の格差是正──福祉移住の問題（**60**）
景気変動の影響緩和──政策効果の漏出（**62**）

Column	●　❷-1　計画経済の破綻	44
Column	●　❷-2　昼夜間人口比率	59
Column	●　❷-3　福祉移住の闇	61

CHAPTER 3

地方分権の経済理論

地方分権は良いことばかり？

1　地方分権のメリット・・・66
地域間比較（**66**）　ヤードスティック競争（**67**）　足によ
る投票（**69**）　ヤードスティック競争？　それとも足によ
る投票？（**73**）

2　地方分権のデメリット・・・・・・・・・・・・・・・・・・・・・・・・・・・・・・・・・・・・74
地域間外部効果（**74**）　地域間外部効果の非効率性──一
般論（**77**）　便益漏出の非効率性（**78**）　租税輸出の非効
率性（**79**）　租税競争の非効率性（**79**）　国・地方の課税
重複と垂直的外部効果（**81**）

3　地方分権の帰結・・83

補論　限界概念に基づく効率性分析 ─────── 86

Column	●　❸-1　電力自由化	68
Column	●　❸-2　ティブーの理論と再分配	73
Column	●　❸-3　租税競争を煽る企業	81

CHAPTER 4

地方歳出構造と行政改革

求められる能率性と柔軟性

1　目的別歳出と性質別歳出・・・・・・・・・・・・・・・・・・・・・・・・・・・・・・・・・90
目的別歳出（**90**）　性質別歳出（**92**）　性質別経費でみる
財政状況（**94**）

　　2　市町村合併と広域連携‥‥‥‥‥‥‥‥‥‥‥‥‥‥‥‥‥‥‥‥‥100
　　　　平成の大合併（**100**）　市町村合併の経済学的意味（**101**）
　　　　事務の共同処理と広域連携（**104**）

　　3　地方行政改革‥‥‥‥‥‥‥‥‥‥‥‥‥‥‥‥‥‥‥‥‥‥‥‥‥108
　　　　定員管理と官民連携（**109**）　　公会計改革と公共資産管理
　　　　（**112**）　　地方公営企業および第三セクター等の改革（**114**）
　　　　地方財政の「見える化」の推進（**116**）

| Column ● ❹–1 | SNA 上の経費区分とその国際比較 | 96 |
| Column ● ❹–2 | 求められる競争原理 | 112 |

CHAPTER 5　地方税の制度と理論　121
国と地方の税金は違います

　　1　わが国の地方税制度‥‥‥‥‥‥‥‥‥‥‥‥‥‥‥‥‥‥‥‥‥122
　　　　地方税の現状（**122**）　　地方税への制約（**125**）　　課税自主
　　　　権（**126**）

　　2　地方税原則‥‥‥‥‥‥‥‥‥‥‥‥‥‥‥‥‥‥‥‥‥‥‥‥‥128
　　　　租税原則とは（**128**）　　マスグレイブの 3 原則（**128**）　　地
　　　　方税が満たすべき条件（**130**）

　　3　主要な地方税と地方税原則‥‥‥‥‥‥‥‥‥‥‥‥‥‥‥‥‥134
　　　　個人住民税（**134**）　　法人住民税（**136**）　　個人・法人事業
　　　　税（**137**）　　地方消費税（**139**）　　固定資産税（**141**）
　　　　地方税原則と地方税制度に関するトピック（**142**）

Column ● ❺–1	地方税の国際比較	124
Column ● ❺–2	シャウプ税制と課税重複問題	134
Column ● ❺–3	事業税の数奇な運命	139
Column ● ❺–4	固定資産税と「負動産」	142

CHAPTER 6　国庫支出金の制度と理論　149
国からのひもつき補助金は悪いもの？

　　1　国庫支出金制度‥‥‥‥‥‥‥‥‥‥‥‥‥‥‥‥‥‥‥‥‥‥‥150

財政移転の分類（**150**）　　国庫支出金の交付経路（**151**）
国庫支出金の種類（**151**）　　国庫支出金の現状（**153**）

2　特定補助金の理論 ·· **155**
　直観的な説明（**155**）　　限界概念を用いた説明（**159**）　　混
雑効果がある場合（**162**）　　特定補助金のデメリット（**162**）

3　国庫支出金の課題と改善 ··· **163**
　国庫支出金の弊害（**163**）　　国庫支出金の交付金化（**165**）

Column ● ❻-1　新型コロナウイルスが国庫支出金に与えた影響　　**156**

CHAPTER 7

地方交付税の制度と理論　　　　　　　　　　　　　169

地域間格差への対応はいつの時代も悩ましい

1　財政調整制度の現状と理論 ······································ **170**
　財政調整制度の現状（**170**）　　財政調整制度の機能（**172**）

2　財政調整制度の仕組み ·· **177**
　交付税以前の財政調整制度（**177**）　　地方譲与税の仕組み
（**179**）　　地方交付税の仕組み（**180**）　　地方公共団体の基
礎体力（**183**）

3　普通交付税算定の詳解 ·· **185**
　基準財政収入額（**185**）　　基準財政需要額（**186**）　　ミクロ
の調整のカラクリ（**192**）

4　財政調整制度に関するトピック ································· **193**
　既存の交付税算定方法の見直し（**193**）　　インセンティブ算
定と歳出特別枠（**194**）　　財源保障機能のあり方（**196**）

Column ● ❼-1　各国の財政調整制度　　　　　　　　　　　176
Column ● ❼-2　ふるさと納税の地域間再分配効果？　　　　186

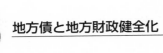

地方債と地方財政健全化　　　　　　　　　201
地方は自由に借金できる？

1　地方債制度 ･･････････････････････････････････202
　地方債の現状（202）　　地方債の対象経費（203）　　特例地
　方債（206）　　地方債計画（206）　　地方債充当率（208）
　地方債協議制度（209）　起債が制限される地方団体（210）

2　地方債の経済理論 ･････････････････････････････210
　公債の根拠（210）　　地方債と地域間人口移動（211）　　食
　い逃げは防げるか（212）

3　地方財政健全化法 ･････････････････････････････213
　基本的な仕組み（213）　　地方財政健全化法公布後（施行
　後）の財政状況（218）　　協議不要基準と許可制移行基準
　（219）

| Column ● ❽-1 | 財政破綻した夕張市で起こったこと | 214 |
| Column ● ❽-2 | 国は財政破綻した地方公共団体を救済すべきか | 220 |

補章　経済学理論・統計指標の概要　　　　223

補章A　効率性と限界概念 ─────────── 224
　1　限界便益・限界費用の概念 ･･････････････224
　2　限界概念に基づく効率的な財量の条件 ･･･････226
　3　パレート効率性の概念 ･････････････････228

補章B　平均費用と規模の経済性 ─────── 230
　1　固定費用と可変費用 ･････････････････････230
　2　生産量と平均費用との関係 ･･････････････232
　3　公共サービス分析への応用 ･･････････････233
　4　固定費用が存在する場合の限界分析 ･･･････234

補章C　基本統計量と格差指標 ──────── 235
　1　基本統計量 ･･････････････････････････235
　　代表値（235）　　散らばり指標（236）

2 さまざまな格差指標······························237
　　　変動係数（237）　　最大値／最小値（238）　　中央
　　　値−平均値（238）

学習案内　　241
索　引　　246

第 **1** 章

地方財政のすがた

簡単には割り切れない国と地方の関係

INTRODUCTION

　地方財政を考えるにあたり，まず押さえておきたいのは，社会経済においてそもそも地方財政がどういった役割を担っているのかという点です。また，国（中央政府）と地方財政の関係性を理解しておくことも重要です。これらは，各国でさまざまに異なっていますから，わが国の地方公共団体の行財政活動について考察する際には，わが国の地方財政制度がどのような仕組みなのかを知っておくことが有用です。本章では，こうした地方財政の基本フレームを学びます。

　第 1 節では，国民経済における地方財政の規模を，歳出と歳入の両面から概観します。ここでは，地方財政の歳出額と税収額のアンバランスがポイントです。それを埋めるための補助金を含めて，地方財源の分類方法を紹介します。

　次に，第 2 節では，国と地方の役割分担を，補完性の原則に基づいて整理します。市町村を基礎的地方公共団体として，どのような考え方で国と地方に事務・事業が割り振られているのかを学びます。また，地方の役割を遂行するための地方公共団体の種類について紹介します。

　第 3 節では，わが国の地方財政制度の特徴である地方財政計画の役割と，法令を通じた国の関与について整理します。その背景にある財政責任という概念に基づき，国の関与の必要性について理論的に考えます。

　最後に，第 4 節で，1990 年代半ばから行われてきた地方財政改革を紹介します。第 1 次，第 2 次の地方分権改革を中心にして，三位一体の改革や地方税制改正，市町村合併や地方行政改革を概観します。

1 地方財政の規模

国民経済と地方財政

　国民経済計算においては，世の中の経済主体を民間部門と公共部門とに区別します。このうち民間部門は家計部門と企業部門とに分けられます。一方，公共部門は一般政府と公的企業で構成されます。ここで，公的企業とは，特殊法人や独立行政法人の一部といった文字どおり公的な活動を行っている法人を指します。

　一般政府はさらに，中央政府，地方政府，社会保障基金に分けることができます。一般的にイメージしやすいのは，いわゆる国と地方公共団体という行政機関の分け方です。社会保障基金は，これらの行政機関において，国民年金，国民健康保険，介護保険といった公的な社会保険事業を運営する部門のことを指し，そこでの資金の収支は国の特別会計や地方公共団体の公営事業会計で管理されています。

　地方公共団体の資金収支の管理は，大きく普通会計と公営事業会計に分けられます（図1.1）。**普通会計**では，学校教育や福祉，消防，道路の敷設や管理といった地方公共団体による公共サービスの供給をはじめとして，基本的な行政運営にかかる資金収支を管理します。一方，**公営事業会計**とは，上述の社会保険事業の会計，上下水道，交通，病院などの**地方公営企業会計**，競馬や競艇などの収益事業会計といった，特定の収入をもって特定の支出に充てる事業の資金収支を管理する会計です[1]。

　2019年度のGDP（国内総生産，支出側，名目）は559兆6988億円で，そのうちの74.9％（419兆2419億円）が民間部門，25.2％（140兆9657億円）が公共部門です（これ以外に，「財貨・サービスの純輸出が−5088億円）。その25.2％の内訳は，地方政府が11.1％，中央政府が4.2％，社会保障基金が8.7％，公的企業は1.3％となっています。地方政府が国内総生産に占める割合は，中央政府の約2.6倍であり，国民経済において地方財政は大きな役割を担っていることがう

CHART 図1.1 地方公共団体の会計

一般行政部門の会計

普通会計
学校教育　福　祉
道　路　消　防　など

その他の会計
（公営事業会計）

公営企業会計
◦水 道 事 業　◦交 通 事 業　◦電 気 事 業　◦ガ ス 事 業
◦病 院 事 業　◦下水道事業　◦宅地造成事業　　　など

国民健康保険
事業会計

後期高齢者医療
事業会計

介護保険
事業会計

など

出所）　総務省「令和3年版地方財政白書ビジュアル版」。

CHART 図1.2 公的支出の状況（2019年度）

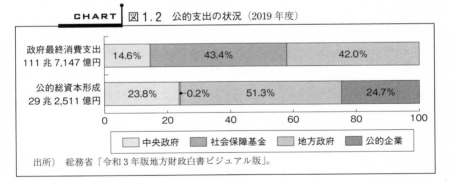

政府最終消費支出
111兆7,147億円　14.6%　43.4%　42.0%

公的総資本形成
29兆2,511億円　23.8%　-0.2%　51.3%　24.7%

0　20　40　60　80　100

□ 中央政府　■ 社会保障基金　□ 地方政府　■ 公的企業

出所）　総務省「令和3年版地方財政白書ビジュアル版」。

かがえます。

　国民経済計算では，公共部門の支出について，警察官の人件費といった公共
サービスの供給にかかるものを**政府最終消費支出**，道路や橋といった社会イン
フラの建設（ただし用地取得のための支出は除く）にかかるものを**公的総資本形成**
として分類します。この観点から整理した図1.2をみると，政府最終消費支出

図1.3　国と地方の支出割合（2019年度）

防衛費										合　計
機関費 11.8%	3.3%	国土保全及び開発費 10.8%	産業経済費 6.4%	教育費 11.9%	社会保障関係費 34.7%	恩給費 0.1%	公債費 20.0%	その他 0.9%		172.3兆円

図中の主な内訳（括弧内は国の割合）：

- (23) (77) 一般行政費等
- (100) (23) 防衛費
- (77) 司法警察消防費
- (32) (68) 国土保全費
- (26) (28) (72) 国土開発費
- (74) 災害復旧費等
- (56) (42) (58) 商工費
- (44) 農林水産業費
- (13) (87) 学校教育費
- (19) (81) 社会教育費等
- (30) (70) 民生費（年金関係除く）
- (100) 民生費のうち年金関係
- (2) (98) 衛生費
- (30) 住宅費等
- (4)
- (70) 恩給費
- (96) 恩給費
- (65) (99.98) 公債費
- (35) 公債費
- (0.02)

合計：
- (43) 国　73.4兆円
- (57) 地方　98.8兆円

出所）　総務省ホームページ資料。

においては 42.0％，公的総資本形成においては 51.3％を地方政府が占めていることがわかります。一方，中央政府の割合は，政府最終消費支出において 14.6％，公的総資本形成において 23.8％にすぎません。つまり，現在のわが国では，どちらのタイプの公的支出においても，地方が国を上回っています。

分野別にみる地方財政

　国と地方の支出割合について，2019 年度の決算状況（最終支出ベース）から，どのような分野で地方の割合が高いのかをみてみましょう。図 1.3 のように，供給される公共サービスをイメージした支出の分類方法を**目的別分類**と呼びます。一方で，公共サービスを供給するために必要となるヒトやモノなどへの支出という観点での分類方法を**性質別分類**と呼びます。切り口が異なるだけですから，どちらでみても支出合計額は同じになります。これらの分類方法については第 4 章で改めて取り上げます。
　図 1.3 では，まず，政府部門の歳出全体 172.3 兆円の約 57％を地方が占め，

残りの約43％が国となっています。なお，図1.3の歳出額は，用地取得費，生活保護などの社会保障給付支出，公債費を含まない図1.2の公的支出とは数値が異なります。

　次に，地方の割合が75％を超えるような分野は，保健所やごみ処理などの衛生，小中学校や幼稚園などの学校教育，公民館や図書館などの社会教育，戸籍管理などの一般行政，司法警察および消防です。これらはいずれも住民の日常生活に密着した公共サービスの経費だといえます。

　民生費（年金関係を除く社会保障関係費）とは，児童福祉，介護などの老人福祉，生活保護にかかる歳出のことです。これについて，地方の割合は上に挙げた各分野より少し低めですが，民生費自体が歳出全体のなかで最も大きな割合を占めていることから，金額としては大きいことがうかがえます。

　一方で，図1.3からは，防衛費や年金関係をはじめ，地方よりも国の割合の方が高いものもみられます。これらの分野の特徴は，その便益が国民全体に及ぶものであるということです。このように，地方の支出割合が大きいといっても，どの分野でも均等に大きいわけではないことがわかります。それは，それぞれの分野における国と地方の役割分担と関連しているからです。

地方財政の財源

　わが国の地方財政は，公的支出のなかで大きな割合を占めているのですが，その財源がどのようになっているのかを次にみてみましょう。

　公共部門の主要な財源は，税収と社会保険料収入です。これらと国民経済との関係として一般的に用いられているのが，国民負担率です。これは，国民所得に対する税収および社会保険料収入の比率で表されます。2019年度の数値では，国民所得401兆2870億円に対して，国民負担率は44.4％となっています。このうち，税収の比率である租税負担率が25.8％，社会保険料収入の比率である社会保障負担率が18.6％です。

　2019年度において，国税収は62兆1751億円，地方税収は41兆2115億円です。これらより，国税負担率は15.5％，地方税負担率は10.3％となります。先ほどみた支出割合とは逆に，税収面では，地方政府は公共部門のなかで最も小さな割合となっています。

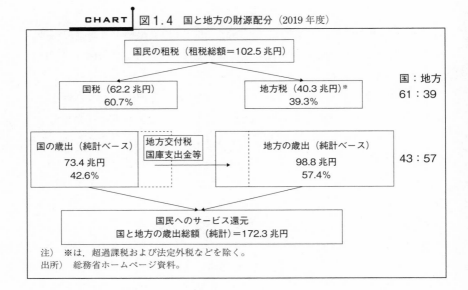

CHART 図1.4 国と地方の財源配分（2019年度）

注) ※は，超過課税および法定外税などを除く。
出所) 総務省ホームページ資料。

　このように，地方財政の支出と税収の帳尻は合っていません。その調整のために用いられているのが，地方交付税や国庫支出金といった補助金による政府間の財政移転です。図1.4のように，2019年度においては，61：39だった国と地方の税収配分に対して，これらの財政移転によって43：57の歳出配分が実現されています。

　もう少し丁寧にいうと，これらの補助金にはそれぞれ別の機能があります。**地方交付税**は，国による地方公共団体の財源保障および地方公共団体間での財源格差の調整という機能をもっています。そのため，基本的に地方公共団体に交付された地方交付税は使途を限定されません。このような補助金のことを**一般補助金**と呼びます。一方で，**国庫支出金**は各費目に対して交付されている個々の補助金の総称ですが，各補助金はそれによって補助されるべき事業の財源として使途が限定されています。したがって，全体としての国庫支出金も使途を限定された補助金ということになります。このような補助金のことを**特定補助金**と呼びます。

　このことを踏まえて，図1.5の地方の歳入は，次の2つの側面からとらえることができます。第1は，一般財源か特定財源かという分類です。**一般財源**とは，その財源の使途が限定されておらず，地方公共団体が自身の裁量によって

CHART 図 1.5 地方歳入の内訳（2019 年度）

（億円）

地 方 税	地方譲与税 地方特例交付金 地方交付税	国庫支出金	地 方 債	そ の 他
412,115 （39.9%）	198,213 （19.2%）	157,854 （15.3%）	108,705 （10.5%）	155,571 （15.1%）

◀——————————— 地方歳入 103 兆 2,459 億円 ———————————▶

出所）　総務省ホームページ資料。

どのような経費に充てるかを決めることのできる財源です。図 1.5 のうちでは，**地方税**（一部の目的税を除く。第 5 章第 1 節を参照）に加えて，上述の地方交付税，地方譲与税や地方特例交付金，およびその他に含まれる財産収入などが該当します。**特定財源**とは，その逆の意味で，地方公共団体の収入ではあっても，その使途が法令などによって限定されている財源です。上述の国庫支出金に加えて，その他に含まれる使用料なども特定財源です。たとえば，公立保育園の保育料を道路建設の経費に充てることはできません。**地方債**は，財源とできる事業が定められており（地方財政法 5 条），原則として特定財源に分類されます。しかし，そこで定められた範囲の事業であれば，地方公共団体が計画的に使途を決めることはできます。したがって，国庫支出金と比べると，特定財源とはいえ，地方債には地方公共団体の裁量の余地が多少あるといえます。

　第 2 の分類方法は，自主財源か依存財源かという分類です。**自主財源**とは文字どおり地方公共団体が自主的に調達できる財源のことです。図 1.5 のうちでは，地方税とその他に含まれている使用料などがこれに該当します。他方で，**依存財源**とは別の主体からの拠出に依存している財源です。地方税や使用料など以外の，地方譲与税，地方特例交付金，地方交付税，国庫支出金，地方債およびその他に含まれる寄付金収入（たとえば，ふるさと納税受入額など）などがこれに該当します。

　これらの分類を踏まえると，一般財源でかつ自主財源である地方税が地方公共団体にとっては最も重要な財源ということになります。図 1.5 によると，地方税が歳入全体に占める割合は 39.9% となっています。かつて，この割合は 30% 前後だったため，そのことを **3 割自治**と揶揄するような表現が一昔前の地

Column ❶-1　国と地方の歳出・税収割合の国際比較 (2017 年)

　　表 1.1 は，G7 諸国の国と地方について，歳出割合と税収割合を比較したものです。日本を含む上から 4 つの国は，中央政府が大きな権限をもっている単一制国家，アメリカを含めて下の 3 カ国は州政府に大きな権限のある連邦制国家です。

　　この表からは，日本の地方の歳出割合は連邦制国家並みに大きいことがわかります。また，単一制，連邦制のいずれの国においても，地方の税収割合は歳出割合よりも小さく，どの国においても中央政府と地方政府の間での財政移転が必要であることがうかがえます。

表 1.1　G7 諸国における国・地方の歳出割合と税収割合

	歳　出　割　合		税　収　割　合	
	中　央	地　方	中　央	地　方
日　　　本	27%	73%	62%	38%
イ ギ リ ス	67%	33%	94%	6%
フ ラ ン ス	56%	44%	72%	27%
イ タ リ ア	44%	56%	77%	23%
ア メ リ カ	38%	62%	58%	42%
カ　ナ　ダ	14%	86%	45%	55%
ド　イ　ツ	20%	80%	48%	52%

　出所)　総務省，OECD の資料をもとに作成。

方財政論のテキストにはみられました。一般財源という意味では，地方交付税も重要な財源です。図 1.5 における左から 2 つめの歳入項目の割合 19.2％のうち，16.2％分は地方交付税です。しかし，依存財源であるため，その収入額が国の財政状況に影響を受けることになります。地方税については第 5 章，地方交付税については第 7 章で取り上げることにします。

　逆に，国庫支出金や地方債は，特定財源でかつ依存財源ですから，地方公共団体にとっては「不自由な使い方」を強いられる財源といえます。これらはあわせて地方歳入の 25.8％を占めており，地方財政において大きな縛りとなっているとも受け取れます。しかし，これらは何の意図もなく「不自由」になっているわけではありません。国庫支出金については第 6 章，地方債については第

8章で取り上げます。

2 地方財政の役割と構造

国と地方の役割分担

　わが国における国と地方の役割分担に関する原則は，**地方自治法**に規定されています。地方の公共部門である地方公共団体は，「住民の福祉の増進を図ることを基本として，地域における行政を自主的かつ総合的に実施する役割を広く担うものとする」（地方自治法1条の2）とされています。「広く担う」という部分が曖昧ですが，同条2項で，国に任せるべき仕事として

　　○ 国家としての存立に関わる事務・事業
　　○ 全国的に統一的に扱うのが望ましい事務・事業
　　○ 全国的視点に立って行うべき事務・事業

が挙げられています。そして，「住民に身近な行政はできる限り地方公共団体にゆだねる」と規定されています。

　地方公共団体は主に都道府県と市町村から構成されていますが，地方自治法ではそれぞれの役割が規定されています（地方自治法2条2，3項）。「**基礎的地方公共団体＝市町村**」という位置づけであり，都道府県は市町村を補う役割を果たします。具体的には，

　　○ 市町村の区域を越える事務・事業
　　○ 規模または性質において一般の市町村が処理することが適当でない事務・事業
　　○ 市町村間や国と市町村間の連絡調整

などが，都道府県の果たすべき仕事と位置づけられています。

CHART | 表1.2 国と地方の事務・事業の分担

分　野		公共資本	教　育	福　祉	その他
国		◦ 高速自動車道 ◦ 国道 ◦ 一級河川	◦ 大学 ◦ 私学助成（大学）	◦ 社会保険 ◦ 医師等免許 ◦ 医薬品許可免許	◦ 防衛 ◦ 外交 ◦ 通貨
地方	都道府県	◦ 国道（国管理以外） ◦ 都道府県道 ◦ 一級河川（国管理以外） ◦ 二級河川 ◦ 港湾 ◦ 公営住宅 ◦ 市街化区域，調整区域の決定	◦ 高等学校・特別支援学校 ◦ 小・中学校教員の給与・人事 ◦ 私学助成（幼〜高） ◦ 公立大学（特定の県）	◦ 生活保護 　（町村の区域） ◦ 児童福祉 ◦ 保健所	◦ 警察 ◦ 職業訓練
	市町村	◦ 都市計画等 　（用途地域，都市施設） ◦ 市町村道 ◦ 準用河川 ◦ 港湾 ◦ 公営住宅 ◦ 下水道	◦ 小・中学校 ◦ 幼稚園	◦ 生活保護 　（市の区域） ◦ 児童福祉 ◦ 国民健康保険 ◦ 介護保険 ◦ 上水道 ◦ ごみ・し尿処理 ◦ 保健所 　（特定の市）	◦ 戸籍 ◦ 住民基本台帳 ◦ 消防

出所）　総務省ホームページ資料。

　このような仕事の割り振り方は，地方財政論において**補完性の原則**として知られている考え方に対応します。まずは市町村に仕事を割り当て，市町村では対応しきれない（すべきではない）仕事は都道府県へ，そして都道府県でも対応しきれない（すべきではない）仕事は国へと再割当てを行います。地域住民に身近な公共部門である市町村から始めて，地方では対応できないものを国に任せるという発想です。

　表1.2は，わが国における国と地方の事務・事業についての分担を簡単にまとめたものです。先ほどの図1.3も参照してください。

　外交，防衛，通貨はもっぱら国の担当領域です。国道の設置は，その名称に示されるように国が行います。しかし，維持管理については，国土を縦貫するものや重要都市を通過するものなどでとくに指定された区間を除いて，地方に

任されています。河川管理も，一級河川のような大規模なものの管理・整備は，基本的に国の担当です。地方の担当領域には，生活道路，上下水道，公園の設置と維持管理や生活ごみの処理などが含まれています。また，警察，消防，義務教育サービスの供給も基本的に地方の仕事です。

　以上の基本的枠組みを簡単にまとめると，国・地方間（あるいは都道府県と市町村の間）の仕事の割り振りは，「地域ごとにバラバラな対応をするのではなく，統一的な対応が求められる仕事か否か」，あるいは「政策効果の及ぶ範囲が市町村や都道府県の区域を越える仕事か否か」という視点から眺めることができます。つまり，**統一性・広域性**があるか否かが重要なのです。この意味において，外交，防衛，通貨は各地域が個別に担当すべき領域ではありません。複数の地域を貫く重要なインフラも，全国視点に立った施策が必要でしょう。統一性・広域性に配慮しなくてもよい行財政活動は，基本的に地方の仕事であると考えることができます。つまり，地域内で政策効果が完結し，しかも他地域との整合性や統一性が求められない行財政活動については，どのような質と規模で実施するかを地域ごとに決めればよいのです。地域住民の日常生活に密着した公共サービスである生活道路，上下水道，公園，生活ごみの処理などは，このカテゴリーに入ると考えられます。

　注意すべきは，表1.2に示される地方の担当領域とされる仕事についても，「国の関与がある」という点です。1つの行財政活動を，国と地方で協力して行っているケースが多くみられます。協力といえば聞こえはよいですが，国がいろいろと地方の行財政活動に制約をかけているというのが実態です。本章第4節で説明するように，地方公共団体の仕事は**自治事務**と**法定受託事務**に分類されます。たとえば，地方担当の国道管理や低所得者支援のための生活保護の給付などは法定受託事務であり，国の仕事のお手伝いです。生活保護給付については，小規模な地方公共団体に受託させると，かえって能率が悪くなるので，都道府県が町村部を一括して担当しています。

　自治事務とされる領域でも，個別法令に基づく国の関与があります。たとえば，警察，消防や義務教育は自治事務ですが，それぞれについて警察法，消防法，義務教育標準法という法律があり，業務内容や人員に関する基準などが定められています。警察については，都道府県警察本部の組織構成や警察署の設

置基準は国が定めます。消防については，民間施設が設置すべき消火・警報・避難設備の基準は国の法律が定めて，市町村が監督を行います。教育については，国・都道府県・市町村にまたがる複雑な体制です。文部科学省が教科書検定を行うとともに，義務教育に関する教員定数や学級編成の原則を定めます。その原則に従って，都道府県は学級編成や教員採用および人事を行い，市町村は学校施設の運営を行います。

このように，国と地方の分担関係といいつつも，現状は国・地方の行財政活動を分離する形にはなっていません。この背景として，わが国では「最低限度の生活水準（ナショナル・ミニマム）を保障する公共サービスを全国どこでも受けられること」を確実に実施するという考え方が根強くあります。この考え方は，本章第3節で説明する地方財政計画の策定に象徴されます。地方が担当する仕事に国が関与するのは，その表れといえるでしょう。地方分権改革を通じてしだいに国の関与は弱まりつつあるものの，長年染みついた習慣です。

地方公共団体の種類

現在わが国には，47の都道府県と1718の市町村があり，それらの間で表1.2の下2段のような役割分担がなされているのですが，とくに都市部や，地方圏であっても人口が集中している地域については，補完性の原則を拡大解釈した方がよい場合もあります。つまり，これらの地域にある規模の大きな団体には，一般的な市町村よりも多くの権限と仕事を与えた方が，都道府県が担うよりもかえって能率がよい場合です。そのため，人口規模を主な要件として，市町村の間でも行える事務が異なっています（図1.6）。

まず，人口5万人以上であることをはじめいくつかの条件を満たす団体が，市（一般市）となれます（地方自治法8条1〜4号）。一般市は，福祉事務所を設置し生活保護といった社会福祉関係の事務など，町村よりも行える事務が多くなります（地方自治法8条の2）。2018年現在，このような一般市は全国に687市あります。一方，現在ある743の町と183の村の区別は，各都道府県の条例によって町の要件を定め，村はその要件に満たないものとされています。

さらに，市のなかでも人口が20万人以上ある団体は，申し出によって中核市になれます。中核市は，特別養護老人ホームや市街地開発に関するものなど，

```
                                                        都道府県

    ·  児童相談所の設置        指定都市
    ·  市街地開発事業の認可           ·  指定区間の1級河川，2級河川の管理
    ·  市内の指定区間外の国道や県道の管理  ·  小中学校にかかる学級編制基準，教職
    ·  県費負担教職員の任免，給与の決定      員定数の決定
                                     ·  高等学校の設置・管理
    ·  特別養護老人ホームの設置認可・監督   中核市   ·  警察（犯罪捜査，運転免許等）
    ·  保健所設置市が行う事務             ·  都市計画区域の指定
       （飲食店営業等の許可，温泉の利用許可）
    ·  一般廃棄物処理施設，産業廃棄物処理施設設置の許可
    ·  騒音を規制する地域の指定，規制基準の設定

                                                        市 町 村

    ·  生活保護（市および福祉事務所設    ·  都市計画決定          ·  小中学校の設置・管理
       置町村が処理）              ·  市町村道，橋梁の建設・管理   ·  一般廃棄物の収集や処理
    ·  特別養護老人ホームの設置・運営   ·  上下水道の整備・管理運営   ·  消防・救急活動
    ·  介護保険事業                               ·  住民票や戸籍の事務

    出所） 総務省ホームページ資料をもとに作成。
```

通常は都道府県の役割とされている事務の一部を担うことができます（地方自治法 252 条の 22 第 1 項）。2018 年現在，金沢市や高知市など地方圏の県庁所在地をはじめ全国に 62 市の中核市があります[2]。

　最後に，市のなかで最も大きな権限をもつのが，人口 50 万人以上の**（政令）指定都市**です。図 1.6 のように，指定都市は，児童相談所の設置や義務教育教職員の人事をはじめ，都市計画や環境保全など，中核市よりもさらに幅広い事務を行うことができ，都道府県の事務の多くを肩代わりします（地方自治法 252 条の 19 第 1 項）。また，事務をより能率的に行うために，市内を行政区に分けることができます（地方自治法 252 条の 20 第 1 項）。このような指定都市は，横浜市，大阪市，名古屋市など 2018 年現在で全国に 20 市あります。

　規模や権限の差はありますが，以上の 47 都道府県と 1718 市町村は**普通地方公共団体**と呼ばれています。なお，本書で単に「地方」とか「地方公共団体」という場合には，この普通地方公共団体を指します。

　他方で，これらとは別に**特別地方公共団体**があります。これは，都道府県と市町村という枠組みから外れた，文字どおり特別な事務を行う団体です。代表的なものとして，現在は東京都のみに設置されている特別区と，複数の普通地方公共団体が共同で設立する一部事務組合および広域連合があります。いずれ

Column ❶-2　世界の地方行政構造

　OECD の調べによると，調査対象の 101 カ国のうちでは，1 層制が 31 カ国，2 層制が 47 カ国，3 層制が 23 カ国となっています。それぞれのタイプの例は表 1.3 のとおりです。

　1 層制のフィンランドにおいて，1 つある地域政府とはオーランド諸島を管轄する行政体のことで，市町村（Kuntaa）の上に位置するものではありません。日本と比べると市町村の規模は小さいものの，その役割は日本とあまり違わないようです。つまり，中学校までの教育，医療・介護，都市計画，上下水道，インフラの維持管理，消防・救急などを担っています。

　3 層制のドイツでは，市町村（Gemeinden）が非常に多く，その一方で，規模は日本の市町村よりも非常に小さく，役割も，小学校，公共住宅，地方道路整備，上下水道などに限られています。経済，社会保障，環境，文化，スポーツに至るまで，政策の大きな権限は州（Länder）に与えられています。

表 1.3　フィンランド，日本，ドイツの地方行政構造

	基礎的地方団体	中間政府	州・地域政府	総人口（2014 年）
フィンランド	313 団体 平均人口：17,530 人	—	1 自治政府	546 万人 都市居住者比率：84.1%
日　本	1,741（1,718 市町村と 23 特別区） 平均人口：72,715 人	—	47 都道府県	1 億 2,712 万人 都市居住者比率：93%
ド イ ツ	11,092 団体 平均人口：7,320 人	402 団体	16 州	8,098 万人 都市居住者比率：75.1%

出所）　OECD *Subnational Governments around the World* をもとに作成。

も，行政の長を置く執行機関や議会を設けるなど，普通地方公共団体と似た組織構造をもち，条例制定権も有しています。

　このうち，**特別区**は，指定都市の行政区が，公選の区長や区議会議員を有してその地域の行政を担うようになったものとイメージしてください。しかし，東京 23 区の場合，通常は市町村が行う上下水道や消防などは東京都が担っていますし，他の道府県や市町村とは一部異なる地方税体系となっています。このように，行政区よりはるかに大きな権限をもってはいますが，普通地方公共

団体とまではいかない団体が特別区です。

　一方，**一部事務組合**と**広域連合**は，「1つの団体が担うには荷が重すぎるが，上層の行政機関が担うほどの広域性はない」事務について，複数の団体が共同で行うために設立されます。なかでも，広域連合は，国または都道府県からの権限移譲を受けることができ，一部事務組合よりも大きな権限を有して事務を行います。2021年7月時点で，一部事務組合は1409件（構成団体：延べ9353団体），広域連合は116件（同：延べ2360団体）と，非常に多くの地方公共団体が共同で事務を行っていることがうかがえます。一部事務組合と広域連合については第4章で改めて取り上げます。

③ 地方財政計画と国の関与

┃ 地方財政計画 ┃

　ここまでみてきたように，わが国では都道府県と市町村の2層構造を基本とする地方公共団体が，政府部門の約57％を占める歳出を用いて公共サービスを供給しています。一方で，そのための税源は地方税収よりも国税収の方が多く，国と地方の間で財政調整が必要となります。また，地方自治の観点からすれば，地方公共団体の歳出は地方税などの自主財源によって賄われるのが理想ではありますが，現実には税源が地域間で大きく偏在しているため，これを調整する必要もあります。こういった国と地方および地方間での財政調整のために重要な役割を果たしているのが，**地方財政計画**です。

　地方財政計画は，内閣によって作成される「翌年度の地方団体の歳入歳出総額の見込額」（地方交付税法7条）であり，わが国の地方財政全体の規模や収支の見通しを一元的にとらえたものです。毎年度，総務省が地方財政計画を策定し，閣議決定，国会承認を経て公表されます。これは，あくまでも翌年度の地方公共団体の「標準的な歳入歳出額」（つまり，ナショナル・ミニマムを保障するのに必要な歳出額とそれに対応する歳入額）を見込んだものであって，地方の翌年度の予算を合計したものではありません。したがって，たとえば，給与に関す

る経費は国家公務員の給与水準によって計算されますし，地方税収についても国の定める標準的な税率に基づいて算出されます。地方財政計画には次の3つの役割があります。

第1は，地方財源の確保です。前節で述べたように，統一性・広域性に配慮しなくてもよい行財政活動は，基本的には地方公共団体の仕事なのですが，そうはいいながらも他方で**ナショナル・ミニマム**の確保が重要視されています。そのため，どの団体でも標準的な水準の公共サービスが供給できるよう，標準的な歳入歳出額の見込みから各団体の**財源不足額**を明らかにする必要があります。財源不足が確認される団体に対しては，地方財政計画を通じて財源の確保が行われます。

第2の役割は，国家財政と地方財政の整合性を確保することです。本章第1節でみたように，地方財政の歳出規模は国を上回っており，国民経済にも大きな影響を及ぼします。そのため，国家的な施策を具体化するにあたって，国と地方の調整が必要となります。

第3の役割は，地方公共団体の毎年度の財政運営に対する指針となることです。地方財政計画の策定においては，翌年度の地方財政に関する国の財政措置，経済の見通しと税収の見積り，給与改定や公共投資の動向といった国の財政運営の基本方針が盛り込まれます。地方は翌年度の予算編成にあたって，これらを参考にします。

国の予算と地方財政計画との関係は，図1.7のように図示されます。この図の左側が国の一般会計予算，中央が国の一般会計と地方財政計画をつなぐ国の特別会計予算，右側が地方財政計画です。第7章で詳しくみるように，地方財政の財源不足額を補てんする役割をもつ地方交付税には，その財源として，国税収の一定割合を拠出することが定められています（地方交付税法6条）。これに地方譲与税と地方特例交付金を加えた財政調整のための補助金が，国の**交付税及び譲与税配付金特別会計**（交付税特会）を通じて，地方財政に交付されることになります。その際，地方財政計画における財源不足が著しくなることが予想される場合には，国の他の特別会計からの資金を受け入れるなどして調整されます。

この交付税特会からの資金のほか，各法律に基づいて国の各省庁から交付さ

地方財政計画（歳出）(89.8兆円)

- 給与関係経費 20.2兆円
- 一般行政経費 40.9兆円
- 投資的経費 11.9兆円
- 公債費 13.3兆円
- 維持補修費 1.5兆円
- 公営企業繰出金 1.0兆円
- 水準超経費 1.2兆円

地方一般歳出 75.4兆円

一般財源総額 63.4兆円

地方財政計画（歳入）(89.8兆円)

- 地方税 38.3兆円
- 地方譲与税 1.8兆円
- 地方交付税 17.4兆円
- 地方特例交付金 0.4兆円
- 地方債 11.2兆円（臨財 5.5兆円）
- 国庫支出金 14.8兆円
- その他 5.9兆円

交付税及び譲与税配付金特別会計

歳入（譲与税）1.8兆円　歳出（譲与税）1.8兆円

- 自動車重量税等 1.8兆円
- （入口ベース）一般会計より受入 15.9兆円
- 地方交付税 15.6兆円
- 地方特例交付金 0.4兆円
- 財政投融資特別会計より受入 0.2兆円
- 地方法人 1.3兆円
- 特会剰余金 0.2兆円
- R2繰越し分 0.3兆円

- （出口ベース）地方交付税 17.4兆円
- 地方特例交付金 0.4兆円
- 借入金等利子等 0.1兆円

一般会計（歳出）(106.6兆円)

- 地方交付税交付金等 15.9兆円
  - 法定率分 13.4兆円
  - 既往法定加算 0.5兆円
  - 臨財加算 1.7兆円
  - 地方特例交付金 0.4兆円
- その他の歳出 66.9兆円
  - うち社会保障関係費 35.8兆円
  - うち公共事業関係費 6.1兆円
- 国債費 23.8兆円
  - 元金返済 15.2兆円
  - 利払い等 8.5兆円

一般会計（歳入）(106.6兆円)

- 交付税対象税目 49.1兆円
  - 所得税 33.1%
  - 法人税 33.1%
  - 酒税 50%
  - 消費税 19.5%
- その他の税収
- 国税 57.4兆円
- 公債金 43.6兆円
  - 建設国債 6.3兆円
  - 赤字国債 37.3兆円
- その他 5.6兆円

出所）総務省ホームページ資料をもとに作成。

れる国庫支出金，地方債計画としてまとめられた地方債，内閣府の経済見通しに基づく地方税収が，地方財政計画の歳入見込額として計上されます。

地方財政計画の歳出見込額に並んでいるのが，本章第1節で少し触れた**性質別分類**に基づく経費の大枠です。これらは大別すると，給与関係経費，一般行政経費，投資的経費および公債費などに分けられます。

給与関係経費とは，文字どおり地方公務員の人件費です。前節で述べたように，警察，消防，教職員の定員数については各種の法律により規定されています。また，それ以外の職員についても法令や地方公務員定員管理調査に基づいて算出されます。給与については人事院勧告や地方公務員給与実態調査などが算出のベースとなっています。これらを積算することで標準的な人件費の見積りができあがります。

投資的経費とは，インフラ整備などに関する経費です。これは，各種事業の長期の建設計画，全国的な維持補修費の動向，国の景気対策動向などに基づいて算出されます。

一般行政経費とは，上記の給与関係経費および投資的経費以外で公共サービス供給のためにかかる経費の総体です。このなかには，生活保護手当をはじめとする社会保障給付や，警察・消防の運営費などのように，毎年度，経常的な支出が必要とされる経費があります。これらは，法令によって定められている金額，過去の実績額，制度改正の状況などを踏まえて算出されます。また，それらとは別に，地方公共団体の裁量的な支出や国の新規施策（最近のものでは，地域デジタル社会推進費など）のための経費も計上されます。

これら以外に，全国的な公債費の動向に基づく公債費の見積額，地方公営企業への適正な繰出水準に基づいた繰出金の見積額が並びます。

このようにして見込まれる歳出額は，国による補助（国庫支出金による費用負担）を伴う**補助事業**の経費なのか，それとも地方が単独で行う事業（**地方単独事業**）の経費なのかという分類がなされます。たとえば，2021年度の地方財政計画における給与関係経費の例では，補助事業の見込額は5兆5835億円で，このうち，1兆5386億円が給与関係について国庫支出金が充当される経費となっています。残りの4兆449億円は，補助事業について地方が支出を求められる経費です。

一方，給与関係経費には，地方単独事業が14兆5705億円と計上されています。ただし，このうちの5兆198億円は，警察官，消防職員，高校教職員の給与となっていて，これらは法令によって決められている金額です。つまり，地方単独事業とはいっても，国によって「あるべき歳出額」を定められている項目であることに留意する必要があります。

国から地方への関与

地方財政計画は，地方財政の標準的な歳入歳出額を把握し，地方財源を保障するために大変重要な役割を果たしているわけですが，その反面で，標準的な歳入歳出額を算出できるということは，「地方財政のあるべき姿」が明確に規定されていることを意味します。図1.3にあったように，歳出面からみた国と地方の割合は43：57でしたが，この57％に対しては，法令による規定という形で国から多くの関与がなされています。

まず，表1.4は，地方財政に関する主な法律をまとめたものです。地方財政を制約する法律は非常にたくさん存在しています。なかでも，さまざまな分野・項目に共通する，**地方自治法**と**地方財政法**および**地方交付税法**は，国と地方の事務配分やその経費負担の原則を定めるとともに，**地方税法**などとあわせて地方財政の歳入面についても規定しています。

地方財源の根幹である地方税だけでなく，地方債の発行についても地方財政法によって規定されており，どのような機関がどれくらいの資金を地方公共団体へ貸し出すのかなどについては，地方財政計画の付属資料として総務省が毎年度の**地方債計画**にまとめています。また，地方債への過度な依存を未然に防ぎ，地方財政運営の健全性を維持するための法制度も整備されています。地方債制度やそれに関連するトピックスは，第8章第3節で改めて取り上げます。

歳出面については，地方自治法などとともに，前節で述べた個別の事業法（警察法，消防法，義務教育基準法など）およびそれに関する政令によって多くが規定されています。そのため，たとえば，警察サービスの場合，都道府県が独自に警察官の人員を増やしたり，護身用の新たな装備を調達したりといったことは原則できません。

このように，歳入歳出の両面においてさまざまな法令によって地方公共団体

表1.4 地方財政に関する主な法律

分　　野	項　　目	主な関係法令
地方と国との財政関係	事務配分と経費負担	**憲法，地方自治法，地方財政法，**各事業法（警察法，地方教育行政の組織及び運営に関する法律，道路法　など）
	財 源 保 障	**地方財政法，地方交付税法**
地方公共団体の収入	地 方 税	**地方税法，地方自治法**
	地 方 交 付 税	**地方交付税法**
	地 方 譲 与 税	地方道路譲与税法，石油ガス譲与税法
	地 方 債	**地方自治法，地方財政法，**地方公共団体金融機構法
	国 庫 支 出 金	**地方財政法，**義務教育費国庫負担法，補助金等に係る予算の執行の適正化に関する法律，各事業法
財務，財政運営	会計，予算，決算，財政運営原則，財政健全化	**地方自治法，地方財政法，**公共工事の入札及び契約の適正化の促進に関する法律，**地方財政健全化法**
公 営 企 業	公営企業の経営	地方公営企業法，**地方財政健全化法**
地域特例など		過疎地域自立促進特別措置法，山村振興法，災害対策基本法　など各法律

出所）　出井信夫・参議院総務委員会調査室編『図説地方財政データブック（平成20年度版）』学陽書房をもとに作成。

の意思決定が制約されていることは，「制度面における他律性」として，わが国の地方財政の特徴の1つとされています。

　次に，地方財源の保障と関連づけた国の関与の程度についてみてみましょう。地方の事務についての国の関与の程度は，表1.5のように，大きく4段階に分けることができます。

　第1は，関与の程度が最も大きい事務です（①列）。これらの事務については，その実施と水準が，法令によって義務付けられており，地方議会で実施や水準を変更したりすることはできません。第2は，実施のみが法令によって義務付けられている事務です（②列）。言い換えれば，これらの事務の水準などについては，ある程度は地方議会で決めることができます。たとえば，②列の3段めにある道路管理については道路法施行令がありますが，警察官とは違い，ここには道路管理作業員の装備品についてまでの規定はありません。

CHART 表1.5 国の関与の程度

	①事務の実施と具体的な水準を法令で義務付けている事務	②事務の実施を法令で義務付けている事務	③法令・予算等により地方団体が実施することを想定している事務や実施する場合の基準を法令で定めている事務	④国の関与がない事務
教育・文化	◦ 小中学校教職員 ◦ 高校教職員	◦ 小中学校の設置 ◦ 重要文化財の保護	◦ 私学助成 ◦ 幼稚園 ◦ 図書館，博物館，公民館 ◦ 学校給食	◦ 地域文化振興
社会保障など	◦ 国民健康保険 ◦ 老人医療 ◦ 介護保険 ◦ 生活保護 ◦ 児童扶養手当 ◦ 児童手当	◦ 児童相談 ◦ 児童保護 ◦ 職業訓練	◦ 健康づくり ◦ へき地医療 ◦ 母子家庭自立支援	◦ 障害者・乳幼児等医療費助成 ◦ 国保対策（赤字繰出）
公共事業	◦ 直轄事業負担金の支払い ◦ 公営住宅の供給	◦ 道路管理 ◦ 河川管理	◦ 土地改良 ◦ 下水道の整備	◦ 庁舎の整備
その他	◦ 警察官 ◦ 消防職員	◦ ごみ処理 ◦ 戸籍 ◦ 住民基本台帳	◦ リサイクル ◦ 制度金融 ◦ 国の法律・プロジェクトにかかる地域振興	◦ 独自の地域振興

出所）　出井ほか（前掲書）をもとに作成。

　ここまでの，①と②の事務を執行する責任は国にあります。しかし，作業能率の面からすると地方公共団体が行った方が能率的なため，これらは地方の事務とされています。したがって，その事務にかかる経費については国も負担する義務があります。そのために国から地方へ交付されるのが**国庫支出金**（なかでも国庫負担金）です。本章第1節で，国庫支出金は特定財源に分類されましたが，それは国庫支出金にこのような機能があるからです。

　第3の段階は，地方公共団体が実施することを「国が想定している」事務です（③列）。したがって，実施の有無についても地方議会で判断することができます。たとえば，③列1段めにある学校給食の場合（とくに中学校），公立の

3 地方財政計画と国の関与 ● 21

給食センターやそれぞれの学校の給食室で給食が作られて（配送されて）いる市町村もあれば，民間業者に委託しているケースや，そもそも給食がない（家からお弁当を持ってくる）など，各団体によってさまざまです。しかし，国としては「学校給食が提供されている」と想定しているわけです。

この第3段階の事務までが，国が想定している地方公共団体の標準的な事務です。そこで，ここまでの事務にかかる経費が**地方財政計画**に盛り込まれます。つまり，これらの事務にかかる経費から国庫支出金が充当される経費額を差し引いた額が，その団体の標準的な税収額を上回ってしまうのであれば，そのような団体に対して，国が**地方交付税**を交付することになります。前項で述べたように，盛り込まれるのは実費ではなく国の算定基準の範囲の経費であることに注意が必要です。つまり，実際には国の想定以上の経費がかかってしまった場合は，たとえ国が執行すべき事務であったとしても，地方が経費の超過分を負担することになるわけです。この点については第6章第3節で取り上げます。

最後に，第4の段階は，国の関与がない事務です（④列）。当然ながら，国からの財源保障もないため，これらが実施されるかどうかは，個々の地方公共団体の財政状況に依存することになります。個別にみてみると，子どもの医療費の助成額や対象年齢，定住促進のための住宅購入などへの助成額や対象範囲などは，市町村によってさまざまなのですが，背景にはこういった事情があります。

┃ 財政責任の考え方 ┃

ここまでみてきたように，わが国の地方財政制度においては，国（中央政府）が地方財政計画を策定し財源を保障したり財政運営の指針を示したりするだけにとどまらず，法令によって地方財政に関与しています。なぜこのような仕組みになっているのかについては，地方財政論における**財政責任**という概念を用いて考えることができます。この財政責任とは，たとえば，議員からの追及に対する行政の長（首相，知事，市町村長）の弁明などのような受動的な意味だけでなく，予算編成として具現化される政策提案といった能動的な意味も含むと考えられています。財政責任は，基準型財政責任，全体的財政責任，限界的財政責任の3つに分類されます。

第1の**基準型財政責任**とは，ナショナル・ミニマムを保障する公共サービス，つまり「標準的な公共サービス」の基準によって行財政活動を説明するものです。つまり，これは国が果たすべき責任ですが，前節で述べたような国に任せるべき事務だけでなく，地方が担う事務であっても該当します。それが，表1.5の①，②列に分類される事務だといえます。したがって，法令によって事務の実施やその水準を義務付けるといった国の関与は，国による基準型財政責任の遂行だということができます。

　第2の**全体的財政責任**とは，すべての国民が，いつ・どこででも「標準的な公共サービス」を得られることを保障する行財政活動の根拠となるものです。これは国と地方が協力して果たすべき財政責任です。しかし，現実には財源は地域間で偏在しているため，国が地方に事務の実施を義務付けるだけでは，十分な財源のない地方公共団体はそれを実施することができません。そこで，国から地方への財源保障や地域間での財政調整が必要となります。ただし，標準的な公共サービスのための財源保障は無尽蔵に行えるわけではなく，国の予算規模に制約されます。つまり，「どの程度まで財源保障するのか」という問題は，ひいては公共部門全体の基本範囲を規定することになります。

　これら2つの財政責任は，どの国の中央政府にも求められます。ただし，標準的な公共サービスの水準をどのようなレベルに設定するのかは各国で異なります。したがって，これら2つの財政責任を果たす目的で行われる中央政府の行財政活動の規模も各国で異なってきます。わが国の場合は，国が公共サービスを直接供給するのに加えて，**地方財政計画**を策定し地方に財政運営の指針を示すことが，これにあたるといえます。すなわち，地方財政計画によって算定される標準的な歳出額は，標準的な公共サービスの経費に対応します。また一方で，標準的な歳入額を算定し，歳出額と歳入額の対比を通じて，地方に対して必要となる財源保障額を見込むわけです。

　第3の**限界的財政責任**が，地方公共団体に求められる財政責任です。これは，住民の消費者主権を保障する行財政活動の根拠です（第2章第3節を参照）。つまり，ある地域において，公共サービスに対するニーズが，標準的な公共サービスの水準を上回る場合に，行政がその供給のために必要な費用負担を住民に提示します。その情報をもとに，住民は費用負担を受け入れて追加的な公共

Column ❶-3　財政責任に対する各国民の意識

　　国民の意識に関する国際比較調査（世界価値観調査：World Values Sur-vey，最新の 2017 ～ 20 年調査では 57 の国と地域で実施）には，政府の責任に関するアンケート項目があります。これは，1 点（国民皆が安心して暮らせるよう国はもっと責任をもつべきだ：The government should take more responsibility to ensure that everyone is provided for）から 10 点（自分のことは自分で面倒を見るよう個人がもっと責任をもつべきだ：People should take more responsibility to provide for themselves）までの 10 段階のなかで，回答者が自分の考えが何点くらいかを答えるものです。

　　これについての日本人（回答数 1353 人）の平均は 3.95 点であるのに対して，ドイツ人（回答数 2178 人）の平均は 5.94 点，アメリカ人（回答数 2596 人）の平均は 5.68 点となっています。また，それ以外の G7 の平均値も，カナダ 5.48 点（4018 人），フランス 6.24 点（1880 人），イタリア 5.47 点（2282 人），イギリス 6.25 点（1794 人）です。つまり，G7 諸国の人々と比較すると，日本国民は公共部門の全体的財政責任をより強く求めていると解釈できます。

サービスを求めるのか，それとも民間の代替的なサービスを各自で利用するのかを選択します。なお，先ほど，表 1.3 の④列の事務の有無は地方公共団体の財政状況に依存すると述べました。これは，財政責任の理論に基づけば，限界的財政責任が発揮された結果として事務の実施の有無が決まるととらえることができます。

　地方分権を考えるうえでは，これらの 3 つの財政責任を国と地方にどの程度求めるべきなのかが重要なテーマとなります。わが国の場合，今日までは，基準型財政責任と全体的財政責任が強く意識されることで，行財政活動のほとんどを国が決定し，地方はそれを実行する機関として位置づけられる**集権的分散システム**がとられてきたといわれています。しかし，このシステムが社会経済情勢の変化に対応できなくなってきたという認識が広がり，次節にみる地方分権改革が進められてきたと考えられます。

4 地方財政改革の流れ

地方分権改革の流れ

　わが国では，1990年代半ばから**地方分権改革**が始まり，現在に至るまでに数々の制度改正がなされてきました。その目標は，1995年に制定された地方分権推進法に次のように記されています。

　　国及び地方公共団体が分担すべき役割を明確にし，地方公共団体の自主性及び自立性を高め，個性豊かで活力に満ちた地域社会の実現を図ること（地方分権推進法2条）

　この背景には，①国内問題に対する国の負担を軽減し，国際社会への国の対応能力を高める必要性，②東京一極集中を是正し，決定権限を地方に移譲することで，地域社会の活力を取り戻す必要性，③国民の多様化した価値観・ニーズに応じた地域づくりの必要性，④少子高齢化社会に的確に対応できる仕組みづくりに向けた住民に身近な市町村による創意工夫の必要性，がありました[3]。つまり，社会的にも経済的にも成熟した今日のわが国においては，「国が各地域のことを中央集権的に決定するよりも，住民が自らの地域について責任ある自治を行う方が，住民自身がより幸せになれる」という認識が広まってきました。このような考え方は，地方財政論において**分権化定理**と呼ばれています（第2章第3節を参照）。分権化定理は，国の財政責任，なかでも基準型財政責任を否定するものではないということに留意が必要です。しかし，公共部門の行財政活動のなにもかもを国の財政責任としてとらえていた集権的分散システムから脱却し，地方の**限界的財政責任**を高める必要があるというのが，地方分権改革の底流にあった考え方だといえます。

　わが国の地方分権化の機運は，何の前触れもなく突然この時期に高まったわけではありません。歴史をひもとけば，地方分権化の萌芽は幾度かあったとい

われています。最初は，戦後すぐです。普通選挙の導入をはじめ社会の民主化の波に合わせて地方分権化も唱えられました。地方自治法が制定されたのもこの時期（1947年）です。第2は，戦後の急激な経済成長の裏で公害問題が深刻化した時期です。この時期には，いくつかの革新的な地方公共団体が，国よりもはるかに早く，関連する条例を制定し自らの地域の公害対策に乗り出しました[4]。第3は，第2次オイル・ショックの後です。この時期に相次いで設立された第2次臨時行政調査会（土光臨調：1981年）や臨時行政改革推進審議会（1983年）の答申に基づき，財政再建と行政改革とが両輪で進められました。そこでの重要な政策の柱が，「官と民の関係の見直し」と「国と地方の関係の見直し」でした。この第3の流れに先に述べた4つの必要性の要素が加わり，1993年の国会決議に収束したといわれています[5]。

　この国会決議を皮切りとする近年の地方分権改革は，大きく2つの期に分けることができます（図1.8）。第1次地方分権改革（1993〜2000年）は，**地方分権一括法**施行に至るまでの時期です。ここでは，まず裁量権の拡大が議論され，それが地方分権一括法という形でまとめられました。ちなみに，この一括法というのは，一般的な法律文の形のものではなく，475本の法律の改正箇所をまとめた改正法という種類の法律です。475本という改正された法律の多さからもわかるとおり，国と地方公共団体との関係について多岐にわたる改正が行われました。

　第2次地方分権改革（2007年〜現在）においては，これまでの改革の成果を具体化させ，また微調整を行うような制度改正が行われています。少しややこしいのですが，図1.8では，2011年以降にも「一括法」という表記がみられます（第1次一括法など）。この法律の正式名称は「地域の自主性及び自立性を高めるための改革の推進を図るための関係法律の整備に関する法律」です。これも改正法ですし，略称が似ているのですが，第1次分権改革の地方分権一括法とは別物であることに注意してください。

第1次地方分権改革

　地方分権一括法の施行による制度改革の最も大きな点は，機関委任事務制度を廃止し，それを自治事務と法定受託事務に整理したことです。

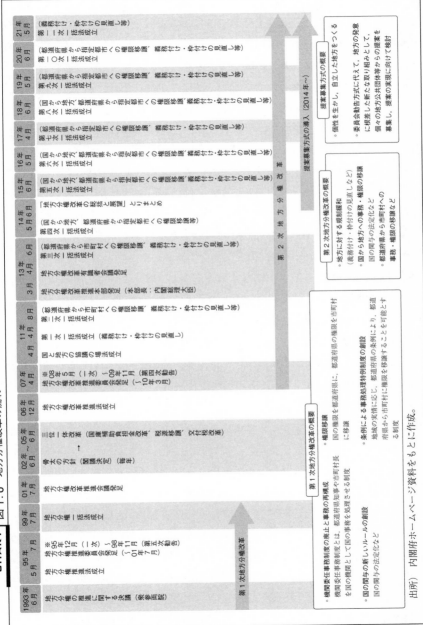

出所）内閣府ホームページ資料をもとに作成。

この改革以前，地方公共団体の事務は，大きく固有事務（もしくは公共事務），団体委任事務，そして機関委任事務の3つからなっていました。このうち，**固有事務**とは，本来，地方公共団体が責任をもつべき公共サービスを供給する仕事です。次に，**団体委任事務**とは，国から地方に委託され，国の監督および一部の経費面での補助を受けながら地方公共団体が行う仕事です。

　これらに対して，**機関委任事務**とは，地方公共団体の首長（知事や市町村長）が，「国の下部機関」として行う仕事です。これについての国の関与は非常に強力で，その事務の内容や経費の使い方などの是非について，地方議会が関与することは，いっさいできませんでした。これは，日本国憲法発布以前まで首長が国の官吏だったことに由来しますが，国の基準型財政責任が重要視されてきたために平成の世まで残ったのだと考えられます。こうした機関委任事務が，改革前には432種類ありました。これらは，都道府県知事の行う事務の80〜85%，市町村長の行う事務の40〜50%を占めていたといわれています。

《機関委任事務の廃止》　第1次地方分権改革によって，これらの事務は，図1.9のように整理・統合されました。固有事務と団体委任事務は統合されて自治事務となりました。一方で，機関委任事務は，自治事務もしくは法定受託事務として存続，事務自体の廃止，国の直接執行へ組換えのいずれかに整理されました。ちなみに，機関委任事務については，基本的にその1つひとつの事務について法律がありましたから，432の機関委任事務が整理・統合されたということは，約432本の法律が改正されたわけです。先ほど，地方分権一括法は475本の法律に対する改正法だと述べましたが，その多くはこの機関委任事務の整理・統合に関連するものだったといえます。

　以上のような整理・統合を経て，現在の地方公共団体の事務は法定受託事務と自治事務とになっています。このうち，**法定受託事務**とは，国が本来果たすべき役割にかかるものであって，国においてその適正な処理をとくに確保する必要がある事務のことです。これには，法令によって必ず事務処理することが義務付けられていたり，国による是正指示や代執行などが可能だったりと，国の強い関与が認められています。一方の**自治事務**とは，地方公共団体が処理する事務のうちで，法定受託事務以外のものを指します。これには，法令によって事務処理が義務付けられているものもありますが，法令に基づかずに任意で

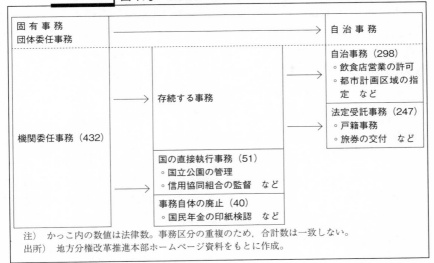

固 有 事 務 団体委任事務		自 治 事 務
機関委任事務（432）	存続する事務	自治事務（298） ◦ 飲食店営業の許可 ◦ 都市計画区域の指定　など
		法定受託事務（247） ◦ 戸籍事務 ◦ 旅券の交付　など
	国の直接執行事務（51） ◦ 国立公園の管理 ◦ 信用協同組合の監督　など	
	事務自体の廃止（40） ◦ 国民年金の印紙検認　など	

注）　かっこ内の数値は法律数。事務区分の重複のため，合計数は一致しない。
出所）　地方分権改革推進本部ホームページ資料をもとに作成。

行うことができる事務もあり，国の関与は是正の要求までとなっています。

　このような機関委任事務制度の廃止に伴い，国から地方への権限移譲や，機関委任事務にひもづけされている国庫支出金の整理・合理化なども，この第1次地方分権改革のなかで進められました。

《必置規制の見直し》　これらに加えて，必置規制も見直しが進められました。**必置規制**とは，法令や補助要綱などによって，特定の資格をもつ職員や特定の機関・施設などを必ず置かなければならないことを，国が地方公共団体に対して義務付けていることです。たとえば，公立図書館の館長業務についての国庫補助を受ける場合には，館長を務める職員が司書資格をもちかつ専任でなければならないという規定がありました。こういった細々とした規定は，地域住民のニーズに応えるために必要な職員の配置や施設の統廃合をいちいち妨げることになるため，見直しが求められていました。このような義務付けの見直しは，第2次改革においても継続して進められることになります。

第2次地方分権改革

　地方分権改革推進委員会（2007〜10年）の勧告に基づき，2011年以降にお

いて11次の一括法によって進められてきた第2次地方分権改革の主な内容は表1.6のとおりです。第2次改革の特徴は，国から地方への権限移譲だけでなく，都道府県から市町村への移譲も進められている点です。また，これまでの改革においては，政府における委員会の勧告に従って権限移譲や規制緩和が進められてきましたが，この第2次改革では，制度改正について地方公共団体などから提案を募集する方式へと移行してきたという点も大きな特徴です。

　表1.6において，「義務付け・枠付けの見直し」という項目があり，後述のように，とくに最近の一括法ではこれがメインとなっています。上記の推進委員会の第2次勧告によれば，このうち，**義務付け**というのは，ある課題に対処するために，国が法令などによって地方公共団体に特定の活動を義務付けていることです[6]。一方の**枠付け**とは，地方公共団体の活動について，手続き方法や判断基準などを国が法令などで定めていることです[7]。もちろん，これらのなかには残すべきものもあります。推進委員会は，そうした整理を行い，自治事務に対する義務付け・枠付けのうちで，482法律における4076条項を見直すべき項目として列挙しました。

　表1.6を見ると，第1〜4次までの一括法においては，推進委員会勧告に基づいて非常に多くの法律改正が盛り込まれてきたことがわかります。そのなかで，第2次一括法からは，とくに指定都市や中核市を中心にして，都道府県からの権限移譲が盛り込まれてきています。図1.6において，こういった特別な市の事務の範囲をみましたが，それはこのような権限移譲を経て形作られてきたものです。

　一方で，第5次一括法からは提案募集方式に基づいて改正が行われることになり，改正された法律数は減少しました。しかし，現場の声がより反映された改革となってきていることがうかがえます。表1.6の第5次一括法以降には，改正された法律のうちで，義務付け・枠付けの見直しに関するものと，国から地方公共団体もしくは都道府県から市町村への権限移譲に関するものとの法律改正数の内訳を載せました。たとえば，第5次一括法の場合，19本の法律の改正がなされていますが，重複を含めて，義務付け・枠付けの見直しに関する法律改正が8本，権限移譲に関する法律改正が12本ありました。これが表1.6の改正された法律数の下にあるかっこ内の数字の意味です。これによると，

第7次一括法からは，権限移譲よりも，義務付け・枠付けの見直しに関する法律改正の方が多くなり，最近の第11次一括法においては，改正された法律はすべて義務付け・枠付けの見直しに関するものとなっています。

　このように，第2次改革においては，地方公共団体に移譲された権限を実際に行使するにあたって障害となる規制が，現場からの提案を踏まえて現在進行形で見直されたり，廃止されたりしています。

▎三位一体の改革と地方税制改正 ▎

　第1次と第2次の地方分権改革の間の時期（2004～06年）に実施された**三位一体の改革**では，歳入面での地方の権限強化が行われました。すなわち，それぞれの地方公共団体が**限界的財政責任**を発揮するために，行政が地域住民に公共サービスの費用負担を求める権限の拡大です。これは，国から地方への税源移譲という形で実施されました。一方で，地方交付税や国庫支出金などの依存財源が多いままでは，住民が公共サービス水準と負担水準を比較検討することができません。つまり，限界的財政責任が適切に機能しないままとなってしまいます。そのため，歳入面の権限強化と一体的にこれらの依存財源の整理・統合も進められました。

　税源移譲は，所得税の3兆円の減税と地方税（個人住民税＝地方版の所得税）の増税という形で行われました。第6章第3節で詳しく取り上げるように，これに結びつく形で，**国庫支出金**が約3.1兆円削減されました。ここには2003年度に先行実施された改革の分も含まれています。また，国と地方での事業の廃止といった行政のスリム化に伴い約1兆円の削減が行われたほか，特定財源ではあるものの地方の自由度を高めるように，約0.8兆円の国庫支出金が「交付金化」されました。

　税源移譲や国庫支出金改革がなされたことにより，地方財政計画における「標準的な歳入歳出額」の見込額が大きく変更されました。また，**地方交付税**の算定においても，算定方式の簡素化や，地方公共団体の行政改革努力を反映させる仕組みが取り入れられました。これらの結果，地方交付税の総額が約5.1兆円削減されました。

　以上が公表されている三位一体の改革の成果です。しかし，地方公共団体か

CHART 表1.6　第2次地方分権改革の主な内容

	第1次 (2011年)	第2次 (2011年)	第3次 (2013年)	第4次 (2014年)	第5次 (2015年)
改正された法律数	41本	188本	74本	63本	19本 (8：12)
義務付け・枠付けの見直し	◦市町村立幼稚園の設置廃止などにかかる都道府県教育委員会の認可を届出制へ ◦大都市における都市計画決定にかかる大臣同意協議を廃止	◦公立高等学校の収容定員の基準を廃止 ◦山村振興計画の策定義務を廃止	◦地方青少年問題協議会の委員資格要件を廃止 ◦宅地造成工事規制区域の指定の大臣への報告義務を廃止		◦保育所型認定こども園にかかる認定の有効期間を廃止
国から地方公共団体への権限移譲				◦看護師など各種資格者の養成施設などの指定・監督（都道府県） ◦自家用有償旅客運送の登録，監査など（希望する市町村）	◦特定新規中小企業者への投資の確認（都道府県） ◦4ha超の農地転用にかかる事務・権限（都道府県）
都道府県から市町村への権限移譲		◦区域区分，都市再開発方針等にかかる都市計画決定（指定都市） ◦理・美容所などの衛生措置基準の設定（保健所設置市）	◦市街地再開発事業における事業認可権限等（指定都市）	◦病院の開設許可（指定都市） ◦都市計画区域マスタープランの決定（指定都市）	◦火薬類や高圧ガスの製造許可など（指定都市） ◦指定都市立特別支援学校の設置などの認可（指定都市）
条例制定権の拡大など	◦施設・公物設置管理（児童福祉施設，公営住宅，道路）の基準を条例委任	◦公園等のバリアフリー化構造基準を条例委任	◦消防長および消防署長の資格を条例委任		◦建築審査会委員の任期を条例委任

出所）　内閣府ホームページ資料をもとに作成。

第6次 （2016年） 15本 （4：11）	第7次 （2017年） 10本 （6：4）	第8次 （2018年） 15本 （14：3）	第9次 （2019年） 13本 （12：1）	第10次 （2020年） 10本 （9：1）	第11次 （2021年） 9本 （9：0）
◦都道府県による水質汚濁物質の総量削減計画策定にかかる協議における環境大臣の同意を廃止	◦農業共済事業を行う市町村などに対する家畜共済事業実施の義務付けの緩和 ◦公営住宅建替事業における現地建替要件の緩和	◦保育所などの利用定員の設定・変更手続きの見直し ◦准看護師試験について，都道府県から指定試験機関への事務委託を可能	◦建設業の許可申請などにかかる都道府県経由事務を廃止 ◦放課後児童健全育成事業に従事する者およびその員数の基準の見直し	◦試験研究を行う地方独立行政法人が，成果活用事業者などへの出資を行うことを可能に ◦市町村が実施する森林の土地の所有者などに関する調査結果を林地台帳に反映する見直し	◦小規模多機能型居宅介護の利用定員に関する基準の見直し ◦宅地建物取引業の免許申請などにかかる都道府県経由事務を廃止
◦食鳥検査にかかる指定検査機関の指定・監督（都道府県，保健所設置市および特別区）		◦毒物または劇物の原体の事業者の登録などにかかる事務・権限（都道府県）			
◦工場の緑地面積率などにかかる地域準則の制定（町村） ◦高齢者居住安定確保計画の策定（市町村）	◦幼保連携型認定こども園以外の認定こども園の認定などの事務・権限（指定都市） ◦指定障害児通所支援事業者の業務管理体制の整備に関する届出の受理，立入検査などの事務・権限（中核市）	◦幼保連携型認定こども園以外の認定こども園の認定などにかかる事務・権限（中核市）	◦介護サービス事業者の業務管理体制の整備について，届出・立入検査などにかかる事務・権限（中核市）	◦軌道経営者に対する運輸開始の認可などにかかる事務・権限（指定都市）	
◦地方版ハローワークの創設	◦公営住宅の明渡請求の対象となる高額所得者の収入基準を条例委任				

らみれば，これでは歳入額が大幅に減ってしまったことになります。実は，この改革に関する政府などの資料によると，2007〜09年度の第2期改革において，消費税などによる税源移譲やさらなる国庫支出金改革も検討されていました。したがって，もしこの第2期改革が実施されていれば，地方公共団体の一般財源は今よりももっと充実したものとなっていたかもしれません。

三位一体の改革と同時並行的に行われた**地方税制改正**によって，この時期には地方公共団体の**課税自主権**の拡充も進められました。地方税とはいっても，地方公共団体が自由に課税を実施できるわけではありません。わが国では，**地方税法**によって，地方公共団体が実施できる税の種類や税率にさまざまな制限が課されています。しかし，地方税制改正を通じてこれらの制限が緩和されて，税の種類と税率にかかる地方公共団体の課税自主権が強化されています。具体的には，地方税法に規定されていない新たな課税（法定外税）を実施するうえでクリアすべき要件の緩和や，一部の税に設定されている上限税率（制限税率）の撤廃や緩和です。課税自主権については，第5章第1節で取り上げます。

その他の地方財政改革

第1次，第2次の地方分権改革および三位一体の改革以外の主な地方財政改革としては，平成の大合併，地方行政改革（以上については第4章を参照），地方財政健全化法（第8章第3節）の整備が挙げられます。

三位一体の改革や同時期の地方税制改正では歳入面での地方側の権限強化が図られたわけですが，いくら歳入に関する権限をもっていても，地方公共団体の財政基盤がそもそも脆弱なのでは，やはり限界的財政責任の発揮は困難です。そこで，**基礎的地方公共団体**にふさわしい行財政基盤の確立を目的として，1999年以降，全国的な**市町村合併**が推進されました。それがピークを迎えたのが2005年でした。この年に施行された合併特例法（市町村の合併の特例に関する法律）は，合併に関する旧法を大幅に改正し，合併についての手厚い財政措置を設けるなどして合併推進の枠組みを形作りました。このこともあり，1999年度末には3232団体あった市町村の数は，2006年度末には1821団体まで減少し，さらに2014年4月からは1718団体となりました。

地方分権改革の流れのなかで，地方公共団体が社会経済情勢の変化に対して

柔軟に対応できるように，**地方行政の改革**も進められてきています。これについては，さかのぼると先述の第2次臨時行政調査会などの答申をもとにした民営化や民活導入など，1980年代から行われてきたものもあります。ただし，これまでみてきた1990年代以降の地方分権改革を補完するものとしては，「地方自治・新時代に対応した地方公共団体の行政改革推進のための指針」（1997年）および「地方公共団体における行政改革の更なる推進のための指針」（2006年）に基づく改革が挙げられます。能率的な組織運営を進めるための定員管理および給与の適正化，それらに合わせた民間委託などの推進，政策の策定や成果のチェックといったPDCAを実行するための行政評価制度の活用，地方公共団体の資産・債務管理のための地方公会計制度の見直しがその代表例です。

　最後に，2009年度から全面施行された**地方財政健全化法**です。もともと，地方財政の健全化については，「地方財政再建促進特別措置法」（1955年）に基づいた制度がありました。しかし，従来の制度には財政情報の開示や早期の健全化是正機能がなく，健全財政の自主的な運営を支える制度とはなっていませんでした。その課題を解消し，地方分権時代に適した制度が新たに設けられることになりました。

注

1　厳密にいうと，地方公共団体の経費は，それぞれの団体に応じて一般会計，特別会計，企業会計の3つに区分して管理されています。ここでいう普通会計とは，各団体間での比較を可能にするために，総務省の定める基準で一般会計に一部の特別会計を加えて再構成したものです。

2　2000〜15年度にあった特例市制度のもとで指定された施行時特例市という市もあります。人口要件は中核市と同じく20万人以上で，担うことのできる事務は一般市よりは多いのですが，中核市よりは少なくなります。現在，所沢市や四日市市など全国に23市あります。これらの市は，将来的には中核市へと移行していくと考えられます。

3　地方分権推進委員会「中間報告」（1996年3月29日）より。

4　たとえば，国の公害対策基本法は1967年制定ですが，東京都の工場公害防止条例は1949年，大阪府の事業場公害防止条例は1950年といったように，国の法律よりも10年以上前に制定されていました。

5　出井信夫・参議院総務委員会調査室編『図説地方財政データブック（平成18年度版）』学陽書房を参考にしています。

6　たとえば，第11次一括法の改正で「宅地建物取引業の免許申請等に係る都道府県経由事務の廃止」というのがあります。宅地建物の取引をする業者は，そのための免許の申請を，国土交通省の下部機関である地方整備局に行うのですが，この改正前までは，

地方整備局に直接出向いて申請するのではなく，都道府県に申請することになっていました。つまり，都道府県に対して受付業務が「義務付け」られていたわけです。

7　これについても，第11次一括法の改正の1つである「小規模多機能型居宅介護の利用定員に関する基準の見直し」を例に挙げます。もともと，この小規模多機能型居宅介護の利用定員に関する基準は，国が介護保険法によって「従うべき基準」を一律に定めていました。これを，国が提示する「標準」に見直すことで，市町村が各地域の事情に合わせて，定員に関する独自基準を設けることができるようになりました。

SUMMARY ●まとめ

- □1　わが国の地方財政は，支出面では国家財政よりも大きく，国民経済のなかで大きな役割を担っていることがわかります。その一方で，地方税収は国税収を下回っています。そのため，地方税だけでなく，地方交付税や国庫支出金といった補助金が地方財政の重要な財源となっています。

- □2　わが国の地方財政は，補完性の原則に基づいて2層の構造となっています。つまり，基礎的地方公共団体である市町村を基本として，その区域を越えるような事務・事業を都道府県が担っています。また，統一性・広域性の視点から国と地方の役割が分けられています。

- □3　わが国の地方財政においては，地方財政計画を主軸として，国から地方への多くの関与が制度化されています。この背景にあるのが，基準型財政責任，全体的財政責任です。他方で地方財政に求められるのが限界的財政責任です。地方分権を考えるうえでは，これらのバランスが重要なテーマとなります。

- □4　集権的分散システムからの脱却として，わが国では1990年代半ばから地方分権改革が始まり，さまざまな改革が現在も進行中です。それらに加えて，地方分権社会にふさわしい地方行財政基盤の確立をめざし，市町村合併や地方行政改革，地方財政健全化法の整備といった地方財政改革も同時に行われてきています。

第2章

財政の機能と
地方財政が果たすべき役割

地方財政の仕事は何？

INTRODUCTION

　国と地方の公共部門は，それぞれさまざまな行財政分野で活動して公共サービスを供給しています（第1章の表1.2を参照）。しかし，国と地方がまったく同じ仕事をしていては意味がありません。両者の間に，何らかの分担関係があると考えるのが自然でしょう。第1章第2節で説明したように，わが国では，地方自治法が国と地方の役割分担の大枠を規定しています。本章では，地方財政が果たすべき役割を，理論的に考察してみましょう。市場経済において財政が果たすべき機能を明らかにしたうえで，国と地方がそれぞれどのような仕事を行うべきかを考えます。

　第1節では，国と地方の役割分担のあり方を考えるうえで参考となるシャウプ勧告および神戸勧告を紹介します。これらの勧告は，わが国における地方財政のあり方を包括的に検討したもので，制度設計・改革に関する1つの理論的基礎を提供するものと考えてよいでしょう。

　第2，3節では，財政学・経済学理論に基づいて，地方財政が果たすべき役割を考えます。第2節では，市場経済における財政の3大機能である公共サービスの供給（資源配分機能），所得・富の格差是正（再分配機能），景気変動の影響緩和（経済安定機能）について学びます。第3節では，これらの機能を国と地方でどのように分担するかを考えます。この考察を通じて，多様性・消費者主権と地域経済の開放性という視点から，地方が主に担当すべき行財政活動の領域が明らかになります。

1 シャウプ勧告・神戸勧告

シャウプ勧告・神戸勧告における地方の役割

第1章第2節で述べたように，わが国における国と地方の分担関係は，地方自治法をベースに理念的には明確な方向性をもっています。しかし，実際には，第1章第3節で指摘したように，地方分担とされている行財政活動（自治事務）にも国の関与があるために，**集権的分散システム**と表現されるような複雑なものとなっています。第1章第4節で論じた地方分権改革は，この錯綜した関係を整理する試みと位置づけられます。

わが国における国・地方の分担関係については，第2次世界大戦後に地方財政改革が行われた際に，理念ベースの硬派な議論が行われていました。その代表格が，シャウプ勧告と神戸勧告です。硬派な議論を展開したおかげで，70年以上の時を経ても，いまだに地方財政論を語るうえでの大きな理論的支柱となっています。

《シャウプ勧告》 第2次世界大戦後，コロンビア大学のシャウプ教授（C. S. Shoup）を団長とする使節団が来日して，国税や地方財政などについて詳細な勧告書（シャウプ勧告：1次1949年，2次1950年）を作成しました。シャウプ勧告といえば，所得税中心主義を軸とした国税に関する勧告が有名です。1989年度の消費税導入に際しては，シャウプ勧告以来の抜本的税制改革と騒がれたものです。他方で，地方財政についても，国と地方の役割分担を含めた地方財政のあり方，地方税制度，さらには国から地方への財政移転（補助金）の制度にまで及ぶ幅広い視点から勧告を残しています。ここでは，役割分担に絞って言及しておきます。

シャウプ勧告では，国と地方の間の役割分担に関して考慮すべき3つの原則が提示されています。

○市町村優先の原則──市町村に優先的に行財政の仕事を割り当てる。

○行政責任明確化の原則──各行財政項目の仕事について，国・都道府県・市町村のいずれかに明確に責任を割り振る。

○能率の原則──各行財政項目の仕事について，規模・能力・財源の観点から国・都道府県・市町村のうち，最も適した担当者を定める。

　市町村優先の原則の背景には，住民にとって最も身近な公共部門である市町村を拡充することで，住民自治の強化を通じて民主主義を定着させようという意図がありました。地域生活に密着した公共サービスの供給は，基本的に地元の住民の意思に委ねるのが望ましいという考え方です。

　行政責任明確化の原則は，行財政活動の受益者であり，また経費負担者である住民への説明責任を強く意識したものです。各公共サービスについて責任をもって供給している公共部門が明確でなければ，何か問題が生じた場合に，国・都道府県・市町村の間で責任の押し付け合いとなるかもしれません。このような状況を避けるために，行財政に関わる個別の仕事について，担当者を明確に決めておこうという考え方です。第1章第2節で紹介されているような国・都道府県・市町村の複雑な協力関係のもとにある義務教育とは，対極的な考え方ともいえます。

　能率の原則は，国と地方の役割分担の基本を示すものです。行財政活動のなかには，地方財政の活動に適したものや適さないものがあります。何でも地方に任せればよいわけではありません。

《**神戸勧告**》　シャウプ勧告に示された3原則を具体化したのが，1950年に作成された**神戸勧告**です。この勧告の根底にあるのは，国が行うべき仕事の要件を明確にしたうえで，それ以外の仕事は基本的に地方に委ねようという発想です。国の担当領域とされたのは，以下の行財政活動です。

○国の存立に直接必要なもの。

○全国的規模で総合的に行う企画に関するもの。

○都道府県の区域を越えるものあるいは地方公共団体の区域に無関係なもの。

○全国的見地から地方公共団体の意向に関係なく行うべきもの。

○国民に便益をもたらす施設で，地方公共団体では運営が著しく非能率なも

の。

これらの要件のいずれかを満たすものとして，具体的に外交，通貨，司法，貿易と検疫，国土総合開発計画，国直轄の河川・道路・林野，国立の大学・博物館・図書館・研究施設，全国的な統計調査，労働基準，銀行業・保険業・鉱業・電気事業などに関する事務が挙げられました。これら以外の行財政活動は，基本的に地方の仕事になります。そして，地方の行財政活動のなかでも，都道府県が担当するものは，以下のものに限定されます。

　　○市町村の区域を越えて処理しなければならないもの。
　　○市町村での処理が非能率あるいは不適当なもの。

これら以外の行財政活動は，すべて市町村に任せるべきであるとしています。

┃ シャウプ勧告・神戸勧告が遺したもの ┃

　シャウプ勧告や神戸勧告に示される国・地方間の役割分担に関する基本的考え方は，現代でも十分に通用します。第1章第2節で紹介した現行の地方自治法から読み取れる理念と照らし合わせても，大きく矛盾するとは思えません。地方自治法と神戸勧告に共通する視点として**統一性・広域性**を基準とする国と地方の分担関係が，そしてシャウプ勧告も含めて考えると市町村を中心とした地方自治という姿がみえてきます。再度まとめると，「全国的に統一性が求められない，あるいは政策効果が地域的に限定されている行財政活動は，主に市町村単位で住民自治のもとで行えばよい」という考え方になります。

　わが国の現状は，このような考え方からかなり乖離した印象があります。実際，シャウプ勧告や神戸勧告は「骨抜きにされた」という評価が一般的です。その背景として，敗戦から復興，そして高度経済成長へ突き進む当時のわが国では，国家レベルで経済開発を推し進める必要があったことや，公共サービス需要の急速な拡大への対応が求められていたという時代的背景があります。このため，地方自治の拡充よりも，国民経済全体の成長・発展を優先することになりました。そして，国が企画して地方が着実に実施するという**集権的分散シ**

ステムへと収束していったと考えられます。このような流れを踏まえると，骨抜きにされたというよりも，理念的には優れているが時代に合わなかったというべきなのかもしれません。

　実際，地方側からみても，シャウプ勧告や神戸勧告の理念についていけないという当時の状況もあったようです。市町村合併が進んだ現代（市町村1700余り）とは異なり，1953年の段階で町村だけで9500以上もありました。数が多い分，人口や財政の規模も小さいわけですから，地域住民の生活に密着した教育，社会福祉，公衆衛生，土木などの行財政活動に対応しきれませんでした。このため，神戸勧告を受けて町村合併が推進されることになりました。勧告の本筋とは異なりますが，零細公共団体の整理・統合につながったことは，1つの成果として評価できるでしょう[1]。地方分権を推進するにあたり，市町村合併を通じて受け皿をつくるという発想は，平成の大合併にも引き継がれています（第4章第2節を参照）。

　当時は現実味に欠けていたとはいえ，時は流れ，1990年代から今日まで続く一連の地方分権改革において，シャウプ勧告と神戸勧告は再び輝きを取り戻したようです。これらの勧告が示した方向性——統一性・広域性が要求されるもの以外の行財政活動は，地方，とくに市町村へ優先して回す——は，現在進行中の第2次地方分権改革の起点でもある「地域の自主性及び自立性を高めるための改革の推進を図るための関係法律の整備に関する法律」にも取り入れられています（第1章第4節を参照）。今後とも，地方分権を進めるうえでの重要な指針であり続けるでしょう。

 財政の機能

市場経済の特徴

《資源配分問題》　財政学では，公共部門は市場経済を補完するものととらえます。したがって，財政の機能を理解するには，市場経済そのものについて理解しておく必要があります。私たちは日常生活を通じてさまざまな資源を利用し

ていますが，市場経済は稀少な資源の使い方を決めるメカニズムと位置づけられます。利用可能な資源は有限ですから，大切に使わなければなりません。具体的には，以下の**資源配分問題**を解くことになります。

　○生産配分の問題——何をどれだけどのように生産するか。
　○消費配分の問題——生産した財・サービスを誰がどれだけ消費するか。

　世の中には数え切れないほどの財・サービスがありますから，資源配分問題は非常に複雑です。市場経済における資源配分を理解するには，市場経済自体の特徴を把握しておく必要があります。以下に，基本的な3つの特徴を示しておきます。

　○私有財産制——資源の私的所有権は，明確に定義され守られる。
　○私有財産の自発的交換——所有資源は，市場において自由に交換される。
　○経済主体の合理的行動——消費者・生産者は，市場での交換を通じて自らの厚生を最大化する。

　市場は，互いに利得を求めて，所有資源を交換する場・機会です。そして，交換レートが価格です。消費者の厚生は，消費から得られる便益や労働に伴う負担（消費便益を得るための費用に相当）など，生活上の諸々の活動から得られる満足度に相当します。生産者の厚生は，生産活動から得られる利潤（＝収入−費用）です。有利な交換相手や交換条件を獲得して自らの厚生を高めるために，市場参加者は互いに競争を展開します。たとえば，就職活動は勤務先を求めての学生間の競争ですが，同時に優秀な学生を求めての企業間の競争です。このため，市場経済の機能を研究するミクロ経済学では「市場経済＝競争経済」と説明されるのです。
　市場経済で決定される資源配分には，「無駄がない」という特徴があります。具体的には，次のようになります。

　○市場経済における生産配分——消費者が欲しがる財・サービスを，できる

だけ費用のかからない方法で生産する。
○市場経済における消費配分——各財・サービスを，その消費から得られる
　便益が最も高い人に配分する。

　生産配分に関する説明は，売れるものを安く提供しないと市場で交換相手
（顧客）が見つからない，そして売れなければ利潤が得られない，という単純
なものです。誰も欲しがらないモノを生産する，あるいは欲しがるモノであっ
ても不必要に多くの資源を使う生産方法を採用するのは，資源の無駄遣いにほ
かなりません。資源の無駄遣いは，顧客を失って損をすることを意味します。
利潤を追求する生産者は，少しでも無駄をなくそうと努力することになります。
　消費配分については，消費便益の高い人に財・サービスを引き渡すことが，
資源の有効活用につながることに注目してください。市場で利潤最大化を追求
する生産者は，高い対価を払う消費者に財・サービスを売りたいはずです。そ
して，高い対価を払ってもよいと考える人は，消費便益が高い人です。この点
は，消費者間の競争であるインターネット上のオークションをイメージすると
わかりやすいと思います。消費者は所有資源（予算）の枠内で自らの好みに
合った財・サービスを厳選して買いますが，「欲しいモノ＝消費便益の高い
財・サービス」には高い価格を払ってもよいと考えるでしょう。
　市場経済は，参加者である消費者・生産者に対して資源を有効活用するイン
センティブを与えます。無駄があれば，必ず利得追求のチャンスがあるからで
す。たとえば，お酒を飲めない人がビールを持っている一方で，お酒好きの辛
党の人が和菓子を持っていると考えてください。これは無駄な消費配分ですが，
両者はビールと和菓子を交換して互いに厚生を高めようとするでしょう。この
ように，自由な交換を通じた利得の追求が，資源配分の無駄を解消します。
　市場経済のメリットは，新しい知識や技術の創造にも及びます。消費者や生
産者が喜びそうなアイディアは，将来，市場を席巻することで開発者・創造者
に多大な利潤をもたらすでしょう。このことが，激しい技術開発競争や文化の
発展につながるのです。このように，市場経済は稀少な資源を無駄なく生産・
消費に活用するメカニズムです。
《資源配分効率性》　ミクロ経済学では，資源の無駄遣いがないことを効率的と

　市場経済は，資源配分を行う１つのメカニズムにすぎません。他の方法として，共産主義・公有財産制に基づく計画経済があります。基本的に，当局がどのような財・サービスをどのように生産するかを決定し，生産物は消費者に計画的に配給されるというシステムです。

　利得追求に頼らないこのシステムは，旧ソビエト連邦や中国などで実施されましたが，20世紀の壮大な実験の結果として，「失敗した」といわざるをえません。中国は，共産主義を唱えつつ市場経済の仕組みをうまく活用することで，経済大国に成長しています。

　市場経済の本質は，自らの厚生を高めることが無駄の解消につながるという点にあります。消費者や生産者の観点からは個人的な利得追求であっても，経済全体からみると資源配分の無駄を減らすことに貢献しているのです。つまり，無駄があればそれを解消することで得するメカニズムになっています。ちょっと下品な言い方かもしれませんが，市場経済は人間の貪欲さを利用して無駄をなくすように誘因づけるメカニズムです。結局のところ，「インセンティブがないと人は動かない」というのが，計画経済の破綻から得られた教訓なのかもしれません。

呼びます。市場経済が存続できている理由は，効率的な資源配分の実現に貢献するからです。**資源配分効率性**は，次のように定義されます。

○ 資源配分効率性を満たす状態——各財・サービスについて，消費から得られる便益と生産に必要な費用との差額（純便益）が最大化されている状態。

　財量を増やすことで純便益を増加させることができる場合，財増産の便益が費用を上回るわけですから，増産に向けて資源を投入すべきです。純便益増加の余地が残っている状態では，資源が無駄なく活用されているとはいえません。

　市場経済では，財量を増やすことで純便益を増加させることができる場合，消費者は「費用は負担するから，ぜひ増産してくれ！」と考えるでしょう。この意思は需要増加として市場に現れ，財価格の上昇に反映されて生産者に増産を促すことになります。逆に，財量を減らすと純便益が増加するような状態の

もとでは，「いらないから費用も払わない」とばかりに，消費者は需要を減少させます。市場価格は下落してしまい，生産者は減産を迫られます。このように，市場経済では純便益が最大の状態に維持されます。

補章Aには，資源配分効率性について，ミクロ経済学の初歩的ツールを使った補足的説明が提示してあります。必要に応じて参照してください。

しかし，市場経済の優位性は絶対的なものでありません。効率性機能が十分に発揮されないケースや，そもそも市場経済では十分に対応しきれない問題もあります。これらの限界や問題は，総称的に**市場の失敗**と呼ばれています。ミクロ経済学ではさまざまな形の市場の失敗が論じられていますが，ここでは財政の役割に関するものに限定して議論します。

市場の失敗①──公共財と価値財

《**私的財と公共財**》　取引される財・サービスが**公共財**と呼ばれるカテゴリーに属する場合，市場経済における資源配分機能は有効に働きません。公共財の定義は，以下の2つの条件を満たすことです。

- 非競合性（共同消費性）──他の使用者が消費に割り込んできても，既存の使用者が追い出されることはない（複数消費者による同時使用が可能）。
- 排除不可能性──対価を払わない使用者を利用から排除できない。

非競合性を満たす代表例として，国民全体に便益が及ぶ国防や外交があります。そのほかにも，キャパシティに上限はありますが，多くの観客を対象としたコンサート，大学の大教室講義，立派な幹線道路なども，多数の人々が同時に使用可能な例と考えることができます（ただし，コンサートや教室について特定の座席は基本的に競合的といえましょう。大講義の席なんかどこでもよいとなれば，話は別ですが）。**排除不可能性**は，物理的な条件のみならず，経済的な意味も含みます。たとえば，高速道路はゲートで料金徴収しますが，一般道路では非現実的です。あらゆる交差点や家の前に課金用のシステムを設置するのは，費用がかかりすぎて経済的にナンセンスでしょう（将来的には実現可能かもしれませんが）。

私的財は，公共財の条件を逆転した形で定義されます。つまり，競合性・排除可能性が私的財の特徴です。私たちがふだん購入し消費している財・サービスの大半は私的財です。たとえば，パン1切れ，ビール1杯は，誰かが口に入れてしまえばおしまいです。また，コンサートの席も誰かが座ってしまえば他の人は使えません。これらの財・サービスは，料金を払わなければ使用できません。料金を払わないと，私有財産権の侵害になります。先に述べた市場経済の効率性は，私的財を想定した議論であって，公共財には当てはまりません。この点について考えてみましょう。

《公共財と市場の失敗》　皆さんは公共財を買うでしょうか。合理的な消費者ならば，欲しいと思っていても買わないでしょう。非競合性により，誰かが買えば自分も購入者と一緒に消費できます。しかも，排除不可能性によりタダで使えます。買った人の横に行って，ニコニコしながら一緒にタダで使用すればよいのです。つまり，「誰かが買うまで待つのが合理的」となります。このような消費者を**フリーライダー**と呼びます。個人の立場からみると，フリーライダーは利得を追求するうえで合理的ですが，皆がフリーライダーになってしまうと，結局，誰も買わないということになります。これでは市場経済は機能しません。

　市場経済では，売れない財・サービスは生産されません。皆が欲しがるモノこそが資源を投入すべきモノであり，市場における需要こそが資源を投入すべき財・サービスを示す指針なのです。公共財の場合には，フリーライダーになるために「欲しいのに欲しいとはいわない（ひたすら黙って待つ）」状態になりますから，需要が出てきません。需要がなければ供給されないのが，市場経済の世界です。まったく需要・供給されないという極端な状況には至らないとしても，経済全体として効率的な生産・消費量よりは少なくなるでしょう。

　これに対して，競合性と排除可能性を備えた私的財の場合，欲しければ自分で買うしかありません。フリーライダーが入り込む余地はないのです。先のパン1切れ，ビール1杯，コンサート座席の話を想起してください。公共財との比較において，欲しい場合には市場で需要することになり，生産者が需要に反応して供給することで，市場経済の効率性が発揮されます。

　図2.1は，公共財と私的財の違いをまとめたものです。市場経済に任せると満足に供給されない公共財の供給は，財政が果たすべき**資源配分機能**です。一

方で，私的財については市場経済に委ねるということになります。しかし，現実的には，公共財的特徴が薄い財・サービスも公共部門が供給しています。その根拠を考えてみましょう。

《**価値財と外部効果**》 私的財に近い特性をもちながら，教育・衛生・公園・文化振興などのように，公的な供給が行われる財・サービスがあります。このような財・サービスの多くには，**価値財**に特有な性質があります。

　○価値財──使用者に発生する直接的便益に加えて，非使用者にも間接的便益が発生する財・サービス。

　小中学校については，私立学校も存在しています。つまり，市場での供給が可能です。しかし，義務教育として公的に供給される理由は，直接的なサービス使用者（児童・生徒）に限られない間接的便益が存在するためです。基本的教育の質の保持・向上は，社会の存立に関わる重要な問題です。しっかりと基本的教育を受けた人材は，本人たちが意識するか否かに関係なく，社会の安定・発展に寄与していると考えられます。

　幼児教育サービスも私立・公立が入り交じりますが，その便益は本人と保護者のみならず，女性の社会進出促進や少子化対策という形で社会全体に及びます。ごみ処理などの衛生関係も，サービスを利用する本人のみならず，周辺地域全体の美化に貢献します。公園や運動場も，遊園地やテーマパークなどを含

めると私立・公立混在ですが，とくに都市圏における緑地確保は，環境保全や延焼防止など，直接的な使用者に限定されない便益をもたらします。芸術・芸能・歴史的建造物などについても，豊かな文化は市民生活を豊かにするので，直接的な鑑賞による便益を超えた価値があると考えられます。

　間接的便益の存在が公的供給を正当化する理由を，理論的に考えてみましょう。個別の消費者が価値財を購入する際には，自らが得る直接的便益のみを考慮するでしょう。つまり，間接的便益は購入者の関心外です。この意味において，間接的便益は**外部効果**と呼ばれます。自宅敷地に緑地を確保する場合，当の本人は自らの保養価値のみを考えるのであり，周囲の環境保全・延焼防止という便益までは考えないでしょう。教育サービスを購入する際にも，自分自身の価値を高めることを考えることはあっても，社会に与える好影響までは考えないでしょう。

　このような外部効果の存在は，価値財に関する消費選択によからぬ影響を与えます。本来，価値財の消費量は，直接的・間接的便益全体を考慮して決定すべきです。間接的便益を外部効果として無視してしまうと，便益の過小評価状態となってしまいます。便益を過小評価するような行為については，社会全体として望ましい水準よりも少ない水準でしか実施されないと考えられます。本当は10億円分の価値があるビジネス・プロジェクトを，5億円分の価値しかないと勘違いしているような状態です。そのようなプロジェクトについては，「もっとやればよいのに……」という状態にとどまってしまうことでしょう。このように，市場での供給に委ねると，価値財の消費量は減少してしまいます。私学しかない場合や，公営の公園・緑地がまったく存在しない場合には，教養水準の低下や都市環境の悪化が起きかねません。そこで，価値財については，公共部門が直接的・間接的便益を総合評価して供給を行うべきです。

　図 2.2 は，価値財の議論をまとめたものです。価値財の議論では，基本的に「間接的便益＝プラスの外部効果」を扱います。他方で，「間接的費用＝マイナスの外部効果」のケースもありえます。騒音などはその典型例です[2]。大音響で時間や場所柄もわきまえず音楽を聞く行為は，明らかに周囲の人々に迷惑であり，マイナスの外部効果を生み出します。迷惑行為に及ぶ本人は，自分の直接的便益を考えても，周囲の人々の間接的費用は考えないでしょう。このため，

```
価値財 ┌ 直接的便益：購入者本人が直接受ける便益 → 購入者は考慮する
       └ 間接的便益(外部効果)：購入者以外に及ぶ便益 → 購入者は考慮しない → 便益の過小評価
```

価値財のケースとは逆に，消費便益の過大評価（費用の過小評価）が発生することになります。費用を過小評価するような行為は，「やりすぎ」となってしまいます。

市場の失敗②──所得・富の格差

　市場経済には，私的財の生産・消費について，無駄をなくす資源配分効率性機能が備わっています。他方で，市場経済は不公平を助長する，という批判的議論があります。ここでいう**公平性**の問題とは，所得・富の格差に伴う問題です。**再分配政策**と呼ばれる格差の是正策は，公共部門が行うべき重要な仕事です。実際，租税政策，公共支出や公的保険を通じて，さまざまな再分配政策が実施されています。貧富の格差が激しくなると，治安悪化などによって社会が不安定になりかねません。また，教育を受ける機会が限定されて人材発掘・育成が進まなくなり，中長期的に経済活力や国際競争力の低下を引き起こします。格差拡大は，さまざまな形で経済的・社会的な閉塞感をもたらすでしょう。

　私有財産制のもとでは，どのような形であれ，合法的に得られた所得や富は保護されます。少なくとも，すでに実現してしまっている所得・富の偏りを，市場経済が自動的に補正することはありません。つまり，基本的に市場経済の機能には公平性の実現は含まれていないと考えてよいのです。

《**利他的行動と再分配**》　格差是正を行うには，本当に公的な介入が必要なのでしょうか。租税の徴収や医療保険への強制加入に象徴されるように，公的介入には強制力が伴います。しかし，現実には慈善的寄付やボランティアなどを通じて，公的な行財政活動とは別に経済的・社会的弱者への支援が行われています。経済学的には，このような行動を**利他主義**（他人を思いやる）の視点から説明することができます。

　市場経済の特徴を説明する際に，合理的行動として「自らの厚生の最大化」を挙げました。これは利己的利得の追求を意味するのですが，自分のことしか

考えないとも限りません。困りごとを抱える人々が支援を受けて生き生きとする姿に喜びを見出すこともありえます。経済学では、「合理的行動＝自分勝手」ではなく、「自分の価値観に忠実に従った行動」と考えます。慈善的活動は一方的な負担行為ではなく、活動に参加することで喜びを得るという合理的行動の結果なのです。このように、市場経済の枠内であっても格差是正に向けた活動が行われます。

　問題は、このような利他的行動が十分な再分配効果をもたらすのかという点です。残念ながら、この問いに対する答えはノーです。その理由を考えるうえで、公共財の理論が大変役に立ちます。慈善活動の利得は、非競合性（共同消費性）と排除不可能性という公共財的性格をもちます。貧困問題軽減のメリットは、活動を行う当事者のみならず、社会全体に行き渡ると考えられます。貧困にあえぐ人々の数の減少は、慈善活動に参加しない人々にとっても大変喜ばしいことです。

　しかし、公共財的性格をもつ以上、フリーライダー問題が付きまといます。自分がやらなくとも、誰かが慈善活動してくれればよい、と考えてしまう人が多いのではないでしょうか。慈善活動に参加する人としない人との差は、活動から得られる便益の差に起因します。高い便益が得られる人は自ら慈善活動に従事する一方で、そうではない人はフリーライダーとなるでしょう。この差は程度の問題であって、全員が慈善活動による貧困問題の軽減から何らかの便益を得ているものと思われます。

　フリーライダー問題を抱えている以上、再分配というサービスは公共部門が供給を行うべきです。利他心に基づく合理的行動を考えると、市場経済の枠内で格差是正に向けた活動がまったく行わないことはないでしょうが、活動水準は不十分なものになると考えられます。社会的なコンセンサスを前提として、課税などの強制力をもった公的介入を行うことが求められます。

《公的保険・年金》　公共部門が行う再分配政策には、医療保険や年金が含まれています。これらは民間でも供給されているサービスです。一般に、保険とは加入者がお金を出し合って、何らかのピンチに直面する加入者を助けるという互助組織です。自分がピンチになったときに備えて保険料を払うのです。医療保険・年金には、再分配的な視点から価値財的な性格があると考えてもよいか

もしれません。貧富の差に関係なく，確実に必要な医療サービスを受けられる機会を保障するために，あるいは老後の生活設計を保障するために，公的に供給されています。

　保険・年金を通じた再分配は，現状の格差是正というよりも不確実性に備えるものです。**不確実性**とは，誰もが正確には知りえないリスクを指します。今は大金持ちであっても，社会・経済の激変などによって突然貧困に陥ることも考えられます。公的保険や年金の目的は，貧富の差に関係なく，全員に対して不確実性に備えるシステムを提供することです。

　とくに医療保険については，民間と公共部門で性質は大きく異なります。民間保険では，加入契約時に健康調査を行います。調査で加入者の健康リスクをとらえることで，リスクの高い人ほど高い保険料を負担します。強制加入を原則とする公的保険では，すべての人々に等しく保険サービスを提供するために，健康調査は行いません。健康状況に応じた差別化を行わない一方で，所得の多い人ほど高い保険料を払います。この仕組みには，現況の所得・富の格差是正に相通じるものがあります。

┃ 市場の失敗③──景気変動の影響 ┃

　公的部門が果たすべき資源配分機能と再分配機能に関する議論は，基本的にミクロ経済学のカテゴリーに属します。これに対して，景気変動に関する議論はマクロ経済学を基礎としています。マクロ経済学は，経済全体の雇用，所得や物価水準の決定メカニズムを分析する学問です。古くは1920年代末期からの世界大恐慌，わが国ではバブル（1980年代末期〜90年代初期）以降の経済停滞，そして比較的最近では世界中を震撼させた2008年のリーマン・ショックでみられたように，景気の悪化に伴い失業が発生します。経済活動が停滞して雇用が失われてしまうと，勤労所得の減少⇒財・サービスへの需要の減少⇒生産活動の縮小や投資の停滞⇒更なる失業，という負のスパイラルを生むことになりかねません。

　長期的に考えれば，停滞した企業・産業は新たな企業・産業に取って代わられ，失業者は新たな職場に移動していくと考えられます。しかし，このような市場経済の新陳代謝には大変な苦痛が伴います。とくに，職を失うことは人間

の尊厳にも関わる重大事であり，新たに職を探すのも大変です。少なくとも短期的には，公共部門が公共投資や減税を行うことで経済全体の所得増加と失業の抑制に努める必要があります。このような**経済安定機能**は，ケインズ（J. M. Keynes）がその必要性を訴えて以来，とくに第2次世界大戦以降，財政の役割として定着しました[3]。

《**乗数効果**》　公共投資や減税の景気対策効果は，**乗数効果**として知られています。マクロ経済学における**有効需要の理論**では，経済停滞に伴って失業が存在している場合には，財・サービスへの需要を増やせばその分だけ供給と雇用が増加すると考えます。乗数効果は有効需要の理論に基づきます。逆に景気が良くて労働者が足りない場合には，需要を増加させても単に賃金と物価が上昇するだけでしょう。

　簡単な数値例を使って，乗数効果のメカニズムを説明します。10億円の公共投資が行われたとしましょう。この投資は，経済全体の所得に10億円を超える波及効果をもたらします。Aが公共投資を受注したとしましょう。Aの所得は10億円増加します。次いでAは10億円のうち，80%をBからの財購入に回すものと考えます。残りの20%は貯蓄されます。この消費比率（今の例では 0.8）を**限界消費性向**と呼びます。貯蓄は投資に向けられないものとしましょう。Bの所得は8億円増加します。さらにBは8億円のうち，80%の6.4億円をCからの購入に回すものと考えます。このように，A（所得10億円）⇒ B（所得8億円）⇒ C（所得6.4億円）……と波及し，ゼロとなるまで継続します。結果として，社会全体では50億円の所得増となります（この計算結果は，初項10億，公比0.8の等比数列の和を示しています）。10億円の公共投資が50億円の所得増をもたらす場合，公共投資の乗数は5と計測されます。

　このような波及効果を通じて所得が増加し，それに伴って生産活動が活発化して失業が減少していくものと期待されます。限界消費性向が高いほど，波及効果は大きくなります。このため，景気が悪ければ，どんどん消費しておカネを回すことが重要なのです。その起爆剤として公共投資が活用されますが，減税も同様の乗数効果を生み出します。

　この例では波及効果の減少要因として貯蓄のみを想定していますが，ほかにも減少要因が考えられます。たとえば，受け取った所得のうち，30%が輸入品

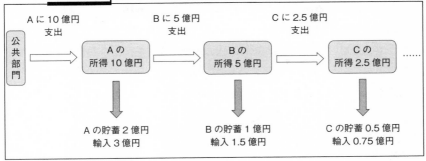

の消費に向けられるとしましょう。この状況を，図2.3にまとめておきます。国内に限ると限界消費性向は0.5となりますから，10億円の公共投資がもたらす国内所得の増加は20億円となります。公共投資の乗数は2に低下します。当然，外国でも所得増の波及効果は働いており，わが国からの輸出増に結びつく限り，波及効果の一部が国内に返ってくることになるでしょう。それでも，輸出入がまったくない場合に比べると，景気対策の効果は小さくなります。

３ 地方財政が果たすべき役割

　前節では，市場経済における財政の機能として，公共サービスの供給，所得・富の格差是正，景気変動の影響緩和の３つを挙げました。本節では，これら資源配分・再分配・経済安定機能について，地方財政がどのように関わるべきかを考えます。公共サービスの供給については，地方は重要な役割を果たすことが期待されています。他方，他の２つの機能は国が主に担当すべきであって，地方の仕事は国の仕事を補完することです。

公共サービスの供給——地方公共財

　公共財・価値財には多様なものが含まれます。以後，本章ではこれらの財を一括して公共財と呼びます。地方財政論では，公共財を**国家公共財**と**地方公共財**に分類します。

○国家公共財——国全体に便益が及ぶものや，全国統一的な供給が望ましい公共サービス。
○地方公共財——便益の及ぶ範囲が地域的に限定される公共サービス。

　国防や司法は国家公共財の代表例とされています。生活道路，生活ごみの処理や住宅街に設置される公園など，便益の及ぶ範囲が広くないものは地方公共財とされます。文字どおり，国家公共財は国の担当，地方公共財は地方の担当と位置づけられます。

《多様性と分権化定理》　第1章第2節や本章第1節で述べたように，シャウプ勧告，神戸勧告や地方自治法では，市町村優先の原則や**補完性の原則**を掲げて，統一性や広域性に関わるもの以外の行財政活動は地方に委ねるべきとしています。この点について，市町村優先の原則に絡めて「地域生活に密着した公共サービスの供給と負担は，地元の住民の意思に委ねるのが適切である」と説明しました。

　この背景にあるのは，地域の多様性です。各地域の地理的条件，気候・風土，経済構造や人口構成はさまざまです。それぞれ独自の歴史や文化があります。これらの違いに起因して，公共サービスへのニーズは地域ごとに多様であると考えられます。大都市圏の中心都市や郊外都市で，あるいは山間部や沿岸部の市町村で完全に均一な公共サービスを供給することが望ましいとは思えません。たとえば，若い子育て世代が多い市町村では子育て支援や教育が重視されるでしょう。高齢化が進む市町村では，高齢者支援のためのコミュニティ・バスや住民間の交流施設に関心が集まるでしょう。

　公共サービスだからといって，公共部門が決めたことをそのまま受け入れる必要はありません。むしろ，公共部門の仕事は，住民が決めたことを忠実に実施することです。これは国と地方の関係にも当てはまります。地方公共財について中央集権的に国が決めた全国均一な公共サービスの質や量をそのまま受け入れると，地域住民は，「私たちのニーズに対応していない」と不満をもつでしょう。それならば，便益の及ぶ範囲が限定的な地方公共財については，地域ごとに供給決定を行っていくのが合理的です。地方公共財の分権的供給決定を支持する議論は，地方財政論において**分権化定理**として知られています。

○分権化定理――地方公共財の供給を中央集権的に決定するよりも，各地域
　で分権的に決定した方が，住民はより高い純便益を得ることができる。

「純便益＝財の消費便益からその供給費用を引いたもの」であることを思い
出してください。分権化定理の大前提は，公共サービスから受益する住民が費
用を負担することです。この一見当たり前な前提の重要性については，後に言
及します。

　分権化定理は，**資源配分効率性**と密接に関連しています。地域ごとのニーズ
の違いに対応しない全国均一な公共サービスを全地域で展開するよりも，各地
域に必要なサービスを必要なだけ供給する方が，経済全体の視点から資源の有
効活用になるはずです。

　図 2.4 は分権化定理を簡単に図示したものです。縦軸に地方公共財から得ら
れる純便益を，横軸には地方公共財の量を測っています。2 つの地域（A, B）
について，財量と純便益の関係が描かれています。地域 A について，

○G_A より少ない財量⇒地方公共財の増加によって費用負担は増加するが，
　消費便益増加のメリットの方が大きい⇒純便益曲線は右上がり
○G_A より多い財量⇒地方公共財の減少によって消費便益は減少するが，費
　用負担減のメリットの方が大きい⇒純便益曲線は右下がり

となります。便益と費用を比較した結果として，地域 A にとっては G_A が純便
益を最大化する効率的な地方公共財の供給量となります。同様に，地域 B に
とっては，G_B が効率的な地方公共財の供給量です。

　ここで，国が平均的な値として，全地域一律に G_* の量を指示したとしま
しょう。図 2.4 からわかるように，地域 A は「ウチはもっと減らしたい」，そ
して地域 B は「ウチはもっと増やしたい」と思うでしょう。いずれの地域に
も不満が残ります。それならば，各地域の自由に任せようではないか，という
のが分権化定理の主旨です。

《消費者主権と地方自治》　分権化定理は，市場経済における消費者主権の視点か
らとらえることも可能です。市場経済では，全消費者が均一な消費パッケージ

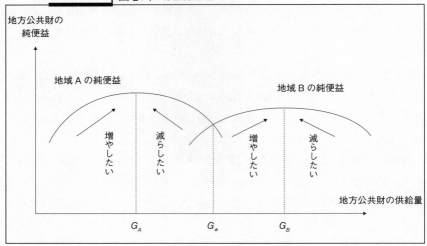

CHART | 図2.4 分権化定理

地方公共財の
純便益

地域 A の純便益

地域 B の純便益

増やしたい

減らしたい

増やしたい

減らしたい

地方公共財の供給量

G_A G_* G_B

を押しつけられることはありません。本章第1節で述べたように，各消費者は，自らの好みに応じて自らの所有資源（予算）の枠内で，何をどれだけ買って消費するのかを自由に決定します。分権化定理と消費者主権とのつながりは，各消費者を各地域の住民に置き換えてみるとみえてきます。

　留意すべきは，消費者主権はあくまで予算制約のもとでの権利であるという点です。市場経済は私有財産制と自発的交換の世界であり，交換を通じて受益を得る以上は対価を払う必要があります。つまり，**応益負担の原理**に基づいて，受益と負担はパッケージになっています。地方公共財の受益者たる住民は，当然のことながら受益に伴う負担をしなければなりません。対価を払うからこそ，「わが地域にはどのような公共サービスがどれだけ必要なのだろうか」と真面目に考える必要性が出てきます。図2.4 では，このような受益・負担の比較計算から G_A や G_B が選択されるのです。

　分権化定理の本質は，「住民が自らの地域における地方公共財について責任ある自治を行うべき」という点に尽きます。費用負担の問題を疎かにすると，無駄な公共支出を抑えることはできません。それでは，中央集権的な均一供給が生み出す無駄を解消しても意味がありません。ある地域で住民が公共サービスの増加を望むのであれば，基本的に地元住民がその費用を負担すべきです。

住民としては，無駄なサービスの供給は自らの税負担に跳ね返りますから，無駄な公共支出を抑えようとするでしょう。このようにして，地方自治が機能していくことになり，分権化定理の利点が発揮されるのです。この議論は，第1章第3節で説明した**限界的財政責任**の考え方と本質的に同じものです。

これとは対比的に，国からの地方へ補助金は，基本的に国による地方公共財費用の負担肩代わりです。第3章第3節や第6章・第7章で取り上げられるように，国からの補助金にも一定の有益な役割があります。しかし，安易に補助金を使うと，地域住民は「地方公共財の費用は国が負担してくれる」と勘違いして本来もつべき費用感覚が鈍ってしまう可能性があります。そうなると，無駄な公共支出が増えてしまい，地方自治を機能不全にしてしまいます。

《**情報の非対称性と総合行財政**》　分権化定理の前提条件の1つとして，情報の非対称性があります。**情報の非対称性**とは，経済主体間でもっている情報量が異なることを指します。ここでは，国と地方の間の情報非対称性が問題となります。簡単にいえば，国よりも地方公共団体の方が地域の状況や住民の好みをより正確に把握しているという前提です。言い換えれば，公共サービスへのニーズは地域ごとに多様なので，国では把握しきれないということです。図2.4の説明では，「国の行財政活動＝全国均一的」を前提していますが，その背景には情報の非対称性があります。

確かに，住民に身近で生活に密着した公共サービスを供給している地方公共団体は，各種の地域情報を行財政活動に生かしていると考えられます。他方，国も各地域に出先機関を設けていますので（例：財務省は財務局，農林水産省は地方農政局，経済産業省は経済産業局，国土交通省は地方整備局と地方運輸局，環境省は地方環境事務所），地域情報を集めて行財政活動に生かすことは可能だと思われます。しかし，国の省庁はそれぞれの所管についての専門集団ではありますが，**縦割り行政の弊害**と呼ばれて批判されるように，さまざまな公共サービス全体のバランスを見通した総合的な行財政活動を行うことはできません。この役割を担うのが地方公共団体です。

地域住民は，日常生活において教育，上下水道，ごみ処理，道路，公園などのさまざまな公共サービスを一体的に消費しています。これらのサービスを個別に供給し管理するだけではなく，全体のバランスを考える必要があります。

道路1本を通すにしても，近隣の人口や交通状況はもちろん，学校や公園の有無などを考慮して，必要ならば大勢の子どもの移動を想定した設計が必要です。一定の空間内でのバランスを総合的に考えた公共サービスの供給を行うには，やはり地域密着型の公共部門が必要です。

　たとえるならば，中央省庁はそれぞれ所管する公共サービスの専門店です。これに対して，地方公共団体は総合スーパーのようなものです。中央省庁の出先機関の1つの役割は，個別の行財政活動分野について専門的な知見を提供することで，地方公共団体の総合的な行財政活動を支援することにあると考えられます。

地域経済の開放性

　公共財の供給に次いで，所得・富の格差是正と景気変動の影響緩和について地方財政の役割を考えましょう。これらの2つの機能は，国が主に対処すべきものとされています。その鍵となるのは，**地域経済の開放性**です。まずは，その意味するところを学んでおきましょう。

　一般に経済の開放性とは，複数の国や地域が経済的に相互依存の関係にあることを指しています。具体的には，国や地域の境界を越えて財・サービスの貿易が行われることや，人や資本・企業が移動する状況を指します。逆に，完全自給自足で境界を越えた移動もまったくない状態を**閉鎖経済**と呼びます。

　もともと，1国内の地域経済は緊密な相互依存関係にあります。経済のグローバル化は，同様の相互依存性が国境を越えて急速に進展してきたことを意味します。財・サービスの国際貿易，外国株式・債券への投資やビジネス・チャンスを求めた企業の国外進出に加えて，消費者もインターネットを通じて国外のさまざまなサービスを気軽に利用できる便利な時代となりました。それでも，国内の地域経済の開放性は，国際的な開放性とはレベルが違います。たとえば，企業の立地選択については，国内の地域間のみで考えるのか，あるいは海外も視野に入れて考えるのかで，重みがまったく違うでしょう。海外の場合，現地の文化，労働慣行，商慣行を調査して適応できる体制を整える必要があります。国内の立地選択では，ほとんど考慮する必要がない問題です。

　国内移動と国際移動の違いが，最も顕著に現れるのは人口移動です。国内の

Column ❷-2 昼夜間人口比率

　地域間人口移動の実態について，ここでは昼夜間人口比率に触れておきます。
人口移動には居住地を変えるケースと，居住地を変えずとも他地域へ買い物や
仕事に出かけるケースがあります。昼夜間人口比率は後者のケースに関連しま
す。都市圏を中心に，「昼間は中心都市で過ごし，夜は自宅のある郊外都市へ
帰る」という生活パターンがよくみられますが，昼夜間人口比率はこの頻度を
とらえるものです。3大都市圏を筆頭に，地域内で相対的に大きな公共団体の
比率が高くなります。東京23区や大阪市の昼間人口は，夜間の約1.3倍です。
逆に，県庁所在地でも，横浜市，さいたま市，大津市や奈良市のように，昼間
は人口が減る地域もあります。

　大都市圏内部における住民の移動は，表2.1の数字をはるかに超える規模
を示します。東京23区を例に挙げると，2010年国勢調査によれば，中心部
の昼夜間人口比率は大変高く，千代田区は1738.8，中央区は493.6，港区は
432，渋谷区は254.6，新宿区は229.9となっています。他方，周辺部は低
く，練馬区は82.1，江戸川区は84.1，葛飾区は85，杉並区は87.4となって
います。ちなみに，比率が最も低い市町村は宮城県七ヶ浜町で65，次いで大
阪府豊能町が65.8となっています。これらの町では，住民の3分の1が日中
に町外に出かけていることになります。

表2.1　昼夜間人口比率の高い・低い都市　　　　　　　　　　　（単位：%）

都　市	昼夜間人口比率	都　市	昼夜間人口比率
大 阪 市	132.8	相 模 原 市	87.9
東京23区	130.9	川 崎 市	89.5
甲 府 市	113.9	横 浜 市	91.5
名 古 屋 市	113.5	大 津 市	92.1
水 戸 市	112.8	さいたま市	92.8
福 岡 市	111.9	奈 良 市	94.6

出所）　2010年国勢調査より作成。

　引っ越しと海外への移住とでは，まったく感覚が違うと思います。海外移住と
なると言葉や文化の壁があります。金銭面・心理面などを考慮した総合的な移
動費用は，国内の引っ越しと比較にならないでしょう。また，国内では，都市
圏を中心に地域境界をまたいだ通勤やレジャー活動（買い物その他）も盛んで

あり，住民は日常的に地域境界を意識せず自由に移動しています（Column ❷-2 を参照）。

　以下，地域経済の開放性が，地方財政の果たすべき役割にどのような影響を与えるのかを考えていきます。なお，第3章では，地域経済の開放性が地方財政の活動に与える影響をより広範な視点から学びます。

▌所得・富の格差是正——福祉移住の問題 ▌

　ある地域が，高所得者への課税や低所得者への補助金支給などを通じて，再分配政策を行うと考えましょう。このような政策の影響は，政策を行った地域に限定されません。課税対象となる高所得者は，課税を嫌って他の地域へと引っ越してしまうかもしれません。逆に補助対象である低所得者は，手厚い支援を期待してこの地域に移動してくるでしょう。再分配政策が誘発する地域間人口移動を，**福祉移住**と呼びます。結果として，財源面で再分配政策の担い手である高所得者の地域人口は減少し，支出面で再分配政策の受け手である低所得者の地域人口が増えますので，再分配政策自体が維持できなくなります。このような福祉移住の影響を踏まえると，地方財政による所得・富の格差是正は，実効性に欠けるといわざるをえません。

　地域間人口移動の議論をさらに進めると，実効性に欠けるというレベルを超えて，「地方財政に所得・富の格差是正を全面的に委ねるのは危険」とも考えられます。財政負担になる再分配政策を避けるために，そして財源を確保して公共サービスを充実させるために，地方公共団体は高所得者の誘致と低所得者の追い出しに走るかもしれません。また，各地域が格差是正に関心をもっている場合であっても，「隣の地域がやってくれればよい」というフリーライダー的な姿勢をとる可能性があります。しかし，すべての地域がフリーライダーになろうとすると，全地域的に再分配政策が縮小してしまうことになります。このため，国が統一的に再分配を行うか，あるいは地方に実施を任せるとしても，統一的な再分配政策の指針を明確に決めておく必要があります。

《水平的・垂直的公平性》　地域間人口移動の有無に関係なく，国が中心となって所得・富の格差是正に取り組むことを正当化する議論もあります。この議論には，財政学の租税理論で登場する公平性概念が関連しています。

Column ❷-3　福祉移住の闇

　　貧困者や失業者の追い出しについては、「そんなことが現実に起きているのか？」と疑いたくなるところです。残念ながら、わが国でも、そのような実態が新聞報道されています。生活保護を申請した際に、他の地域に行って改めて申請するように仕向けるような窓口対応が問題視されています。

　　生活保護については、国が支給金額・条件などを定めますが、支給認定などの窓口業務は地方公共団体が行います。経費の大半は国の負担ですが、地方公共団体も一部負担しなければなりません。このため、財政負担を嫌って追い出し行為が起きるようです。

　　国が全額負担すると追い出し行為はなくなるかもしれませんが、地方公共団体側の緩い対応（安易な支給）につながる可能性もあります。このため、国・地方の財政負担のあり方や事務の運営について、慎重な制度設計が求められます。

○ 水平的公平性——同様の経済状態下にある、あるいは同等の経済能力を有すると見なされる場合には、同じ財政上の扱いを受けるべきである。
○ 垂直的公平性——異なる経済能力の住民は、異なる財政上の扱いを受けるべきである。

　格差是正を念頭に置いているのは**垂直的公平性**ですが、ここでは**水平的公平性**が重要です。この概念に基づけば、「地域ごとに再分配政策が異なるのは望ましくない」ということになります。地域ごとに政策のばらつきがあると、同様の経済能力の人々が、異なる地域に住んでいるという理由で、異なる再分配政策を受けることになります。居住地によるこのような差別扱いは、地域ごとの特徴に応じた公共サービスの差を認める場合でも、水平的公平に反すると見なされかねない状況です。この意味において、所得・富の格差是正に関わる再分配政策は、全国的に均一性・統一性が強く要求されるカテゴリーだと考えられます。

景気変動の影響緩和──政策効果の漏出

　先に，公共部門が行うマクロ経済対策について，乗数理論を説明しました。その際，外国からの輸入がある場合には，公共投資の波及効果が国内から漏れ出して乗数が低下することを指摘しました（図 2.3 を参照）。地方財政の役割として景気変動の緩和が適しない理由は，まさにここにあります。地域経済は高い開放性に晒されていますから，各地域が個別に公共投資を行っても波及効果は地元にとどまることなく，他の地域に漏れ出してしまうでしょう。

　最近では，地域振興に関連する用語として，地産地消が幅広く使われるようになりました。この用語は，地元の産物を積極的に消費して地元の産業を応援することを指すものですが，裏返せば日常の消費生活が他地域との交易に大きく依存していることを示しています。他地域との交易は，地域間の分業を通じて財・サービスの消費可能性を拡げますので，本来は望ましいことです。

　しかし，地域レベルの景気対策の効果は，さまざまな形で他の地域に漏れ出してしまいます。ある地域が公共投資を行い，地元の企業に発注を行ったとしましょう。受注企業が労働者の給料をアップするとともに新たに雇用を行い，そして他の企業に材料を発注することで，経済波及効果が発生します。ところが，受注企業の労働者が他地域からの通勤者である場合や，材料を供給する企業が他地域の企業である場合，地元には波及効果が残らないことになります。

　地方公共団体に景気対策を全面的に任せると，このような政策効果の漏出のために十分に対策が実施されなくなってしまいます。その理由は，公共サービスの供給について取り上げたフリーライダーの理論に基づいて説明できます。政策効果の漏出がある場合，地方公共団体は，「周りの地域が景気対策をしてくれれば，自分の地域に波及効果が及ぶだろう」と考えるようになるでしょう。つまり，地元への効果が薄い景気対策に支出するのではなく，他地域の景気対策を期待する（フリーライダーになる）方が合理的であると考えてしまいます。すべての地域がフリーライダーになろうとすると，景気対策が十分に実施されないことになります。

　景気変動の緩和に関する政策は，国が全地域的視点から実施すべき政策です。地方財政の機能は，国の景気対策の指針に従って政策を実施するという補助的

役割に限られるべきでしょう。同様の問題は国際的にも重要です。グローバル化に伴う国際経済関係の緊密化は，1国だけの景気対策だけでは他国に政策効果が漏れ出してしまうことを意味します。この点，地域間人口移動に起因する福祉移住は主に国内の地域レベルの問題ですが，景気変動の緩和に関しては，国家レベルでも政策効果の漏出問題に直面しているのです。

　だからこそ，世界的不況が起きた際には，先進国や有力な途上国の間での政策協調が重視されます。各国がいっせいに公共投資や減税などの景気対策を展開することで，互いに財の輸出入を通じて乗数効果を世界的に波及させて，経済の底上げを図るのです。2008年のリーマン・ショックに伴う世界規模の経済危機に対しては，主要各国が協調して金融・財政政策を展開して世界経済を支えました。1国内でも全地域が協調して景気対策を実施することも可能ですが，国が責任を負って実施した方がより有効だと思われます。世界経済全体については，これを支える世界政府は存在しませんから，国家間の協調に頼らざるをえないのです。

注 ────────

1　シャウプ勧告と神戸勧告が行われた当時の状況については，次の論文を参照。佐久間　彊「行政事務の配分について」『年報行政研究』1963年第2号，95 〜 111頁。

2　このようなマイナスの外部効果の議論は，公害問題を経済学的に説明するために使われます。その際には，「技術的外部性」という用語を使うのが一般的です。本章における外部効果の議論と基本的に同じものです。

3　J. M. ケインズ著の『雇用・利子・貨幣の一般理論』（1936年刊）は，現代マクロ経済学の基礎を築いた名著として知られています。

SUMMARY ● ま と め

□ 1　70 年以上前に作成されたシャウプ勧告と神戸勧告は，今なお国と
　　　地方の役割分担を考える際に参考になるものです。そのエッセンス
　　　は，統一性と広域性が要求されない行財政活動は，優先的に市町村
　　　に割り当てて地方自治を確立するというものでした。

□ 2　市場経済は，稀少な資源を生産・消費活動に効率的に配分するメカ
　　　ニズムです。しかし，公共財や価値財のように資源配分効率性が発
　　　揮されない場合や，所得・富の格差や景気変動のように，市場経済
　　　では適切に対応しきれない問題があります。国や地方公共団体は，
　　　これらの市場の失敗に対処して市場経済を補う役割を果たします。

□ 3　地方財政の主たる役割は，地域住民のニーズに合わせて地方公共財
　　　の供給を行うことです。国が地方公共財を供給すると，画一性に伴
　　　う非効率性が発生します。他方，国家公共財の供給，再分配政策や
　　　景気対策は，国が最終的責任を負うべきです。とくに再分配政策や
　　　景気対策については，地域経済の開放性のために，地方財政には向
　　　いていない役割であると考えられます。

第**3**章

地方分権の経済理論

地方分権は良いことばかり？

INTRODUCTION

　中央集権のもとでは全地域が全国統一的な政策を実施しますが，地方分権のもとでは各地域による行財政活動の自由が基本となります。「地方分権は時代の潮流」とメリットが強調される傾向もあるようですが，デメリットも存在します。本章では，地方分権のメリットとデメリットを理論的に考えてみましょう。

　第1節では，地方分権のメリットを考えます。各地域が多種多様な政策を行えば，住民にとっての選択の幅が広がります。他地域で実施されている政策との比較を通じて，地元の地方公共団体を監視することが可能になります。また，住民は自らの好み・ニーズにマッチした政策を行う地域へ移動することもできます。

　第2節では，地方分権のデメリットを考えます。地域経済は緊密な相互依存関係にありますので，各地域で行われる政策の効果は，地元のみならず他地域にも及びます。地方分権的な政策決定は，他地域への影響を考慮せずに行われる場合，国全体に悪影響を及ぼしかねません。考えられる悪影響について，経済理論の観点から議論します。

　第3節では，メリットとデメリットに関する議論を踏まえて，地方分権を進めるうえで留意すべき点を考えます。

1　地方分権のメリット

地域間比較

　国・地方などの公共部門の仕事は，公共サービスの供給を通じて住民厚生の向上に努めることです。しかし，公共部門の運営状況や実施されている政策に対して，住民は不満や意見をもつかもしれません。民主主義の世界では，不満や意見を表明する機会として選挙があります。場合によっては，公共部門を仕切る政治家のクビを挿げ替えることも可能です。

　地方公共団体については，**地域間比較**の可能性が住民による監視を強化します。住民の立場からみると，地元の政策が良いのか悪いのかという，絶対的評価は難しいかもしれません。しかし，地方分権が進んで地域間で政策の違いが出てくると，近隣地域の政策と比較することで，相対的評価が可能になります。たとえば，近隣地域と比較して，税負担がほぼ同じなのに供給される公共サービスが貧弱だと感じる場合には，「私たちの地方公共団体は，無駄な公共支出を行っているのではないか」という疑いが生じます。

　国際的にも政策の比較が行われることもありますが，国によって制度やその社会的背景が大きく異なるために容易ではありません。同じ国の近隣地域との比較は，政策評価手段として，国際的な比較よりも現実的な可能性をもっていると考えられます。

《地域間比較がもたらす効率性》　地方公共団体の立場からみると，地方分権によって政策の自由度は高まる一方で，他地域との厳しい比較評価を受けることになります。このことは，実質的に地域間競争が行われることを意味します。住民に「他地域の公共団体と比べて優れている（あるいは，少なくとも劣っていない）」と納得してもらう必要があるので，**資源配分効率性**が改善されます。第2章第2節で説明したように，効率性とは稀少な資源を無駄なく有効活用することです。より良い政策をめざした地域間の競い合いが展開されることで，地方公共団体の運営能率が向上し，政策内容も住民のニーズによりマッチした効

率的なものになるでしょう。

　第1章第4節で紹介したように，わが国では地方分権改革によって国から地方公共団体への権限移譲や規制緩和が行われています。この改革は地方公共団体の権限を強化して政策自由度を高めるので，**団体自治の強化**ととらえられます。これに対して，地域間比較を通じた住民による監視の議論は，**住民自治の強化**に相当します。単に団体自治を推進するだけでは意味がありません。住民自治を確固たるものにすることこそが，地方分権の究極の目標なのです。

《**情報開示の重要性**》　地方分権を進めたとしても，各地域の政策に関する情報へのアクセスが不十分であれば，地域間比較を行うことはできません。重要なのは，地方公共団体に関する情報開示を地元住民に限定してはならないという点です。本来，各地域の政策や公共団体の運営状況は，選挙民ではない他地域の住民には関係ないことです。しかし，地域間比較を行うためには，すべての地域の公共団体や政策に関する情報へのアクセスを保証しなければなりません。

　わが国では，個別の地方公共団体による情報公開のみならず，総務省がホームページ上で地方公共団体の歳出内容や公務員の定員・給与などについて比較可能なデータを公開しています。同様の情報公開は，財務状況や資産管理状況にも拡大しています。また，地方公共団体の行政改革などへの取り組みに関する各種資料も公開されています。このような情報開示の状況，**地方財政の見える化**については，第4章第3節で取り上げます。

┃ ヤードスティック競争 ┃

　地域間比較に基づく競争は，ヤードスティック競争の一形態と考えられます。**ヤードスティック競争**とは，市場での企業間競争が十分に機能しない場合に，企業間のパフォーマンス比較によって生産コストの最小化を図るメカニズムです。たとえば，電力・鉄道などの公共性の高い事業（公益事業と呼ばれます）の規制に応用されています。これらの業種では，事業運営のために巨額の設備投資が必要であるため，市場に参入する企業が限られてしまいます。極端な場合，経営体力がある1社のみが生き残るという状況が発生します。同じ地域内で，多くの企業が巨額の設備投資を行って事業展開しても，採算がとれる余地は少ないと考えられます。

Column ❸-1　電力自由化

大阪・此花区にある数万枚の太陽光パネルが並ぶメガソーラー発電（写真提供：朝日新聞社/時事通信フォト）

わが国では，2000年以降の規制改革で，原則として自由に電力供給を行うことができるようになりました。とくに2016年4月以降，消費者向けの電力（小売）販売が全面自由化されています。

発電と小売は自由化されていますが，膨大な設備投資を要する送電事業は対象外です。もともと地域独占であった電力会社が設置した送電線網を，新規の電力会社がレンタルできるように開放することで，設備投資費用を含めた市場への参入費用を抑えて，発電事業と小売事業での競争を促進しています。

　しかし，地域独占になると，競争相手がいないのでコスト削減努力や顧客のニーズへの対応が疎かになりかねません。そこで，地域内で競争がない代わりに，異なる地域の独占企業と比較して監視するという発想となるわけです。たとえば，電力会社の場合，かつては関東方面では東京電力，関西方面では関西電力，東北方面では東北電力が地域独占として供給を行っていました。これらの電力会社が料金改定を行う際には，他の電力会社との比較など，経済産業省所管のもとで厳しい規制がありました。鉄道も地域によって実情は異なりますが，線路や駅の建設・管理に巨額の投資を伴うため，一定の区域内で営業可能な鉄道会社は限られています。そのため，国土交通省所管のもと，運賃改定の際には他社との比較において合理的か否かを厳しく問われます。このように，同じ土俵で直接勝負をしていないとしても，違う土俵でのパフォーマンスの比較で間接的に勝負させているのです。

　都道府県や市町村は，その区域内で独占的に公共サービスを供給しています

から，本質的に地域独占と同じ立場にあります。その意味において，地域間比較を通じた競争は，ヤードスティック競争としての側面をもっています。繰り返しになりますが，単に地方公共団体の権限や自由度を高める（団体自治の強化）だけでは，地域独占の弊害を生み出すだけかもしれません。積極的な情報開示を通じて，住民が地域独占たる地方公共団体を厳しく監視できる環境（住民自治の強化）を整えることが大切なのです。

《ヤードスティック競争の検証》　地方財政論におけるヤードスティック競争の研究には，近隣地域の政策と住民の投票行動との相関性を調べるものがあります。ある地域で増税が行われると（しかも増税に伴って公共サービスの改善がなければ），当地の現職知事や市町村長の選挙得票率や支持率は低下すると考えられます。

　問題は，地元ではなく，近隣地域が増税を行った場合の地元住民の反応です。近隣地域の政策までチェックしていれば，「私たちの団体は増税せずに頑張っている」と地元首長への高評価につながり，好意的な投票行動に反映されるはずです。地方財政論には，このような相関性を統計的に見出して，ヤードスティック競争の有効性を主張する研究もあります。

┃足による投票┃

　これまで述べてきた地域間比較の議論は，基本的に「地域を変える」という発想です。居住する地域の政策が気に入らない場合には，それを改善しようとする試みです。他方，地域間人口移動の可能性を踏まえると，「地域を変わる」という発想も考えられます。つまり，現在住んでいる地域の政策が気に入らなければ，よその地域に引っ越してしまうという発想です。イメージとしては，今通っている美容院に好みのヘア・スタイルを伝えて対応させるのではなく，好みのヘア・スタイルを得意とする美容院に乗り換えるという感じになります。

　気に入らない地域からよその地域への移動は，選挙で一票を投ずるのと同様，住民による政策評価の表明であると考えられます。この意味において，地域間人口移動は足による投票に相当します。選挙による監視（および，それを補完する地域間比較）に加えて，地方公共団体は地域間人口移動を通じた監視圧力のもとに置かれます。住民が次々と流出してしまうと地域社会が成立しなくなりますから，地方公共団体は住民のニーズにマッチした政策を無駄なく実施しな

ければなりません。

《ティブーの理論》　足による投票のアイディアは，アメリカの経済学者である
ティブー（C. A. Tiebout）によって考案されたものです。彼の理論は，地域間人
口移動に関する経済学的分析の基礎とされていますが，地方財政論の文脈にお
いては，地方公共財供給の効率性に関する理論と解釈されています。

　ティブーの理論では，次のような前提条件が設定されています。

　○前提①：地域間移動の費用はない。
　○前提②：多くの地域が存在し，それぞれ異なる政策を展開している。
　○前提③：住民は全地域の政策に関する情報をもっている。
　○前提④：政策の比較に基づいて，居住する地域の選択が行われる。

　厳密には，ほかにもいろいろと複雑な前提条件があります。しかし，議論の
単純化のため，足による投票の説明を行うのに必要最小限の前提を提示してあ
ります。

　第1の前提は，地域間人口移動がもたらす結果を分析するために置かれる条
件です。第2の前提は，地域を選ぶ際に十分な数の選択肢があることを意味し
ます。多数の地域があっても，同じ政策を展開していては意味がないことに注
意してください。第3の前提は，これらの政策情報を，住民が正確に把握して
いることを意味します。第4の前提は，住民の地域選択行動に関するものです。
政策情報に基づいて，地方公共財から得られる純便益（便益と費用の差）が最大
である地域を居住地として選択すると想定します。

　以上の前提条件のもとでは，政策に関する好みに応じて住民が異なる地域に
分かれていく姿が浮かんでくると思います。図3.1は，そのイメージを2つの
地域（A，B）のケースについて描いたものです。地域Aは，地方公共財はそ
れほど充実していないものの，地方税負担も軽い地域です。地域Bは，地方
公共財が充実している一方で地方税負担も重い地域です。このような2つの地
域がある場合，地方公共財を多く消費したい住民は地域Bを，そして地方公
共財は必要最小限でいいから税負担が軽い方がよいという住民は地域Aを選
択するでしょう。このように住み分けることで，各地域の政策は住民のニーズ

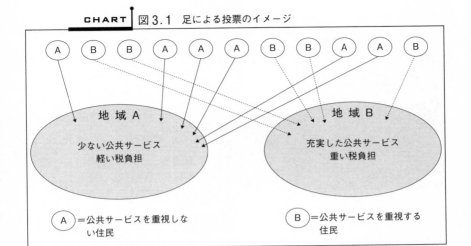

CHART 図3.1　足による投票のイメージ

地 域 A

少ない公共サービス
軽い税負担

地 域 B

充実した公共サービス
重い税負担

Ⓐ ＝公共サービスを重視しな
　　い住民

Ⓑ ＝公共サービスを重視する
　　住民

にマッチしたものとなります。つまり，地域間人口移動は，住民の地域選択を
通じて，自らのニーズと地域の政策をマッチさせる機会を提供します。

　ティブーの理論は，第2章第3節で述べた**分権化定理**と関連づけることがで
きます。分権化定理は地域間人口移動を想定していませんが，各地域で住民の
ニーズに合った政策が行われるという点に変わりはありません。図2.4（56頁）
で「地域A＝少ない地方公共財量と軽い税負担を希望」と「地域B＝重い税
負担でもいいから多くの地方公共財量を希望」に分けて，それぞれ好みの供給
量（G_AあるいはG_B）を実施する姿を図示しました。図3.1は図2.4に対応して
いると解釈できます。つまり，図3.1のように地方公共財に関する好みに応じ
て住民たちが住み分けた結果，図2.4に示されるような地域ごとの政策の違い
が発生しているととらえることも可能です。

《ティブーの理論と効率性》　このように図3.1を解釈することで，足による投票
と**資源配分効率性**との関係がみえてきます。ここでは，効率性は住民が地方公
共財から得る純便益を最大化することを意味します。図3.1では，住民の地域
間移動を通じてこの要件が満たされています。

　なお，図では便宜上2つの地域のケースについて示していますが，ティブー
の理論の前提②は，多くの地域の存在を想定していることを思い出してくださ
い。複数の地域がある限り，住民は自分にとって少しでも有利な地域へ移動で

アメリカ北東部の住宅街（写真提供：dpa/時事通信フォト）

きますから，足による投票を通じて住民厚生は向上し，地方公共財の供給効率性は改善されます。地域数が多くなり移動先候補が増えるほど，そのなかから住民は自分にとってよりよい地域を探し出すことが可能となるでしょう。つまり，十分に多くの地域があれば，住民のニーズと地域政策がより正確にマッチするものと期待されます。地域数が多いほど，足による投票の効率性効果は向上します。この意味において，前提②はティブー理論の重要な条件です。

《ティブーの理論における地域像》 ティブーの理論からイメージされる地域は，地方公共財に関する同好会・クラブのようなものです。各地域には地方公共財について類似した好み・ニーズをもった住民が集まり，彼らの望むサービスが可能な限り低コストで提供されます。

　このような地域像は，北米の大都市郊外などにみられる地域コミュニティに近いものと考えられます（先に述べたように，ティブーはアメリカ人です）。同サイズの土地区画に，似たような形の家が整然と並ぶ住宅地のイメージです。このような地域は，消費に関する好みに加えて，経済力，学歴，思想なども似通った同質的住民が集まる同類地域となる傾向があります。

　同類地域は，大都市圏の中心都市とは明らかに異なります。中心都市の醍醐味は，多様なバックグラウンドをもった人々が織りなす多様なビジネス活動や文化的活動です。このような大都市に住みたいと思う人もいるわけですが，ティブーの理論が描く地域選択は，「ある大都市圏の中心都市に通勤する予定だが，郊外エリアから適当な都市を選んで住みたい」というものになります[1]。

《政策効果の資本化》 ティブー理論の妥当性は，地域の政策に反応して人口移動が実際に行われているのか否か，という点に依存します。地方財政論に関する実証研究には，地域の政策と不動産価格との関係に着目して，この因果関係の検証を行おうとするものがあります。「政策⇒人口移動」の直接的検証は難し

Column ❸-2 ティブーの理論と再分配

　　同質的な住民が集まる同類地域では，所得・富の格差はありませんので，理論的には再分配政策は不要になります。各地域の住民は，地方公共財の効率的供給に必要な費用を等しくシェアするだけです。

　　第2章第3節では，再分配政策が地方財政の役割として不適である理由として，地域間移動に伴う福祉移住の問題を取り上げました。ティブーの理論は，同じ地域間人口移動という前提に立ちながらも，福祉移住の問題とは別の視点から不適格性を説明します。足による投票は，似た者同士の地域的集中をもたらすことで，地域内で所得・富の格差是正を行うインセンティブを小さくします。ティブーの理論が描く地域像のもとでは，所得・富の格差は地域内の問題ではなく，地域間格差の問題としてとらえられます。

いので，「政策⇒不動産価格」の因果関係を考察することで間接的な検証を行います。その背景にある仮説は，「高評価を得る地域には住民が集まってくるので，不動産価格は高くなる」というものです。政策が不動産を含むさまざまな資産の価値に影響を与えることを，**政策効果の資本化**といいます。

　きれいな街並みを整備している地域や，治安・教育サービスが良い地域には，ぜひ住みたいと考える人々が続々と集まってくるでしょう。結果として，不動産価格が上昇します。逆に，積年の財政赤字を埋めるために増税を行う地域，治安が悪い地域やごみが散乱し清潔感に欠ける地域からは住民が流出してしまうので，不動産価格は下落するでしょう。このような仮説に基づいて，地域の政策が不動産価格に与える効果を計測することで，ティブー理論の妥当性を検証しようとする試みです。

ヤードスティック競争？　それとも足による投票？

　ヤードスティック競争と足による投票は，先に述べたように「地域を変える」と「地域を変わる」の違いです。地方分権のもとでどちらが行使されるかは，地域間移動費用の大きさに依存します。先祖代々の地に住んでいる，あるいは居住地に強い愛着があるなどの理由で，地域の政策の内容に関係なく移動する気がまったくない人々もいるでしょう。このような人々は心理的な移動費

　　　　　　　　　　　　　　　　　　　　　　　　　1　地方分権のメリット　● 73

用が高い方々ですので，ティブーの理論は適用できません。ヤードスティック競争を通じて，「地域を変える」ことが有力な選択肢となるでしょう。

　他方，若い夫婦は子育て支援に熱心な地域への引っ越しを考えるかもしれません。また，先端的教育プログラムを実施する小中学校にお子さんを入れたいと考える親御さんたちも，当該地域の学区内への移動を検討するかもしれません。住み心地を重視して，中心市街地がきれいに整備されている地域や，立派な緑地・公園がある地域への引っ越しを考える人々もいるでしょう。このような人々は，ティブー理論が想定するような移動費用の低い方々であると考えられます。足による投票で「地域を変わる」ことで，自分の好み・ニーズにマッチした地域を探し求めることになるでしょう。

 ２ 地方分権のデメリット

地域間外部効果

　第2章第3節では，**地域経済の開放性**が地方財政の役割に大きな影響を与えることを議論しました。地域間で財・サービスの交易が行われ，人や資本・企業が地域境界を越えて自由に移動する状況のもとでは，再分配政策や景気対策は地方財政の役割として不向きです。ここでは，地方分権のデメリットという視点から，地域経済の開放性の影響を改めて考えてみましょう。

　地域間の緊密な関係を踏まえると，各地域の政策効果は地元住民にのみならず，他地域の住民にまで及びます。このような影響を**地域間外部効果**と呼びます。前節で紹介したティブーの理論では，地域間外部効果の影響は考慮されていません。政策効果が地元の地域内で完結してしまう場合には，地方公共団体は地元住民の意向のみを受けて自由に政策決定を行えばいいでしょう。しかし，地域間外部効果が存在する場合，地方分権的な政策決定が国全体の視点からみて望ましくない結果をもたらす可能性があります。一般論の説明は後回しにして，まずは地域間外部効果の代表例を3つ挙げておきます。

○便益漏出——他地域住民にも地方公共財の便益が及ぶ。

○租税輸出——他地域住民にも租税負担が及ぶ。

○租税競争——地域間移動する企業・資本・住民をめぐる誘致競争。

《便益漏出》 第2章第3節で説明したように，地方財政が主に担当すべきなのは，地元住民向けの**地方公共財**の供給です。この財の定義は，「便益の及ぶ範囲が地域的に限定される公共サービス」でした。しかし，受益者が地元住民に限定されるとは限りません。実質的に，地元住民以外にも便益が広がる可能性があります。このような現象を**便益漏出**と呼びます。

たとえば，大都市圏の郊外都市に住んで日常的に中心都市に通う住民は，中心都市が供給する公共サービスを使用しています。公道を歩くだけで受益していることになりますし，中心都市に滞在している際には現地の警察・消防の保護下にあります。中心都市が整備した街でショッピングを楽しむこともあるでしょう。温泉などの観光地に赴く場合も，同様に現地の公共サービスから便益を得ていることになります。また，旅行やビジネスで複数の地域をまたいで自動車で移動する場合，通過する地域の道路を使用することになります。

各地域で展開される企業の生産活動は，道路や上下水道などのインフラに支えられており，生産される財にはこれらの公共サービスの価値が含まれています。ある地域で生産された財が，地域間交易を通じて他地域で消費される場合，消費地の住民は生産地で供給される公共サービスの恩恵にあずかっていることになります。

ティブーの理論について取り上げた政策効果の資本化も，便益漏出につながります。地域にある不動産の所有者が地元住民であるとは限りません。所有者が他地域の住民である場合には，地元の生活環境やビジネス環境の改善に資する政策の便益が，不動産価値の上昇という形で他地域の住民に漏出することになります。

《租税輸出》 便益漏出と対極的な概念が，**租税輸出**です。地方公共財を供給するために，地方公共団体は地方税を課します。地方税は基本的に地元住民が負担すべきですが，地域経済の開放性のもとでは，この原則が成立するとは限りません。

たとえば，ある地域が地元で生産される財に課税したと想定しましょう。そして，生産者は税を原材料費とともに価格に上乗せして，消費者に転嫁したとします。この財が地域間交易を通じて他地域で消費される場合には，消費地の住民が税込みの価格を支払うことになるので，租税輸出が発生していることになります。逆に，消費者への税負担の転嫁ができず，生産者側が税を負担すると想定しても租税輸出が生じえます。この場合には，企業家・株主・従業員が税負担することになり，利潤・配当・賃金が下落することでしょう。企業家・株主が他地域の住民である場合や，従業員が近隣地域からの通勤者である場合には，税負担は地域境界を越えていくことになります。

　各地域にある不動産に課せられる税も，所有者が他地域の住民である場合には租税輸出を引き起こすことになるでしょう。不動産への直接的な課税ではない場合も，地域住民への増税によって人口が減ることで不動産価値が下落するという状況も考えられます。このような場合，政策効果の資本化を通じた租税輸出が間接的に発生していることになります。

《**租 税 競 争**》　地域間移動可能な企業や資本は，有利なビジネス環境を提供する地域を常に探しています。立地選択の際には，市場規模，市場への交通アクセス，原材料の調達費用，確保可能な労働力の質と規模などの諸条件に加えて，現地の政策も重要な判断材料です。地方公共団体は，多くの企業や資本を引きつけることで，地域経済の振興を図ろうとするでしょう。

　移動可能な企業や資本をめぐる地域間の誘致競争を，**租税競争**と呼びます。競争の手段として，減税や補助金（マイナスの税）などが使われます。企業や資本の立場からは，税負担が軽い，あるいは寛大な補助金を提供してくれる地域が立地選択の際に有利です。このため，各地域は競って税負担を引き下げ，補助金を引き上げていきます。このように税収が減少していく状態は，**底辺への競争**と呼ばれています。租税競争によって，地元住民のために使われるべき税収が得られなくなるのは，本末転倒といわざるをえません。

　租税競争の影響は，他地域から企業・資本を引き抜いてくる場合に顕在化します。引き抜いた側の地域では，経済振興が促進されます。しかし，引き抜かれる側の地域では，まったく逆に地域経済の停滞という深刻な影響が発生します。

地域間外部効果の非効率性——一般論

　地域間外部効果の本質的問題は，政策決定上，各地域が考慮する便益・費用と国全体の視点から考慮すべき便益・費用が一致しないという点にあります。地方公共団体の関心は，地元住民の厚生に限定されます。地元住民が受ける便益と負担する費用の差を最大化するように，各地域の政策水準（質と規模）が決定されることでしょう。しかし，地域間外部効果が存在し，他地域の住民が便益を受ける，あるいは費用を被る場合には，国全体の視点からこれらの便益・費用もあわせて考慮すべきです。つまり，ある政策の効率的水準を見定めるにあたり，政策を行う地域で発生する便益・費用と他地域で発生する便益・費用を区別する必要はありません。とにかく，発生するすべての便益と費用を考慮すべきです。

　地方分権的に行われる個別地域の政策行動と国全体の視点から望ましい政策行動を，簡単に比較しておきましょう。

(1)　地方分権的決定——「地元便益－地元費用」の最大化
(2)　効率的決定——「地元便益＋他地域便益－地元費用－他地域費用」の最大化

　(2)式に登場する他地域便益と他地域費用が，地域間外部効果に対応しています。「他地域便益－他地域費用＝他地域の純便益」が正である場合，他地域は政策から良い影響を受けており，プラスの地域間外部効果が存在していることになります。逆に負の場合には，悪い影響を被ることになり，マイナスの地域間外部効果が発生しています。地方分権的に政策決定を行う場合，プラスあるいはマイナスの地域間外部効果が存在しても考慮されません。このため，国全体の視点に立った効率的な政策水準は，地方分権的に決定される政策水準とは異なるものになります。

　地域間外部効果がプラスである場合，効率的な政策決定と比較して，地方分権的な政策は過小な水準にとどまります。プラスの地域間外部効果を無視することは，国全体の視点からみると政策がもたらす純便益の過小評価にほかなり

ません。「他地域の住民のためにもなるのだから，もっと政策を推進すべきではないか？」と感じる状況になるでしょう[2]。逆にマイナスの地域間外部効果がある場合には，地方分権的決定のもとでは，純便益の過大評価が発生しますので，過大な水準となってしまいます。地元住民の便益・費用のみを考えて，他地域の住民に与える損害を顧みず行われる政策については，「やりすぎではないか？」と感じる状況となるでしょう。

このように，地域間外部効果が存在する場合，各地域の視点と国全体の視点との間にギャップが生ずるため，各地域の厚生最大化と国全体の厚生最大化が非整合的になります。結果として，各地域の政策は非効率になります。地域間外部効果の問題は，地方公共団体が地元住民のために行う政策が，国全体の視点からみて望ましくないという厄介なものです。

一般論はここまでとして，地域間外部効果がもたらす非効率性について，上述した便益漏出・租税輸出・租税競争の各事例を考えていきましょう。いずれの場合にも，地方分権的政策決定は(1)式に基づきます。効率的政策決定の条件は，(2)式を基本としつつも各事例で微妙に異なる式となります。以下，議論を単純化するため，2つの地域（A，B）が存在するケースを想定します。

便益漏出の非効率性

地域Aが地元住民のために地方公共財を供給するとします。そして，その便益の一部が地域Bの住民にも漏出しているとします。地方分権的決定の(1)式に従えば，地域Aの供給決定に際して考慮されるのは，地元便益と地元費用のみです。しかし，国全体の視点からみると，他地域便益（地域Bが便益漏出を通じて得る便益）を考慮すべきです。便益漏出のみが存在するという前提により，「他地域費用＝地域Bの住民が負担する費用＝ゼロ」なので，国全体の視点からみた効率的決定の式は次のようになります。

供給元であるA住民の便益・費用

(3) 効率的決定──「地元便益＋他地域便益－地元費用」の最大化

B住民への便益漏出

地方分権的に政策決定が行われる場合，他地域Bの便益が考慮されないの

で，地域Aは自らの地方公共財が生み出す便益を部分的に無視して供給水準を選択します。しかし，地域Bの住民の便益を考えると供給を増やすべきです。このようにして，便益漏出をもたらす公共サービスの供給は，効率的水準よりも少なくなってしまいます。

租税輸出の非効率性

地方税による財源調達によって，地域Aが地元住民のための地方公共財を供給していると想定してください。そして，その税負担の一部は，租税輸出を通じて地域Bの住民が被ると想定します。地域Aの供給決定に際して考慮されるのは地元便益と地元費用のみですが，国全体の視点からは，租税輸出に伴う地域間外部効果として，地域Bに転嫁される税負担も考慮すべきです。便益漏出がなく，「他地域便益＝地域Bの住民が受ける便益＝ゼロ」である場合，国全体の視点からみた効率的決定の式は次のようになります。

供給元であるA住民の便益・費用

(4)　効率的決定──「地元便益 − 地元費用 − 他地域費用」の最大化

B住民への租税輸出

地方分権的に政策決定が行われる場合，地元Aの住民が被る負担は考慮するものの，地域Bが被る負担は考慮されません。したがって，地域Aは政策費用を過小評価していることになります。先に述べたように，マイナスの地域間外部効果を無視した政策決定は「やりすぎ」な結果をもたらしますが，租税輸出の文脈では地方公共財の過剰な供給となります。

租税輸出を通じて他地域の住民を踏み台にしようとする姿勢は，責任ある地方自治を推進するうえで決して望ましくありません。地域の行財政活動に関する住民の費用意識を低下させることで，地方公共団体の財政規律が緩くなり無駄な公共支出を増加させる可能性があります。このような政策行動は，地方分権のメリットを大きく損ねてしまうことでしょう。

租税競争の非効率性

地域Bに立地している企業を誘致するために，地域Aが減税あるいは補助

金の交付を行うと想定しましょう。この場合，地元便益は，地域Aが企業誘致に成功した場合に得る雇用増などの経済効果です。そして，地元費用は，誘致のために地域Aが行う減税や補助金です。財源を企業誘致に向けることで地元住民向けの公共サービスは減少しますから，地域Aの住民は実質的に費用を負担していることになります。地方分権的に政策決定が行われる場合，これらの地元便益と地元費用を判断材料に，地域Aは企業誘致政策を決定します。

　企業が地域Aに移動した場合，地域Bでは企業が去ることによって雇用減などの経済的なダメージを被ります。この影響が，他地域の被る費用に相当します。地域Aの誘致政策が引き起こすマイナスの地域間外部効果です。以上の議論から，国全体の視点からみた効率的な決定式は次のようになります。

企業誘致によって　　企業誘致のために
A住民が得る便益　A住民が負担する費用

(5)　効率的決定——「地元便益－地元費用－他地域費用」の最大化

企業流出によって
B住民が被る損害

　マイナスの地域間外部効果の存在は，過剰な企業誘致政策が行われかねないことを示しています。この弊害を明確に示すために，誘致対象となっている企業について，次のような前提を置いてみましょう。

　○前提：誘致対象企業は，どの地域に立地しても同じ地元経済効果をもたらす。

　たとえば，もともと地域Bで10億円規模の地元経済効果をもたらしていた企業が，地域Aに移動しても10億円の地元経済効果を生み出すケースです。
　この前提条件の意味するところは，「地域Aが企業を誘致することで得る経済効果＝地域Bが企業を失うことで喪失する経済効果」です。つまり，(5)式において，地域Aが得る地元便益と地域Bが被る他地域費用はまったく同じ額です。したがって，(5)式の意味するところは，単に「地元費用の最小化」に

Column ❸-3　租税競争を煽る企業

　地域間の租税競争は，とくにアメリカやカナダにおいて古くから問題視され
てきました。しかし，州政府の課税自主権が重視されるこれらの連邦国家では，
半ば「仕方がない」ととらえられがちです。実際，州・地方政府は減税・補助
金その他の手段で積極的に企業・資本投資の誘致を行っています。

　企業側も，地域間の租税競争を煽(あお)ろうとする態度をとることが，たびたびあ
ります。たとえば，1980年代末期，アメリカ3大テレビ・ネットワークの一
角をなすNBCが，ニューヨーク州から隣のニュージャージー州への移動可能
性を示唆することで，ニューヨーク州から1億ドル相当の減税・補助金を獲
得しました。そして，この動きにABCとCBSが便乗して，それぞれ2600
万ドル，5000万ドル相当の減税・補助金を獲得しました。彼らは租税競争を
煽ることによって，最終的に移動することなく利益を得たのです。このような
ひどい事例は山ほどあります。

　経済のグローバル化が進むにつれて，国家間でも租税競争が行われるように
なり，法人税率は先進各国を中心に下落傾向にあります。OECD（経済協力開
発機構）が1998年に『有害な租税競争』（*Harmful Tax Competition*）と題
した小冊子を出版して以来，租税競争は重要な国際問題と認識されています。
最近，G20（主要20カ国・地域）が法人税について「世界最低税率の導入」
を打ち出しましたが，租税競争に対抗する機運が本格的に盛り上がるか否かが
注目されるところです。

なります。結果として，国全体の視点からは，他地域からの企業誘致に財源を
費やすべきではないということになります。このようなケースでは，2つの地
域全体の視点から考えると，租税競争によって得るものは何もありません。い
ずれの地域に立地しても，企業の経済価値は変わらないからです[3]。しかし，
個別地域の視点から地方分権的決定の(1)式に基づいて考えると，他地域に発生
する損害が考慮されないために，企業誘致が有益にみえてしまうのです。ここ
に租税競争の怖さがあります。

国・地方の課税重複と垂直的外部効果

　本節の中心である地域間外部効果の議論は，他地域への政策効果を考察する

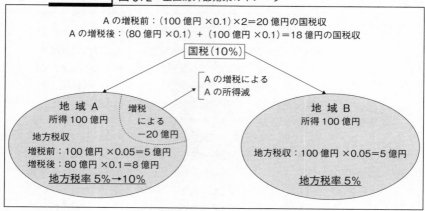

CHART 図3.2 垂直的外部効果のイメージ

A の増税前：(100 億円 ×0.1)×2＝20 億円の国税収
A の増税後：(80 億円 ×0.1) ＋ (100 億円 ×0.1)＝18 億円の国税収

国税(10%)

A の増税による
A の所得減

地 域 A
所得 100 億円

増税
による
－20 億円

地方税収
増税前：100 億円 ×0.05＝5 億円
増税後：80 億円 ×0.1＝8 億円
地方税率 5%→10%

地 域 B
所得 100 億円

地方税収：100 億円 ×0.05＝5 億円

地方税率 5%

という意味で「地方→地方」の影響に焦点を当てたものです。このような外部効果を，**水平的外部効果**と呼ぶこともあります。他方，公共部門が国と地方から構成されていることを踏まえると，地方公共団体の政策が国家予算（国の税収）に影響を与えることも考えられます。このような「地方→国」の影響は，**垂直的外部効果**と呼ばれます。

　垂直的外部効果の代表的な例は，国と地方が同じ租税を課している場合に発生するものです。この議論は多少煩雑なので，簡単な数値例を使って説明します。図3.2では，2 地域（A，B）からなる国が描かれています。各地域でもともと 100 億円の所得があり，国は両地域に 10％の税率を，地域 A と B の地方公共団体はそれぞれ 5％の税率を課していたとします。そして，地域 A でのみ増税があり，当地の地方税率は 10％になって，それに伴い A の所得が 80 億円に減少した，という状況です。所得増税は賃金の実質的下落を意味しますから，労働意欲が減退して労働供給に悪影響を与えます。B の地方税率は相変わらず 5％で所得 100 億円は変化しないと想定します。

　図3.2 に示されているように，増税前の地域 A，B の地方税収はそれぞれ 5 億円であり，国税収は合計 20 億円です。しかし，A の増税後に当地の地方公共団体の税収は 5 億円から 8 億円へと増加しますが，国の税収は 20 億円から 18 億円へと減少してしまいます。結果として，国が両地域に対して実施する公共サービス（第 2 章第 3 節で言及した**国家公共財**に相当）の供給が減少して，地

域Bの住民に悪影響（マイナスの外部効果）が及ぶことになります。地元住民の厚生のみに注意を払う地方公共団体は，増税の是非を判断する際に，このような外部効果を考慮しません。

この議論は，これまでに論じてきた地域間外部効果と本質的に同じなのですが，国家予算を経由した外部効果であるという意味で，「垂直的」という枕詞が付きます。国・地方の課税重複が存在する場合，マイナスの垂直的外部効果を無視した政策決定は，「過剰な地方税」という歪みをもたらします。

③ 地方分権の帰結

第1章第4節で説明したように，わが国では地方分権に向けた改革が続いています。もはや，地方分権の推進は「当然」という感覚かもしれません。しかし，何ごとにも良い面と悪い面があるもので，地方分権についても例外ではありません。本章では，地方分権のメリットとデメリットを概観してきました。

地方分権を進めることで，各地域は自由に政策を選択できるようになります。地方公共団体が切磋琢磨して政策を競い合うことで，これまで以上に無駄をなくして，住民のニーズにマッチした公共サービスを提供する方向へと進むことが期待されます。しかし，地方分権のメリットを生かすも殺すも住民次第であるという点に注意が必要です。住民が地域の政策に関心を示さない限り，地方公共団体にどれだけ権限をもたせても意味がありません。市場経済におけるビジネス活動と同様，顧客（地方財政の文脈では住民）からの反応があってこそ，ビジネス側（地方財政の文脈では地方公共団体）の活動にも張り合いが出てきます。住民と地方公共団体が意思疎通を行って，地域の政策に関わる受益と負担を慎重に比較考量して，自治意識を互いに高めていく必要があります。

地方分権が進めば，理論的には，地域間比較を通じたヤードスティック競争や地域間人口移動を通じた足による投票が，住民意思を示す機会として機能することが期待されます。これらの手段は互いに矛盾するものではなく，相互補完的に機能するでしょう。地域間のヤードスティック競争は，住民による監視手段としてのみならず，地方公共団体が他地域から政策ノウハウを学ぶ機会を

提供します。地域間人口移動は自分の好み・ニーズに適合した地域探しの可能性を示唆するとともに，地方公共団体側からすると地域人口増減を通じた政策への評価という側面をもちます。

　他方で，地域間外部効果が存在すると，各地域の視点からみた政策効果と国全体の視点からみた政策効果にギャップが生ずるため，地方分権のデメリットは避けられません。地方分権の大前提は，各地域が地元住民のニーズにマッチした政策を行うことです。「他地域住民への影響も考えろ！」というのは簡単ですが，わざわざ区域割りをして担当の公共団体を設置している以上，地方公共団体側の視点から考えると「なぜ，他地域の住民のことまで考えなければならないのか？」ということになるでしょう。

　この意味において，地方分権を考えるに際して，地域間外部効果は本当に頭の痛い問題です。結局のところ，望ましい地方分権とは，地域レベルの政策決定を地方側に丸投げして勝手に競わせることではありません。地方分権のメリットを享受しつつ，デメリットを極力抑える方法を考えることが必要です。このためにも，デメリットの特性を正確に理解しておくことが不可欠です。

　本章では，3つの異なる地域間外部効果と垂直的外部効果に言及しました。これらの効果が別個に発生するケースを想定して議論を行いましたが，複数の効果が同時発生することも考えられます。たとえば，大都市圏の郊外都市の住民が中心都市の公共サービスを受益する一方で（便益漏出），中心都市の税負担を実質的に担っている可能性（租税輸出）は否定できません。また，複数地域で事業活動を展開する企業への課税を行う際には，租税輸出の発生が予想されます。租税輸出や国・地方の課税重複は過剰な課税につながりますが，同時に企業課税の減免を通じて租税競争が行われる可能性も否定できません。

　地域間外部効果の問題に対処する1つの方法は，「地域の合併」です。地域間外部効果が及ぶ地域を合併してしまえば，その地域の住民は地元住民となるからです。しかし，この方策には，地方分権のメリットを希薄化するというトレードオフがあります。地域数の減少は地域の多様性の減少に直結するため，本章第1節で説明した地域間比較・移動のメリットを減ずることになります。

　地域間外部効果に対処する別の方法として，地方財政論では国による補助金政策が議論されます。そのエッセンスは，地域の政策がプラスの地域間外部効

果をもたらす場合には補助金を与えて政策の促進を図り，逆にマイナスの地域間外部効果をもたらす場合には罰金（マイナスの補助金）を課して政策の抑制を図るというものです。補助金政策を通じて，実質的に他地域の便益・費用もあわせて考えるインセンティブを地方公共団体に与えようとする試みです。関連する補助金政策の理論については，第6章第2節で紹介します。

注 ———

1　地方財政論において，ティブーの地域選択の理論はメトロポリタン・モデルと呼ばれています。

2　この議論は，第2章第2節で取り扱った価値財と外部効果の議論と類似していますので，あわせて学習してください。

3　このように，「勝者の便益＝敗者の損害」となっている状況を，一般にゼロサム・ゲームと呼びます。勝者と敗者をあわせて考えると，競争する意味がまったくない状況です。しかし，個別の競争参加者からみると，勝つか負けるかでまったく意味が違います。

SUMMARY ●まとめ

□1　地方分権のメリットは，地域ごとに政策の多様性を確保できることです。地域間比較（ヤードスティック競争）や地域間人口移動（足による投票）を通じて，各地域で供給される公共サービスを住民のニーズにマッチしたものにすることができます。中央集権で全国画一的政策が行われると，これらのメリットは完全に失われます。

□2　地方分権のデメリットは，地域間外部効果に伴う非効率性が発生することです。地域経済は開放的なので，各地域の政策はさまざまな形で他地域に影響を与えます。これらの影響は，地元住民の厚生増進を追求する地方公共団体の政策決定には反映されません。このため，地域レベルでの厚生最大化は，国全体の視点からとらえた効率性とは一致しなくなります。

□3　地方分権を進める際には，メリットとデメリットの両面について慎重な検討が求められます。「地方の担う仕事は地方公共団体に丸投げ」という姿勢は，望ましい地方分権のあり方ではありません。必要に応じて，地域間外部効果に伴う非効率性を解消する方法として，地域合併や補助金政策などを活用することが考えられます。

補論　限界概念に基づく効率性分析

本章第2節における地域間外部効果の議論は，政策の便益と費用の比較分析に基づいています。そのエッセンスは，「便益や費用の過大あるいは過小評価によって，地方分権的政策決定が歪められる」というものでした。

この議論は，補章A第2節に示される財供給の効率性条件（便益と費用の差額である純便益を最大化すること）に密接に関連づけられます。地域間外部効果が存在すると，地方公共団体が便益や費用を正確に認識していない状態となりますので，地方分権的政策決定は効率性条件を満たすことができません。

ここでは，補章Aで説明されている限界概念に基づいて，地方分権的政策決定の非効率性に関する議論を行います。租税輸出に焦点を絞って説明を展開します。テクニカルな議論を避けたい場合には，この補論をスルーしてください。

一般に本章第2節の(1)式が地方分権的決定の式であり，租税輸出の場合には(4)式が効率的決定の式です。それぞれ，限界概念に基づいて書き直すと，次のようになります。

(#1)　地方分権的決定——地元限界便益＝地元限界費用
(#4)　効率的決定——地元限界便益＝地元限界費用＋他地域限界費用

租税輸出の議論に即して，地方公共財供給の負担の一部が他地域住民に及ぶと想定

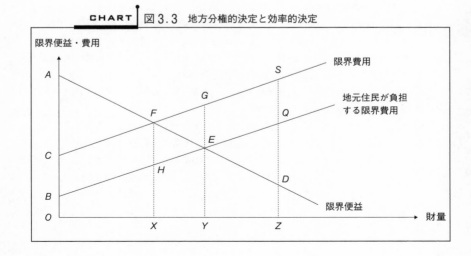

CHART | 図3.3　地方分権的決定と効率的決定

しましょう。（#1）と（#4）を図示したのが，図 3.3 です。

　この図には，ある地域で供給される地方公共財の**限界便益**（線 *AFED*）と**限界費用**（線 *CFGS*）が描かれています。地元住民は限界便益を享受しつつも，租税輸出を通じて限界費用の一部を他地域住民に押し付けています。このため，地元住民が負担する限界費用（線 *BHEQ*）は，実際の限界費用よりも低くなります。両限界費用の差（財量 *X* で *FH*，財量 *Y* で *GE*，財量 *Z* で *SQ*）が，他地域の住民が負担する限界費用となります。図では，（#1）を満たす財量は *Y* であり，（#4）を満たす財量は *X* です。このように，租税輸出は限界費用の過小評価を伴うので，過剰な供給が行われることになってしまいます。

第**4**章

地方歳出構造と行政改革

求められる能率性と柔軟性

　地方公共団体は，住民生活に身近な公共サービスを供給しています。第2章で述べたように，公共部門であっても資源配分効率性は求められますから，こうしたサービス供給のための費用は最小限である必要があります。また，社会経済の変化に伴って変容するニーズに対応できるような柔軟性が，地方財政には求められます。本章では，歳出面から地方財政を理解するとともに，財政状況を把握する指標について学びます。また，人口減少社会に直面するなかでの地方公共団体の行政改革を概観します。

　第1節では，地方歳出の現状を紹介します。第1章で述べたように，地方歳出は，目的別と性質別の2つの側面から分類することができます。ここでは，それぞれの面から地方歳出の特徴を整理します。次に，性質別分類をもとにして作成される財政指標によって，地方公共団体の財政状況を概観します。

　第2節では，行財政基盤の強化を目的とした平成の大合併と，それに代わるさまざまな広域連携を紹介します。これらは，従来の行政の地理的な範囲（行政区域）を再編する改革だと位置づけられます。こういった広域化が歳出面においてもつ経済学的な意味についてもここで学びます。

　第3節では，近年の行政改革を紹介します。これは，従来の行政の守備範囲（業務内容）を再編する動きだといえます。ここでは，官民連携で民間の手法を活用し，公共部門の能率性や生産性を高める取り組みについて概観します。また，地方公営企業や第三セクター等の外郭組織の改革についても取り上げます。

1　目的別歳出と性質別歳出

目的別歳出

　地方歳出は,「何をするための出費なのか」(目的別)と,「何に対しての支払いなのか」(性質別)の2つの側面から分類されます。それにより,私たちは,歳出構造の特徴を多面的に把握できます。また,こうした情報は個別団体ベースでも公表されており,住民による地域間比較にも役立ちます。まず,図4.1では,目的別分類での歳出項目をみていきましょう。

　総務費とは,人事や税務,企画といった一般管理的な事務,庁舎の維持管理,戸籍管理や諸々の届出の受付といった窓口業務にかかる経費です。

　民生費は,国民に「健康で文化的な最低限度の生活を営む権利」(日本国憲法25条)を保障する民生行政にかかる経費です。民生行政とは,生活保護,児童福祉,社会福祉(身体および知的障害者福祉),老人福祉に大別されます。

　衛生費は,ごみやし尿の処理などの清掃業務,伝染病の予防と治療にかかる予防衛生業務,成人病対策や母子保健といった住民の健康を増進するための業務,旅館や飲食店,美容院などの営業に対する許認可・指導監督業務など衛生行政にかかる経費です。ちなみに,衛生行政を第一線で担っているのが保健所です。保健所は一般的には都道府県が設置しますが,指定都市と中核市は市が設置しています(表1.2〔10頁〕および図1.6〔13頁〕を参照)。

　続いて,産業振興行政にかかる費目です。農林水産業費は,文字どおり農業を中心とする第1次産業の振興のための経費です。たとえば,農業用の灌漑・排水施設の整備,農林業や水産技術の開発や普及を行う農業試験場・畜産試験場・林業試験場・水産試験場の運営,治山事業や林道整備,漁港の管理・整備などにかかる経費です。

　商工費とは,中小企業を中心とする地域産業の振興のための経費であり,その大半は商工業者への融資に充てられます。ただし,地方公共団体が自ら融資業務を行うのではなく,通常は地域の金融機関に資金が預託され,それをもと

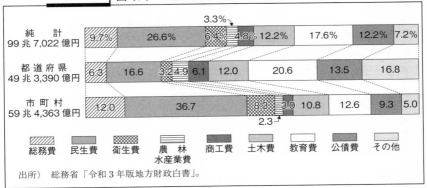

CHART 図 4.1　目的別歳出の構成 （2019 年度決算）

出所）　総務省「令和 3 年版地方財政白書」。

にして金融機関が中小企業へ融資を行います。また，商工費には，中小企業の経営診断や商工組合の助成・指導のほか，最近多くの地方公共団体で取り組まれている観光資源の保護や開発，観光施設の整備といった観光行政にかかる経費も含まれます。

土木費は，道路や橋梁をはじめ，港湾施設，ダムや堤防といった河川管理施設の建設・改良・維持管理にかかる経費です。また，都市公園整備，土地区画整理といった都市計画行政にかかる経費，公営住宅の建設・運営の経費も土木費に含まれます。

教育費は，都道府県において 20.6％と最も大きな歳出構成比となっています。これは，市町村（指定都市を除く）の義務教育に関わる教職員の給与などを都道府県が負担しているためです。他方で，校舎などの建設・維持補修費，学校教育の運営費などは市町村の歳出です。また，これらの学校教育以外に，公民館や図書館などを通じて行われる社会教育，スポーツ振興のための施設運営にかかる経費についても，それらの多くは市町村の歳出です。

公債費には，地方債の発行・利払い・償還の経費が，それにかかる事務費も含めて計上されています。

その他の項目としては，都道府県における**警察費**（構成比 6.8％），市町村における**消防費**（構成比 3.3％）が大きな割合を占めています。また，都道府県と市町村で共通する経費として，地方議会の運営にかかる議会費，失業対策事業にかかる労働費，災害復旧事業費が挙げられます。なお，都道府県のその他の

1　目的別歳出と性質別歳出　● 91

項目には，地方消費税の市町村への交付金（第5章第3節）が含まれています。

図4.1によると，総務費，民生費，衛生費といった，住民の日常生活により近い費目の割合は市町村において大きいことがわかります。一方，産業振興や教育といったより広域的な行政に関する費目は，都道府県における歳出割合が大きくなっています。

性質別歳出

次に，**性質別分類**での歳出項目を図4.2でみていきましょう。

人件費は，職員給与，議員報酬，各種審議会などの報酬手当などに加えて，職員の退職金も計上されます。都道府県において人件費の構成比が大きいのは，先に述べたように義務教育に関わる教職員の給与などを都道府県が負担しているためです。

財政状況が悪くなったからといって，地方公共団体が人員削減により人件費を節約するということはほぼ不可能です。それは，公務員は不祥事でも起こさない限りは解雇できないということもありますが，定員の多くが国による基準で定められているからです。図4.3は地方公共団体全体の職員について主要部門別の内訳をまとめたものですが，教育部門をはじめ，福祉関係，警察・消防の職員の定員は国によって定められています。それが，職員全体の67.7％に上っています。第1章第3節において，地方財政への国の関与について述べましたが，このような定員管理もその例の1つです。

扶助費とは，民生行政に関連する給付金です。図4.4では，扶助費の目的別内訳を示していますが，最も大きな割合を占めているのが児童福祉費です。これは，中学校卒業までの児童を養育している家庭に対して支給される児童手当です。

介護保険制度が導入された現在では，寝たきりなどの重度障害にある高齢者への手当はごく一部の団体で支給されるのみです[1]。老人福祉費が非常に少ないのはそのためです。その反面，近年では生活保護受給世帯における高齢者世帯の割合が5割を超えており，生活保護費の多くが高齢者に支給されているという実態があります。

公債費は，地方債の発行・利払い・償還の経費なのですが，それにかかる事

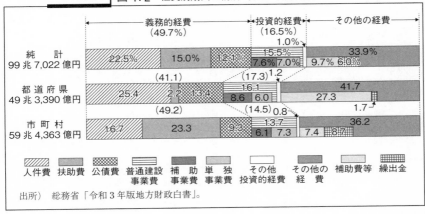

CHART 図4.2 性質別歳出の構成（2019年度決算）

義務的経費（49.7%）　投資的経費（16.5%）　その他の経費

純　　計
99兆7,022億円
22.5%　15.0%　12.1%　15.5%　7.6% 7.0% 1.0%　9.7% 6.0%　33.9%

都道府県
49兆3,390億円
（41.1）　25.4　2.2　13.4　（17.3）16.1　8.6 6.0 1.2　27.3　41.7　1.7

市　町　村
59兆4,363億円
（49.2）　16.7　23.3　9.3　（14.5）13.7　6.1 7.3 0.8　7.4 8.7　36.2

人件費　扶助費　公債費　普通建設事業費　補助事業費　単独事業費　その他投資的経費　その他の経費　補助費等　繰出金

出所）　総務省「令和3年版地方財政白書」。

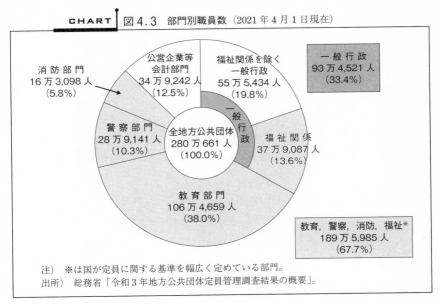

CHART 図4.3 部門別職員数（2021年4月1日現在）

消防部門
16万3,098人
（5.8%）

公営企業等会計部門
34万9,242人
（12.5%）

福祉関係を除く一般行政
55万5,434人
（19.8%）

一般行政
93万4,521人
（33.4%）

警察部門
28万9,141人
（10.3%）

全地方公共団体
280万661人
（100.0%）

一般行政

福祉関係
37万9,087人
（13.6%）

教育部門
106万4,659人
（38.0%）

教育，警察，消防，福祉※
189万5,985人
（67.7%）

注）　※は国が定員に関する基準を幅広く定めている部門。
出所）　総務省「令和3年地方公共団体定員管理調査結果の概要」。

務費（業務を担当する職員の給与など）は含みません。

　普通建設事業費は，公共施設の建設費のほか，施設建設のための用地取得費も計上されます。この普通建設事業費は，国庫支出金もしくは都道府県支出金の補助を受けた**補助事業**と，それを受けない（地方）**単独事業**に分けられます（第1章第3節を参照）。その他の投資的経費というのは，災害復旧事業費と失業

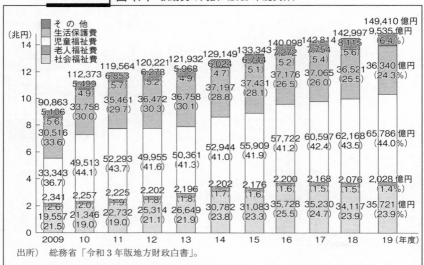

CHART 図4.4 扶助費の内訳（2019年度決算）

出所）　総務省「令和3年版地方財政白書」。

対策事業費です。

　その他の経費にある**補助費等**について，都道府県の場合はその大半が，民生行政に関連する給付金（市町村の扶助費）の都道府県負担分であるという点に注意が必要です。このほかに，補助金等には一部事務組合や広域連合などへの拠出金が含まれます。

　また，繰出金は，一般会計から公営事業会計へ繰り出される負担金などです。これら以外では，**物件費**（備品購入，委託料，消耗品費などの支出），**維持補修費**，積立金（年度間の財源調整を図るためのもの），中小企業への貸付金，第三セクターなどへの出資金がその他の経費のうちで比較的大きな構成比の経費です。

性質別経費でみる財政状況

　先ほどの図4.2では，人件費，扶助費，公債費が**義務的経費**として括られていました。たとえば，公債費は，元利償還の額と期日が決まっています。人件費と扶助費も，その支払額は法律で義務付けられているものが大半です。そのため，これらの経費は，「今年は財政状況が悪くなりそうだから減らしましょう」とはいきません。こういった経費が，現在では歳出の半分近くを占めてい

ます。

　これに対して，普通建設事業費などの**投資的経費**は，財政状況に応じて建設計画を後ろ倒しすることもできるため，ある程度は削減可能です。

　その他の経費に含まれるものも，物件費，維持補修費，補助費等は，毎年度支出が必要とされるために削減が比較的難しい経費です。これらの3つの経費を義務的経費に加えたものを**経常的経費**と呼びます。つまり，地方公共団体が行う行財政活動のために毎年度必需とされる経費です。

　こうした削減することが難しい経費に着目することで，地方歳出の構造的な面から地方財政の状況を把握することができます。そのための代表的な指標を紹介します。

《経常収支比率》　1つめは，経常的経費に着目した指標です。必需性が高く削減困難な経常的経費が多くの割合を占めていると，何らかの要因で歳入が減少した場合，それに合わせて歳出を削減することが難しく，財政状況が逼迫してしまうおそれがあります。また，住民のニーズに合わせて新しい政策を行おうとしても，そのための財源を工面することができません。つまり，融通の利かない硬直的な財政になってしまいます。

　このような，「地方財政の硬直性」を表す指標が**経常収支比率**です。この指標は，数値が大きいほど，財政が硬直的であることを示します。ただし，経常的経費には，たとえば扶助費の一部のように，国庫支出金や都道府県支出金といった特定財源によって財源が保障されている経費もあります。そこで，「財政収支のやりくり」という点に着目するため，経常収支比率は使途が自由である**一般財源**（第1章第1節を参照）を対象として以下のように算出されます。

$$経常収支比率（\%）= \frac{経常的経費に充当された一般財源}{経常一般財源 + 減収補てん債特例分 + 臨時財政対策債} \times 100$$

　算出式の分母にある経常一般財源とは，地方税や一般補助金である地方交付税などのように，毎年度安定した金額の収入となっているもののなかで，その使途を限定されない財源のことです。また，減収補てん債特例分，臨時財政対策債とは，特例的に発行が認められる地方債です[2]。第8章第1節で述べるように，通常の地方債は使途を限定して発行するものなのですが，想定外に税収が少なかった場合などにおいて，一般財源を補てんする目的でこうした特例的

　SNA（国民経済計算）上の公的支出のように，性質別歳出の各費目は，経済学的な見地から区分することができます。最もわかりやすいのが，政府最終消費支出と公的総資本形成（いわゆる公共投資）です。

　消費的経費とされる人件費，物件費，維持補修費の3つが政府最終消費支出に該当します。物件費と維持補修費は公共サービス供給のための資材の購入費ということで，地方公共団体の消費活動をイメージすることができます。一方，人件費は，職員が供給する労働という人的サービスを購入した経費ととらえます。

　投資的経費とされる普通建設事業費，災害復旧事業費，失業対策事業費の3つが公的総資本形成に該当します。ただし，これらに含まれている用地取得費は，SNA上の資本形成には計上されません。

　これら以外の経費は，少し専門的に勉強しないとあまりお目にかからないのですが，扶助費と補助費等を移転的経費と呼びます。再分配政策のための移転および組織間の移転というわけです。また，公債費，積立金，貸付金，出資金といった経費は，過去や将来の活動のための資金支出として異時点間の資金配分に関連する金融的経費と呼ばれます。

　国際比較をする際には，本章で取り上げたような費目分類は使えませんから，SNAのような国際基準に基づく必要があります。図4.5によると，2020年におけるわが国の地方部門が一般政府支出に占める割合は71％と，図中の9

な地方債の発行が認められています。

　図4.6は，最近10年間の経常収支比率の推移を都道府県と市町村に分けてまとめたものです。近年では，都道府県，市町村とも90％を超える状況になっています。そのなかでも，都道府県の指標が横ばいもしくは若干低下傾向にあるのに対して，市町村の経常収支比率は傾向的な上昇がみられます。つまり，ここ10年間では，市町村財政の硬直化が進んでいるといえます。

《実質公債費比率》　2つめは，義務的経費のなかでも削減が不可能な公債費に着目した指標です。家計の住宅ローンなどのように，借金の毎年の返済額は，借金をした時点での返済期間に基づいて決まります。したがって，今年度の公債費を今年度中に削減することはできません。その意味で，**実質公債費比率**は，「地方財政の資金繰り」をとらえているといえます。

カ国のなかでは3番目に大きくなっています。また，そのなかでも，地方による公的資本形成の割合はカナダや韓国に次ぐ大きさです。なお，対GDP比でみたわが国の政府部門の歳出規模（欄外の数値）は16.6％と，ドイツに次いで小さくなっています。これは，国・地方ともに移転的経費と金融的経費がグラフに含まれていないからだと考えられます。

図4.5　一般政府支出（社会保障基金を除く）の対GDPの国際比較（2020年）

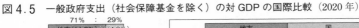

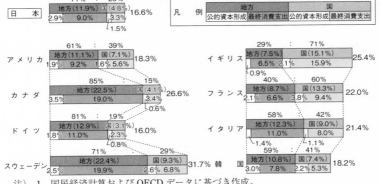

注)　1. 国民経済計算およびOECDデータに基づき作成。
　　　2. ドイツ，フランスおよび韓国については，暫定値を使用。
出所)　総務省ホームページ資料。

　実質公債費比率は，**地方財政健全化法**における判断指標の1つとなっています。この制度については第8章第3節で扱いますので，指標の詳しい定義もそこで紹介することにします。ここでは，地方公共団体の標準的な財政規模（**一般財源**に類するもの）に対する実質的な返済額（**公債費**に類するもの）の比率だと考えてください。厳密にいうと，景気動向などによる影響をならすため，さらにこの比率の過去3年間の平均値を算出して実質公債費比率としています。この指標も，数値が大きいほど，資金繰りが厳しいことを示します。
　図4.7は，最近10年間の実質公債費比率の推移です。全体として低下傾向にありますが，市町村よりも都道府県の方が資金繰りはよくないといえます。都道府県の実質公債費比率は，2009年度から11年度に上昇したこともあり，市町村とのポイント差が広がってしまっています。つまり，経常収支比率とは

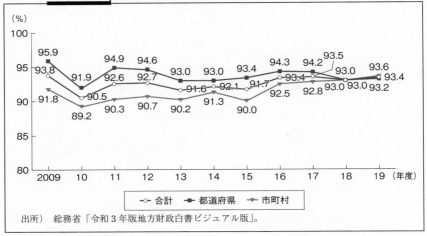

出所）　総務省「令和3年版地方財政白書ビジュアル版」。

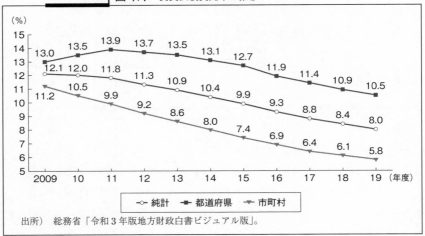

出所）　総務省「令和3年版地方財政白書ビジュアル版」。

逆に，実質公債費比率からは，都道府県が資金繰りを今後改善できるかどうか
を注視すべきだといえます。

《ラスパイレス指数》　上の2つの指標とは少し違う観点に立つのがラスパイレス
指数です。これは，人件費に着目しています。先ほど述べたように，地方公共
団体の職員数を削減することは容易ではありません。一方で，給与の改定は，

CHART | 表4.1 ラスパイレス指数の水準別の団体数（2022年4月1日現在）

区　　分		都道府県	指定都市	市	町　　村	特 別 区
105 以上		0 (0.0%)	0 (0.0%)	0 (0.0%)	0 (0.0%)	0 (0.0%)
100 以上 105 未満		20 (42.6%)	13 (65.0%)	156 (20.2%)	40 (4.3%)	2 (8.7%)
100 未満		27 (57.4%)	7 (35.0%)	616 (79.8%)	886 (95.7%)	21 (91.3%)
内訳	95 以上 100 未満	27 (57.4%)	7 (35.0%)	556 (72.0%)	601 (64.9%)	21 (91.3%)
	90 以上 95 未満	0 (0.0%)	0 (0.0%)	59 (7.6%)	265 (28.6%)	0 (0.0%)
	90 未満	0 (0.0%)	0 (0.0%)	1 (0.1%)	20 (2.2%)	0 (0.0%)
合　　計		47 (100.0%)	20 (100.0%)	772 (100.0%)	926 (100.0%)	23 (100.0%)

出所）　総務省「令和4年度地方公務員給与実態調査の概要」。

もちろん完全に自由ではないものの，地方公共団体に比較的裁量の余地があります。そこで，国家公務員と比較する形で「地方公務員の給与水準」を指標化し財政状況をとらえようというのがこの指標です。具体的には，職員構成，学歴，経験年数などを考慮したうえで，国家公務員の俸給月額を100とした場合の地方公務員の給与水準を算出します。

2021年度の団体別の状況をまとめた表4.1によると，ラスパイレス指数が100以上の団体は都道府県と指定都市で多く，一方で規模が小さな団体ほど給与水準が低い傾向にあります。

この指標は，上の経常収支比率や実質公債費比率とは異なり，「数値が高いから財政が硬直的だ」といったような見方はできません。それよりもむしろ，経常収支比率の補完的な指標と考えるべきです。つまり，ある団体の経常収支比率が年々上昇しているという事例がみられた際に，その団体のラスパイレス指数が100を超えていないか，もしくは周辺の団体と比べて高い数値になっていないかなどを確認します。そうすることで，その団体に給与カットによる人件費削減の余地，ひいては経常収支比率の改善の可能性があるかどうかを検討できるわけです。

2 市町村合併と広域連携

平成の大合併

　1990年代からの地方財政改革の一環として，市町村の行財政基盤を強化するため，2000年代はじめに大規模な**市町村合併**が行われました。それにより，1999年度末には3232団体あった市町村の数は，2006年度末には1821団体へと減少し，14年以降は1718団体となっています。

　市町村合併を促進するため，国は，①従来からあった合併に関する法律の改正（旧合併特例法：1999～2004年度＋1年の経過措置），②新たな法律の制定（新合併特例法：2005～09年度），③さらにその法律の改正（改正・新合併特例法：2009～19年度）の3つを実施しました。このなかで，最も効果的だったのが①における**合併算定替**と**合併特例債**でした。前者は，歳出額に対して十分な税収を確保できない地方公共団体へ交付される地方交付税の算定において，合併年度から10～15年間は合併がなかったものと仮定することです。つまり，合併によって地方歳出が削減され財政に余裕が生まれても，交付される地方交付税は減りません。後者は，合併事業として建設される公共施設の建設費の95％をこの地方債による収入で賄うことができ，かつその元利償還費の70％を地方交付税によって国が負担するというものです。つまりこれらは，地方側からすれば，懐をあまり痛めずに合併できる「おいしい」措置だったのです。②や③では，こうした「うまみ」は減っています。そのため，①の最終期限である2005年度に向けて駆け込み合併が多発しました。1999～2019年度の間には649件の合併が行われましたが，そのうち約83％が2004～05年度に行われたものです。

　平成の大合併に関する総務省の2010年の総括では，この合併によって，市町村の三役（市町村長，副市町村長，教育長）と地方議会議員が約2万1000人減少し，年間約1200億円の効率化が図られることを見込んでいます。また，合併から10年を経過した頃には，人件費などの削減により，年間1.8兆円の効

率化が図られると推計しています。

　財政基盤の強化について，地方公共団体の財政力を測る**財政力指数**という指標でみてみましょう[3]。1999 年度において，この指数が 0.3 未満と財政基盤の脆弱な団体は，市町村全体の 44.0％を占めていました。それが 2019 年度には 27.8％に減少しています。逆に，指数が 0.5 以上 1.0 未満の比較的良好な団体は，1999 年度では全体の 27.1％でしたが，2019 年度には 40.6％となっています。この期間には他の地方財政改革も並行していましたので，すべてが市町村合併の効果とはいえませんが，それでも歳出削減や財政力の向上といった当初の目的は，ある程度は達成されたといえます。

　ただし，合併には負の側面もありました。先ほどの総務省の総括では，各地で実施された合併についての住民アンケートは，合併に対する否定的評価の方が多かったことが指摘されています。また，行政側の評価でも，財政支出の削減といったプラス面だけでなく，行政と住民相互の連帯の弱まりや周辺部の衰退といったマイナス面が挙げられています。こうした課題に対応するため，総合支所や分庁といったハード面の整備だけでなく，合併した団体内の旧市町村において，事務の一部を担うことのできる**地域自治区**を設けられる制度が導入され，ソフト面からの住民自治の推進も図られています[4]。

市町村合併の経済学的意味

　平成の大合併が目的とした行財政基盤の強化とは，経済学でとらえると，「地域間外部効果への対処」と「規模の経済性の獲得」という 2 つの意味があります。

《地域間外部効果への対処》　第 3 章第 2 節で述べたように，便益漏出，租税輸出，租税競争といった**地域間外部効果**は，「政策決定上，各地域が考慮する便益・費用と国全体の視点から考慮すべき便益・費用が一致しない」状況をもたらし，各地域で実施される政策を非効率な水準にしてしまいます。この問題への対処方法の 1 つが，地域間外部効果が及ぶ地域を合併することです。先ほどの総務省の総括によれば，旧市町村の合併前のつながりとして最も多かったのが「生活圏が一致」（複数回答アンケートで回答率 77.6％）です。生活圏が一致しているということは，それらの団体間での住民の往来も多く，「隣の町の公共サービ

スを利用する」ことも日常的だったでしょう。つまり，ある種の便益漏出が生じていたと考えられます。この便益漏出によって実際の政策がどの程度非効率になっていたのかを計測することは簡単ではありません。しかし，市町村合併を推進した総務省は，その目的の1つとして「日常生活圏の拡大に応じた行政区域拡大」の必要性を掲げていました。したがって，行政の現場には，「日常生活圏と行政区域とのズレ」によって行政上の問題が生み出されているという認識はあったものと思われます。

　その一方で，もともと複数あった市町村が1つに合併するということは，その地域の人々にとって，地方分権のメリットである地域間比較や地域間人口移動の機会が失われることを意味します（第3章第1節および第3節）。また，行政機関が1つに統合されることで，それぞれの地域がもつ公共サービスへの多様なニーズに対応することも難しくなります。たとえば，総務省の総括でも，合併によって「住民の声が届きにくくなった」という否定的評価が挙げられています。つまり，市町村合併を行うと**分権化定理**から離れる可能性があるという点にも留意が必要です。

《規模の経済性の獲得》　個々の行政分野によって違いはありますが，地方公共団体の人口規模が大きくなるほど公共サービスの住民1人当たり供給費用は小さくなります。たとえば，町長の給料を全町民でワリカン負担しようとした場合，人口2万人の町における町民1人の負担額は，人口1万人の町のそれの半額ですみます。ちなみに，第2章第2節で述べたように，地方公共財は非競合性という性質をもっています。そのため，ある一定数までであれば，住民数が増加しても個々の住民は同じ量の公共サービス便益を得ることができます。公共サービス供給費用のワリカン負担という発想は，同じ量だけ便益を得ているならば公共サービスへの支払額も同額で割り振るというとらえ方です。

　このような，人口規模と住民1人当たり供給費用の反比例関係のことを**規模の経済性**と呼びます。規模の経済性は，経済学における一般的な概念でもありますが，地方財政の文脈で用いているものとそれとでは，少し考え方が異なります。その違いに興味のある読者は，補章Bを参照してください。

　図4.8を用いて，同規模の2つの町が合併して得られる規模の経済性について考えてみましょう。まず，合併前にそれぞれの町の人口は線分 *OA* だったと

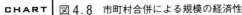

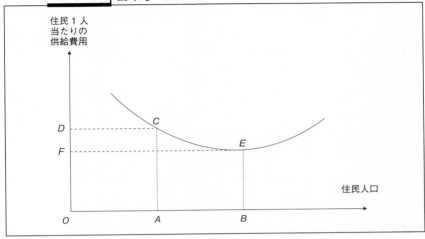

します。すると，地方公共財の総供給費用（＝住民1人当たりの供給費用×住民人口）は *OACD* です。この総費用はそれぞれの町で発生していますから，2町の総費用の合計は *OACD* の2倍ということになります。これらの町が合併して誕生した新しい市の人口は線分 *OB*，地方公共財の総費用は *OBEF* となります。この大きさは，合併前の2町の総費用の合計よりも小さくなっていることがわかります。

　合併によって住民1人当たりの地方税収が減少するということは考えにくいですから，このようにして費用についての規模の経済性が得られれば，合併後の新しい団体では財政に余裕が生まれます。これが，先にみた財政力指数の改善の背景として考えられることです。

《最適人口規模》　規模の経済性は無限に得られるものではありません。一定水準の公共サービスを維持するにあたって，人口が多すぎると，設備のメンテナンス費用が多くかかります。たとえば，消防車や救急車の出動回数は増えるし，公園施設や道路の傷み具合も早く進行するため，修繕がより頻繁に必要になるというわけです。このような状況では，**規模の不経済性**が生じているといえます。

　図4.8では，住民人口が線分 *OB* よりも大きい局面において，1人当たりの供給費用が人口の増加とともに上昇しています。ですから，先ほどの合併の例

で，同規模の町がもう1つあり，3町で合併するとなると，規模の経済性はほとんど得られなくなってしまいます。したがって，住民1人当たりの供給費用を最小にするという意味で最適な人口規模は，この図の例では線分 *OB* ということになります[5]。

実際に日本の市町村を分析対象とした研究では，最適人口規模は約17万〜19万人という結果が得られています。ただし，地域別のデータを用いた研究では，北海道だと約30万人なのに対して九州だと約15万人と，最適人口規模は地域によって異なるという可能性も示されています。ちなみに，2020年度国勢調査データでみてみると，約17万〜19万人という範囲には，浦安市や鎌倉市，甲府市，宇治市などが該当します。

事務の共同処理と広域連携

市町村合併は元の地方公共団体がなくなってしまうわけですから，地域間外部効果への対処や規模の経済性の獲得といったメリットがある反面，「不便になった」とか「愛着がなくなった」などの副作用も大きくなります。しかし，人口減少が進んでいるわが国においては，1つひとつの市町村が基礎的地方公共団体としての事務を今までのようにすべて自前で供給していくことが難しくなっているのも事実です。

このような状況に対応するため，複数の地方公共団体が共同で事務を処理できる仕組みがあります。これには大きく，特別地方公共団体（第1章第2節）を設立して行う場合と，団体間での規約に基づく簡便な仕組みで行う場合とがあります。これらは表4.2のようにまとめられます。

《**一部事務組合と広域連合**》　事務の共同処理のために設立される**特別地方公共団体**としては，地方公共団体がその事務の一部を共同で行うための**一部事務組合**と，広域計画を作成し総合的かつ計画的に事務を行うための**広域連合**があります。2021年7月現在で，一部事務組合は1409件（構成団体：延べ9353団体）あり，そのうち1374件は市町村相互間でのものとなっています。都道府県が代替するほどではないが，地域間外部効果への対処や規模の経済性の獲得を期待できる事務について市町村が共同で処理にあたっていることがうかがえます。

他方，広域連合は116件（構成団体：延べ2360団体）あり，主に社会保障関係

| CHART 表4.2 さまざまな共同処理 |

共同処理制度	制度の概要	運 用 状 況※
法人の設立を要しない簡便な仕組み 連 携 協 約	地方公共団体が，連携して事務を処理するにあたっての基本的な方針および役割分担を定めるための制度。	・締結件数：403件 ・連携中枢都市圏の形成にかかる連携協約：309件（76.7％），その他：94件（23.3％）
協 議 会	地方公共団体が，共同して管理執行，連絡調整，計画作成を行うための制度。	・設置件数：211件 ・主な事務：消防48件（22.7％），救急26件（12.3％）広域行政計画等23件（10.9％）．
機関等の共同設置	地方公共団体の委員会または委員，行政機関，長の内部組織等を複数の地方公共団体が共同で設置する制度。	・設置件数：450件 ・主な事務：介護区分認定審査127件（28.2％），公平委員会110件（24.4％），障害区分認定審査107件（23.8％）
事 務 の 委 託	地方公共団体の事務の一部の管理・執行を他の地方公共団体に委ねる制度。	・委託件数：6,752件 ・主な事務：住民票の写し等の交付1,368件（20.3％），公平委員会1,166件（17.3％），競艇861件（12.8％）
事務の代替執行	地方公共団体の事務の一部の管理・執行を当該地方公共団体の名において他の地方公共団体に行わせる制度。	・代替執行件数：3件 ・上水道に関する事務：1件，簡易水道に関する事務1件，公害防止に関する事務：1件
別法人の設立を要する仕組み 一部事務組合	地方公共団体が，その事務の一部を共同して処理するために設ける特別地方公共団体。	・設置件数：1,409件 ・主な事務：ごみ処理389件（27.6％），し尿処理312件（22.1％），救急267件（18.9％），消防267件（18.9％）
広 域 連 合	地方公共団体が，広域にわたり処理することが適当であると認められる事務を処理するために設ける特別地方公共団体。国または都道府県から直接に権限や事務の移譲を受けることができる。	・設置件数：116件 ・主な事務：後期高齢者医療52件（44.8％），介護区分認定審査45件（38.8％），障害区分認定審査30件（25.9％）

注）　※は，2021年7月1日時点のもの。
出所）　総務省ホームページ資料。

の事務について共同処理するケースが多くを占めています。こちらも109件が市町村相互間でのものとなっていますが，審査基準の統一化およびそれに基づく執行など，一部事務組合と比べて国や都道府県から直接移譲されたより強い権限をもって運用されています。

　なお，これらの特別地方公共団体の財源は，手数料や地方債，構成団体の負担金となっており，地方税の徴収による収入はありません。また，地方交付税は構成団体に対して交付される形になっています。

《その他の共同処理方式》　特別地方公共団体のような大掛かりな形をとらない簡便な仕組みとして，協議会の設置，機関等の共同設置，事務の委託があります。

　協議会とは，団体間での協議によって定められる規約に基づいて設置される組織です。その活動内容は一部事務組合と似ていますが，法人格をもたず，したがって固有の財産や職員ももちません。協議会の経費は関係団体からの負担金で賄います。2021年度7月時点で211件設置されており，消防，救急について管理執行にあたるものや，広域行政計画を作成するためのものがあります。

　機関等の共同設置とは，関係する地方公共団体の共通機関として，特定の事務に関する審査会などを設置することです。設置された機関の意思決定は，関係団体自らが行ったものとして扱われます。役割としては，広域連合と似ており，介護区分や障害区分に関する認定審査会，地方公共団体職員の利益を保護するための独立組織である公平委員会など，450件が設置されています。ただし，これも法人格をもたない組織であり，経費負担形態は協議会と同様です。

　事務の委託とは，協議により規約を定めたうえで，ある団体の事務を文字どおり別の団体に請け負ってもらうことです。事務に関する責任と権限は受託団体に帰属する一方で，その経費は委託団体から受託団体へ支払われます。住民票の写しなどの交付といった窓口業務や，公平委員会など，6752件と非常に多くの制度活用実績があります。

《新しい共同処理方式》　上に述べた共同処理方式は従来からあったものですが，2014年の地方自治法改正により，連携協約の締結と事務の代替執行という2つの方式が新たに設けられました。これらはいずれも特別地方公共団体の設立を必要としない簡便な仕組みに類します。

　これらのうちで，**連携協約の締結**による事務の共同処理とは，複数の地方公

CHART 図4.9 定住自立圏のイメージ

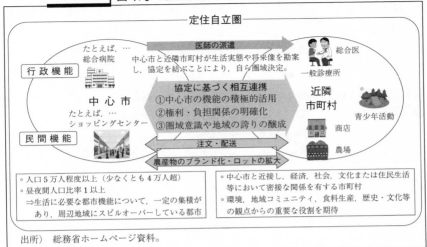

出所) 総務省ホームページ資料。

共団体の間で，複数の事務について役割分担を明確にし，協議会の設置，事務の委託，事務の代替執行といった複数の方式を組み合わせて共同処理する仕組みです。

事務の代替執行は，「代わりにやってもらう」という意味では事務の委託と同じです。しかし，「委託側の名において」というただし書きのある点が事務の委託との違いです。つまり，その事務の責任は委託団体に帰属したままです。もちろん，事務に関する経費は委託団体から受託団体へ支払われます。事務の代替執行の制度活用実績は3件とまだ少ないですが，他の共同処理方式の多くが市町村相互間のものであるのと比べて，一部事務組合の事務を指定都市が代替執行するものが1件，町村の事務を県が代替執行するものが2件と，レアなケースにおいて用いられているようです。

《市町村合併に代わる広域連携》 各地方公共団体が独立したまま，これらのさまざまな共同処理方式を複合的に用いて進められている広域連携は，市町村合併とは異なる形態での地域課題への取り組みとして着目されています。これには，2009年からスタートした**定住自立圏**の形成と，2014年からスタートした**連携中枢都市圏**の形成があります。

両者はいずれも，三大都市圏以外の地域において，圏域内での生活関連機能

の維持向上や地域経済活性化および定住促進を目的とする広域連携であり，2022年4月時点で129圏域の定住自立圏と37圏域の連携中枢都市圏が形成されています（一部重複あり）。定住自立圏は図4.9のようなイメージです。

　定住自立圏と連携中枢都市圏の大きな違いは，中心市の主な要件にあります。定住自立圏の中心市は，人口5万人程度以上，昼夜間人口比率（第2章Column ❷-2を参照）1以上，原則として3大都市圏以外の地域に位置するものとされています。他方，連携中枢都市圏の中心市は，昼夜間人口比率がおおむね1以上の指定都市および中核市（第1章第2節）です。つまり，連携中枢都市圏の方が，より大規模な圏域が想定されています。

　連携中枢都市圏のなかには，もともと定住自立圏を形成していた11の圏域が移行したケースもあります。たとえば，北海道旭川市とその近隣8町は，2010年に定住自立圏形成協定を締結しましたが，旭川市が中核市であるため，2022年に連携協約を改めて締結することで連携中枢都市圏となりました。

　また，これら以外の広域連携の取り組みも進められています。そのうちの1つは三大都市圏における市町村間の水平連携です。千葉市・市原市・四街道市による保育所の共同設置など子育て政策，国分寺市・小平市による公共施設マネジメントの広域化や地域公共交通ネットワークの構築などがあります。一方，奈良県，静岡県，鳥取県では，県と県下市町村との間で連携協約を締結し，消防の広域化，広域医療体制，消費生活センターの共同設置，母子保健政策などの分野における垂直連携の取り組みが実施されています。

③　地方行政改革

　人口減少が進み，厳しさを増す地域経済の状況や財政状況においても，高度化・多様化する住民のニーズに対応するために，地方公共団体には限られた行財政資源のもとでより能率的で効果的な行政体制が求められています。それに応えるため，地方公共団体はさまざまな行政改革に取り組んでいます。近年の改革は，総務省が出した，「地方公共団体における行政改革の推進のための新たな指針」（2005年：「集中改革プラン」）と「地方公共団体における行政改革の

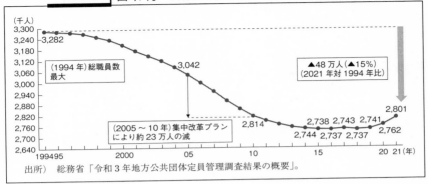

CHART 図 4.10 地方公共団体の総職員数の推移（1994 ～ 2021 年）

出所）　総務省「令和 3 年地方公共団体定員管理調査結果の概要」。

更なる推進のための指針」（2006 年：「18 年指針」）が軸となっています。

　集中改革プランのもとでは，2005 ～ 09 年度の 5 年間において，定員管理の取り組み，給与の適正化，民間委託の推進，都道府県から市町村への権限移譲，出先機関の見直し，事務事業の再編・整理，公営企業の定員管理・経営改革が進められました。さらに，18 年指針では，給与構造改革，特別職の報酬・退職手当見直し，随意契約の見直し，福利厚生事業の見直し，公共サービスの見直し，市場化テストの推進，公会計改革，外部監査の実施拡大が，必要とされる行政改革として挙げられました。

▎定員管理と官民連携

　まず，定員管理の状況は図 4.10 のようになっています。地方公共団体の総職員数は，集中改革プランの期間に 7.5％削減されました。また，最近では，新型コロナウイルス感染症対策のための体制強化や児童相談所・子育て支援対策のために増加しているものの，ピークだった 1994 年度と比べると総職員数は 15％の減少となっています。ただし，すべての部門で一律削減しているわけではなく，社会情勢などに応じてメリハリを付けた人員配置が行われています。図 4.11 のとおり，警察と消防は増加傾向となっています。一般行政においても，子育て関係以外に観光部門でも最近は職員数が増加しています。

　次に，給与の適正化については，集中改革プランの期間には技能労務職員の給与の見直し，特殊勤務手当の適正化，退職手当などの見直しが進められまし

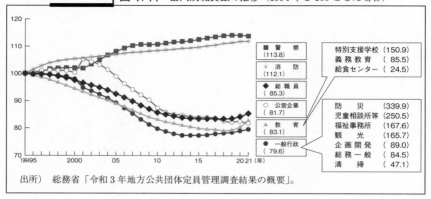

CHART 図4.11　部門別職員数の推移（1994年を100とした場合）

凡例:
- ■ 警察（113.8）
- ✳ 消防（112.1）
- ◆ 総職員（85.3）
- ○ 公営企業（81.7）
- ▲ 教育（83.1）
- ● 一般行政（79.6）

特別支援学校（150.9）
義務教育（85.5）
給食センター（24.5）

防災（339.9）
児童相談所等（250.5）
福祉事務所（167.6）
観光（165.7）
企画開発（89.0）
総務一般（84.5）
清掃（47.1）

出所）　総務省「令和3年地方公共団体定員管理調査結果の概要」。

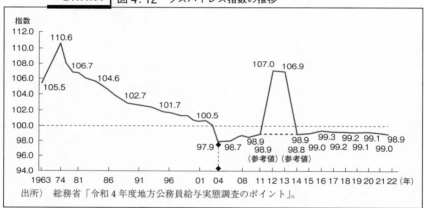

CHART 図4.12　ラスパイレス指数の推移

出所）　総務省「令和4年度地方公務員給与実態調査のポイント」。

た。また，18年指針を受けて，2016年4月までに，都道府県と指定都市の全団体とそれ以外の市区町村の98.1％が，給与構造改革と給与情報の公表を実施しました。図4.12のように，**ラスパイレス指数**でみると，全体として地方公務員の給与水準は引下げが進んでいたのですが，これらの適正化によってむしろ下げ止まったといえます。

　これらの定員管理や給与の適正化を進めるにあたって必要となるのが，**官民連携**（PPP：public private partnership）です。これは，公共施設などの建設や維持管理，運営を行政と民間が連携して行うことで，行政の能率化を図るものです。民間委託，指定管理者制度，PFIが代表的な形態です。**民間委託**とは，行

	導入団体数	市区町村数	割　合
全市区町村	490 団体	1,741 団体	28.1%
指定都市	18 団体	20 団体	90.0%
特別区	21 団体	23 団体	91.3%
中核市	51 団体	62 団体	82.3%
指定都市・中核市以外の市	284 団体	710 団体	40.0%
町　　村	116 団体	926 団体	12.5%

出所）　総務省「地方行政サービス改革の取組状況等に関する調査等」。

政業務を民間団体にアウトソーシングすることです。たとえば，住民票や納税証明書の写しの交付，転入出届の受付，国民健康保険や介護保険に関する各種申請書の受付など，住民生活にとって最も身近な窓口業務については，表 4.3 のように大規模な団体での導入がより進んでいます。

　2003 年の地方自治法改正によって創設された**指定管理者制度**は，体育館，公園，文化会館，介護支援センターといった公の施設の管理運営について，公共的団体への委託しか認められていなかった従来の制度（管理委託制度）に代わり，地方議会の指定を受けた民間事業者を含む幅広い団体が行うことを可能にしたものです。2009 年には都道府県・市区町村で 7 万 22 施設への導入がありましたが，2021 年にはそれが 7 万 7537 施設に増加しています。また，導入施設のうちで株式会社や NPO（民間非営利組織）などの民間事業者が指定管理者となっている施設の割合も，2009 年の 29.3% から 2021 年には 43.1% へと増加しています。

　民間委託や指定管理者制度が公共施設の管理運営なのに対して，PFI（private finance initiative）は，公共施設の建設にまでも民間の資金や能力を活用する方式です。1999 年の PFI 法（「民間資金等の活用による公共施設等の整備等の促進に関する法律」）の制定以降 2018 年 3 月までの累計で，PFI 事業実施件数は 677 件にのぼっています。なかでも，社会教育施設や文化施設，下水道施設や港湾施設がそれぞれ 23 件ずつと多くなっています。

Column ❹-2　求められる競争原理

　「公的組織よりも民間企業の方が効率的だ」という考え方のもとに進められている民間委託ですが，それには「民間企業がお互いに競争している」という大前提が必要です。第2章第2節で述べたように，市場経済のメリットが得られるためには，「資源の無駄遣いをしていては，他社に顧客をとられることで損をしてしまう」という意識を民間企業がもっていなければなりません。逆にいえば，民間企業であっても顧客を失うリスクがなければ，効率的な経済活動をしなくなります。

　総務省が行った民間委託の調達状況に関するサンプル調査（122団体7884件の委託契約と労働者派遣契約：2019年度）によると，全体のうちの57.8％の契約が随意契約という競争入札ではない契約方法でした。また，国土交通省の調査によると，公共工事の入札において競争を促すための対策である低入札価格調査制度と最低制限価格制度について，いずれの制度も未導入の市区町村の割合は49％（2020年度）にのぼります。

　これらの調査結果を踏まえると，民間委託が進められているとはいえ，その多くのケースにおいて競争が十分には働いていない可能性が疑われます。これでは，望んだ成果が民間委託によって本当に得られているのかも怪しくなります。したがって，受託側の民間企業の競争を促進する仕組みづくりが早急に求められます。

（参考資料）

総務省「官民競争入札等監視委員会」第18回地方公共サービス小委員会会議資料（2021/2/17）https://www.soumu.go.jp/main_content/000733960.pdf

国土交通省　不動産・建設経済局建設業課　入札制度企画指導室「地方公共団体における業務に関するダンピング対策の『見える化』」（報道資料2022/8/1）添付資料　https://www.mlit.go.jp/report/press/content/001492219.pdf

公会計改革と公共資産管理

　従来，行政機関で用いられていた会計方式は，資金収支（フロー）のみを扱っていて，公共施設などの資産価値も時価（現在の評価額）ではなく簿価（購入時や建設当時の評価額）をベースとしていました。ですから，経済学でいう資本（公共施設をはじめとする資産，いわゆるストック）の状況を把握することが

まったくできませんでした。公共サービスをどの程度効率的に生産できているのか，現在の施設があと何年使用可能なのかといったことがわからないままでは，それらの管理運営を民間事業者に任せるべきなのかどうかについても適切な判断ができません。

　そこで，民間企業が用いている会計方式に近い形でフローとストックを総合的に把握できる**公会計の整備**が求められてきました。具体的には，貸借対照表，行政コスト計算書，資金収支計算書，純資産変動計算書の**財務4表**の作成，資産・債務管理のための固定資産台帳の整備，およびそれらの公表です。

　貸借対照表とは，地方公共団体が保有している資産と，それをどのような財源（負債など）で賄ってきたかを総括的に対照表示した表です。行政コスト計算書とは，福祉活動やごみの収集といった，資産形成に結びつかない行政サービスにかかる経費とそのサービスのための財源を対比させたものです。純資産変動計算書とは，貸借対照表の純資産の部に計上されている数値が，1年間でどのように変動したかを表した計算書です。資金収支計算書とは，現金の出入りを，3つの活動区分（「業務活動収支の部」「投資活動収支の部」「財務活動収支の部」）に分けて表示したものです。**固定資産台帳**とは，建物や車両などの固定資産について，取得時の状況やその後の減価償却（価値の目減り）の状況を記録したものです。これらの財務4表などについては，地方公共団体本体の**普通会計**だけではなく，**公営事業会計**（第1章第1節を参照）の状況を含めた連結書類の作成も求められました。

　公会計の整備は，2000年代はじめに総務省が導入を提唱したのですが，当初はなかなか進みませんでした。なぜなら，企業会計に詳しい職員が地方公共団体にはおらず，また，もともと把握していなかった公共施設などの保有資産を改めて不動産鑑定する必要などがあったためです。しかし，2015年度より公会計の基準の統一化が図られてきたことで，たとえば，財務4表については97.9％の都道府県と91.4％の市区町村，固定資産台帳については97.9％の都道府県と94.0％の市区町村と，現在ではほぼすべての地方公共団体において財務書類が作成されています。

　公会計の整備によって地方公共団体が所有する資産管理が容易になったこともあり，2014年度からは**公共施設等総合管理計画**の策定が進められてきました。

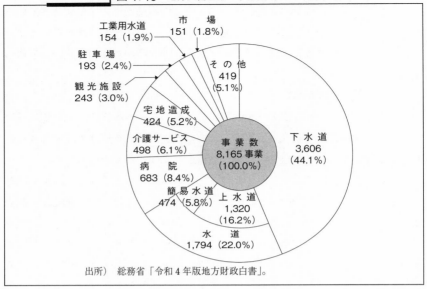

工業用水道
154（1.9%）

市　場
151（1.8%）

駐車場
193（2.4%）

その他
419
（5.1%）

観光施設
243（3.0%）

宅地造成
424（5.2%）

下水道
3,606
（44.1%）

介護サービス
498（6.1%）

事業数
8,165事業
（100.0%）

病院
683（8.4%）

簡易水道
474（5.8%）

上水道
1,320
（16.2%）

水道
1,794（22.0%）

出所）　総務省「令和4年版地方財政白書」。

2019年3月時点で，ほぼすべての都道府県と市区町村で策定が完了していま
す。これにより，長期的視点に立った施設老朽化対策，適切な維持管理および
修繕の実施，それらを通じた毎年の修繕コストの縮減が可能となりました。ま
た，PPP／PFIの活用のための材料にもなっています。

地方公営企業および第三セクター等の改革

　こうした行政改革は，地方公共団体本体だけでなく，地方公営企業や第三セ
クター等についても進められてきました。

　このうち，**地方公営企業**（第1章第1節）とは，上下水道や病院といった特定
の地方公共サービスを独立採算の事業として別会計で運営する組織です。病院
のように，建物や組織がわかりやすく本体とは別になっているものもあれば，
上下水道局や交通局のように，組織図では役所の1つの部署となっているもの
もあります。図4.13のように，事業数として多いのは，下水道，水道（簡易水
道含む），病院，介護サービス，宅地造成などです。一方，決算規模でみると，
病院，下水道，水道の順となり，この3事業で全体の86％を占めています。

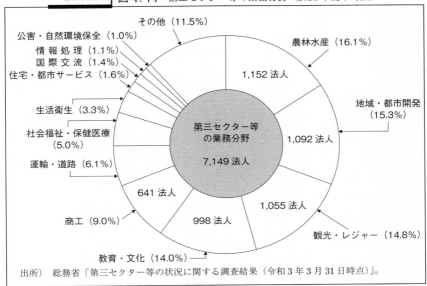

CHART 図4.14 第三セクター等の業務分野（2021年度末時点）

公害・自然環境保全（1.0%）
情報処理（1.1%）
国際交流（1.4%）
住宅・都市サービス（1.6%）
生活衛生（3.3%）
社会福祉・保健医療（5.0%）
運輸・道路（6.1%）
商工（9.0%）
教育・文化（14.0%）

その他（11.5%）
農林水産（16.1%）
1,152 法人
地域・都市開発（15.3%）
1,092 法人

第三セクター等
の業務分野
7,149 法人

1,055 法人
641 法人
998 法人
観光・レジャー（14.8%）

出所）　総務省「第三セクター等の状況に関する調査結果（令和3年3月31日時点）」。

　これらについては，とくに地方財政健全化法の施行に合わせて経営健全化が集中的に進められ，事業廃止，民営化・民間譲渡，指定管理者制度の導入が行われてきました。2004〜14年度の10年間におけるそれぞれの累計は，事業廃止368事業，民営化・民間譲渡272事業，指定管理者制度の導入776事業となっています。こうした再編は，介護サービス，宅地造成，病院，観光事業において多く行われました。

　地方公営企業の事業再編は現在進行形であり，2020年度も1年間で，111事業が廃止，18事業が民営化・民間譲渡，14事業において指定管理者制度の導入が実施されました。水道（簡易水道含む）と下水道においては，129事業で事業統合や施設の共同化といった広域化も実施されています。

　第三セクターとは，地方公共団体が一部出資している社団法人・財団法人や株式会社などのいわゆる外郭団体です。たとえば，体育協会や埋蔵文化財センター，シルバー人材センター，緑化センターなど，地方公共団体本体や地方公営企業が自ら業務を行うほどではないにせよ，公共的な性質をもつサービスを供給します。また，地方公共団体が全額出資している外郭団体として，土地開

発公社，地方住宅供給公社，地方道路公社という特別法人（**地方三公社**）もあります。図 4.14 でみられるように，たとえば，地域・都市開発や観光・レジャーなど，公共的な性質をもつと同時に収益性も高い業務分野の団体が多い傾向にあります。

　これらの第三セクター等のなかには，補助金，貸付金，損失補償といった財政的支援を地方公共団体から受けている法人が少なくありません。そのため，これらの経営状況が悪化したとしても，地方公共団体がお取り潰し（清算）することは難しい状況でした。もし清算するとなると，地方公共団体本体が一時的に大きな債務負担を肩代わりしなければならなかったからです。第三セクター等の経営悪化が懸念され始めた 2006 年度に行われた総務省の調査によると，当時 6706 法人あった第三セクターのうちの 36.5％，1227 法人あった地方三公社のうちの 46.5％が経常的に赤字の状態にあり，経常損益の合計はそれぞれ 1439 億円と 344 億円に膨らんでいました。

　そこで，経営悪化が著しい第三セクター等を地方公共団体が清算するにあたって，その資金を地方債で工面できるよう，2009 〜 16 年度の時限措置（延長措置を含む）として，**第三セクター等改革推進債**という特例の地方債が認められることになりました。これにより，清算に伴う地方公共団体本体の債務負担を，基本的には 10 年にわたって分割して均すことができるようになりました。この地方債の発行は，214 件の事業整理に用いられ，発行総額は 1 兆 826 億円にのぼりました。

地方財政の「見える化」の推進

　行政改革は，さまざまな取り組みを行うことはもちろん，その結果を公表することも必要です。一般の住民がそれをチェックするということはあまりないでしょうが，地方公共団体や地方公営企業が，自らの財政や経営状況，ストックの情報などを把握し，また他団体との比較も通じて行政改革を進めるために必要となります。こうした**地方財政の見える化**を，近年，総務省が進めています。

　財政状況については，総合的なものとして「**地方財政白書**」と「**地方財政統計年報**」があります。個別団体についての情報を把握できるものには，「決算

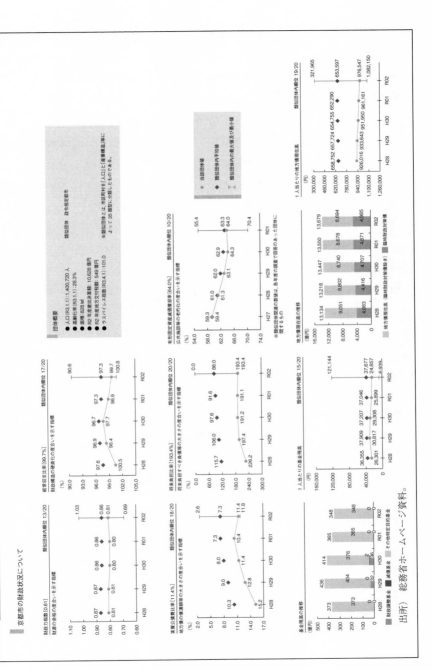

■ 京都市の財政状況について

（出所）総務省ホームページ資料。

状況調」「決算カード」「主要財政指標一覧」「財政状況資料集」があります。なかでも,「**主要財政指標一覧**」は本章第 1 節で取り上げた経常収支比率などで財政状況を簡単にみることができます。一方,「**財政状況資料集**」には,各団体の決算状況,財政指標の詳細や他団体との比較,住民 1 人当たりコストなどが分析入りで掲載されています。また,2019 年度からは図 4.15 のような一枚物の概要版が作成されるようになり,専門家でなくとも各団体の財政状況を容易に知ることができ,**地域間比較**を行えるようになってきています。

地方公共団体本体の行政改革に関連するものでは,「地方公共団体定員管理調査」「地方公務員給与実態調査」が公表されています。また,「地方公共団体における行政改革の取組状況」(2012 〜 15 年),「地方行政サービス改革の取組状況等に関する調査」(2016 年〜現在)では,各団体の民間委託,指定管理者制度の導入などの状況や,いくつかの取り組み事例を確認することができます。

地方公営企業については「公営企業の抜本的な改革の取組状況」の調査,第三セクター等については「第三セクター等の状況に関する調査」と「第三セクター等について地方公共団体が有する財政的リスクの状況に関する調査」によって,外郭団体の経営状況の「見える化」が進められるとともに,先進事例も紹介されています。

注 ―――――――――

1　わが国では,公的な介護保険制度が 2000 年からスタートしました。これにより,要支援や要介護の認定を受けた人が介護サービスを利用する際には,所得などに応じてその経費の全額ではなく一部を負担することでサービスを受けることができます。介護保険料は,40 歳以上の国民が住民登録している地方公共団体へ納めます。

2　新型コロナウイルス感染拡大防止措置に関連する地方税徴収の猶予特例に合わせて,2020 年度に猶予特例債が創設されました。この地方債による収入も,経常収支比率の計算式の分母に特例的に含まれています。

3　財政力指数とは,その団体で標準的な公共サービスを供給するのにかかる経費に対して,標準的な税収がどの程度かを比率で表したものです。つまり,財政力指数 = 1(税収が経費をちょうど賄える額)を基準として,指数が 1 を下回っているほど財政力が弱いと判断します。より詳細な説明については第 7 章第 2 節を参照してください。

4　2004 年の地方自治法改正により設置することができるようになりました。2020 年現在,新潟県上越市,長野県飯田市など 18 市町において 140 自治区が設置されています。

5　計量的な分析では,1 人当たり費用の最小化だけではなく,公共サービス便益を数量的にとらえようとする研究もなされています。すなわち,公共サービスから得られる純

便益の最大化という経済理論における「最適」の概念と，より整合的な最適人口規模の導出が試みられています。純便益の概念については，第2章第2節を振り返ってみてください。

SUMMARY ●まとめ

□1　地方歳出構造は，目的別と性質別の2つの側面から把握することができます。目的別分類による歳出構成比には，市町村と都道府県の役割分担の様子が表れています。性質別分類に基づいた財政指標からは，市町村財政の硬直化と都道府県財政の資金繰りの悪化がうかがえます。

□2　行政区域の見直しとして，市町村合併が行われました。また，さまざまな広域連携や事務の共同処理が実施されています。経済学の観点からは，これらの目的として，地域間外部効果（なかでも便益漏出）への対処と規模の経済性の獲得を挙げることができます。

□3　行政活動の守備範囲の見直しとして，さまざまな行政改革が進められてきました。それらは，定員管理と民間委託の推進による能率化，公会計の整備によるフローとストックの両面からの財政状況の把握，財政の「見える化」です。これらの改革は地方公営企業や第三セクター等の外郭組織についても進められています。

—CHAPTER—

第 **5** 章

地方税の制度と理論

国と地方の税金は違います

INTRODUCTION

　公共部門の活動を支えているのは，私たちが支払う税です。国と地方公共団体は，所得や利潤，消費，資産などに幅広く課税することによって必要な財源を調達しています。本章では，わが国の地方税制度を概観するとともに，地方税に関する基礎理論を学びます。

　第1節では，地方税の枠組みを紹介します。わが国では，基本的に国が地方税の種類を定めています。税率についても，地方公共団体がすべての税率を自由にコントロールできるわけではありません。しかし，地方分権改革（第1章第4節を参照）の流れのなかで，地方税に関する国からの制約はしだいに緩和されつつあります。

　第2節では，望ましい地方税の条件を学びます。必要な額の財源を確保できれば，どのような税を使ってもよいというわけではありません。地方財政には第2章第3節で紹介したような役割がありますから，この役割と整合的な課税をめざすべきです。国と地方で役割が異なる以上，国税と地方税で望ましい条件も異なるものとなります。

　第3節では，わが国における主要な地方税を取り上げ，その基本的仕組みや背景にある考え方を学びます。地方税原則がどのように地方税制度に反映されているかを説明するとともに，原則と照らし合わせて浮き彫りとなる制度の問題点について論じます。

1 わが国の地方税制度

地方税の現状

　地方公共団体の行財政活動は，国からの補助金である依存財源と地方税を軸とする自主財源で支えられています。図1.5（7頁）に示されるように，わが国では地方歳入の4割近くを地方税で調達しています。まずは，どのような税が課せられているのかをみてみましょう。図5.1に示されているように，地方税は道府県が課するものと市町村が課するものに分けられます。参考に，国が課する主な税目と税収構成も提示しておきます。

　基本的に，税は所得・消費・資産課税に分類されます。国税については，所得税・法人税がそれぞれ個人・法人への所得課税（法人については利潤課税）に対応します。消費税は消費への課税であり，たばこ税も消費課税の一例です。相続税・贈与税は資産課税であり，それぞれ遺産相続と生前贈与（所有者が存命のうちに移転）が行われる際に課せられます。地方税については，通称住民税と呼ばれる道府県民税と市町村民税が所得課税に相当します。さらに，事業税は個人・法人が事業活動から得る所得・利潤を課税対象としますが，本章第3節で言及するように，法人事業税の一部は別形態を採用しています。国と同様，地方消費税や道府県・市町村たばこ税は消費課税ですが，自動車税も地方の消費課税です。地方税で資産課税に相当するものの代表例は，家屋・土地・償却資産（企業の設備など）に課せられる固定資産税です。

　図5.1が示すように，住民税を共通の軸としつつも，道府県と市町村で使用される税には大きな違いがあります。市町村では住民税と並んで固定資産税が税収の柱です。大規模な固定資産（例：人口5000人未満の町村では5億円を超える部分）を除けば，道府県は固定資産に課税しません。一方で，道府県では税収の半分近くを事業税と地方消費税に頼っています。しかし，地方消費税収の半分は，各道府県内の市町村に交付金として配分されることになっていますので，歳入上は市町村も消費課税の恩恵を受けていることになります。

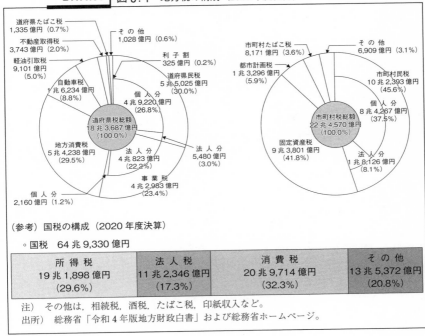

CHART | 図5.1　地方税の構成（2020年度決算）

道府県たばこ税
1,335億円（0.7%）

その他
1,028億円（0.6%）

不動産取得税
3,743億円（2.0%）

利子割
325億円（0.2%）

軽油引取税
9,101億円
（5.0%）

道府県民税
5兆5,025億円
（30.0%）

自動車税
1兆6,234億円
（8.8%）

個人分
4兆9,220億円
（26.8%）

道府県税総額
18兆3,687億円
（100.0%）

法人分
5,480億円
（3.0%）

地方消費税
5兆4,238億円
（29.5%）

法人分
4兆823億円
（22.2%）

事業税
4兆2,983億円
（23.4%）

個人分
2,160億円（1.2%）

市町村たばこ税
8,171億円（3.6%）

その他
6,909億円（3.1%）

都市計画税
1兆3,296億円
（5.9%）

市町村民税
10兆2,393億円
（45.6%）

個人分
8兆4,267億円
（37.5%）

市町村税総額
22兆4,570億円
（100.0%）

固定資産税
9兆3,801億円
（41.8%）

法人分
1兆8,126億円
（8.1%）

（参考）国税の構成（2020年度決算）

○国税　64兆9,330億円

所 得 税	法 人 税	消 費 税	そ の 他
19兆1,898億円	11兆2,346億円	20兆9,714億円	13兆5,372億円
（29.6%）	（17.3%）	（32.3%）	（20.8%）

注）　その他は，相続税，酒税，たばこ税，印紙収入など。
出所）　総務省「令和4年版地方財政白書」および総務省ホームページ。

　地方税については，普通税と目的税の区分にも注目すべきでしょう。**目的税**の税収には使途制限がある一方で，**普通税**の使途は自由です。ここでは地方目的税の例として，市町村税である**都市計画税**に触れておきます。この税は固定資産税とともに徴収され，都市環境整備（交通・緑地整備や都市再開発など）のために使われます。このほかにも，税収シェアは小さく図5.1の円グラフでは「その他」に含まれますが，市町村目的税として事業所税や入湯税があります。事業所税は従業員数や事業所の床面積に応じて企業に課せられる税で，都市環境整備の財源となります。入湯税は，温泉地などで入浴客に課せられる税ですが，原則として消防施設や観光振興のために使われます。道府県目的税の例としては，これまた図5.1では「その他」の扱いですが，鳥獣保護活動のための財源を得るために課されている狩猟税があります。

　留意すべき別の点として，東京都の扱いがあります。東京23区として知られる特別区は基本的に市に相当する地方公共団体なのですが，市町村税である

Column ❺-1　地方税の国際比較

　表 5.1 に示されるように，地方税の構成は国によって大きく異なります。英語圏であるオーストラリア，カナダ，アメリカ，イギリスでは，地方（とくに市町村）の資産課税への依存度がきわめて高くなっています。イギリスを除くヨーロッパでは，北欧やドイツのように所得課税が地方税の主力である国がある一方で，フランスのように地方が所得課税に依存していない国もあります。

　これらの国々と比較すると，日本は相対的に所得・消費・資産にバランスのとれた地方税収構成比になっているといえるでしょう。しかし，図 5.1 に関して説明したように，都道府県と市町村ではかなり税収構成が異なっていることに注意する必要があります。

表 5.1　各国の地方税の構成

	所 得 課 税		消 費 課 税		資 産 課 税	
オーストラリア	連邦	73.2%	連邦	26.6%	連邦	0%
	州	0%	州	40.1%	州	30.5%
	地方	0%	地方	0%	地方	100%
カ ナ ダ	連邦	79.1%	連邦	20.9%	連邦	0%
	州	48.1%	州	36.8%	州	4.9%
	地方	0%	地方	1.8%	地方	97%
ド イ ツ	連邦	45.6%	連邦	54%	連邦	0.4%
	州	52.2%	州	40.1%	州	7.6%
	地方	79.8%	地方	8.6%	地方	11.4%
アメリカ	連邦	91.2%	連邦	8.1%	連邦	0.7%
	州	43.2%	州	53.3%	州	3.3%
	地方	5.7%	地方	22.5%	地方	71.8%
イギリス	国	47.0%	国	43.3%	国	9.7%
	地方	0%	地方	0%	地方	100%
フランス	国	44.5%	国	49.3%	国	5.9%
	地方	7.5%	地方	35.4%	地方	50.1%
ノルウェー	国	47.4%	国	50.5%	国	2.1%
	地方	86.6%	地方	0.7%	地方	12.7%
スウェーデン	国	31.6%	国	65.1%	国	3.1%
	地方	97.6%	地方	0%	地方	2.4%
日 　 本	国	53.1%	国	41.6%	国	5.3%
	地方	50.9%	地方	21.3%	地方	26.7%

注）　1. 国・地方の税収に占める所得・消費・資産課税の収入の比率を示す。データは
　　　2019 年のもの。
　　　2. オーストラリア，カナダ，ドイツ，アメリカは連邦国家であるため，連邦・
　　　州・地方に分けてそれぞれの政府の税収構成を示している。
　　　3. 所得・消費・資産課税に分類されない税を除いているので，合計が 100% 未満
　　　となる国がある。
出所）　OECD, *Revenue Statistics 2021* より作成。

表5.2　主な地方税の税率構造

	標　　準	制　　限	一　　定
住 民 税	✓	✓（法人のみ）	✓（金融所得のみ）
事 業 税	✓	✓	
地方消費税			✓
固定資産税	✓		

法人住民税，固定資産税，都市計画税，事業所税などについては東京都が課税を行います。図5.1の道府県税総額には，基本的に東京都民税を含めた東京都の税収が入りますが，上記の市町村税相当額は市町村税総額に入ります。

地方税への制約

　各地方公共団体が実施する地方税は条例で定められますが，国の法律である**地方税法**によってさまざまな制約が課せられています。このため，課税に関わる地方公共団体の裁量性，つまり**課税自主権**は限定的です。租税制度の根幹は①課税客体（課税の対象となるもの・主体・行為），②課税標準（課税対象となる額），③税率（課税標準×税率＝税額）の3本柱で，わが国の地方税制度ではいずれも国の制約のもとに置かれています。図5.1に登場する地方税は，地方税法で規定されている**法定税**です（地方税法5，6条）。これらの税については，課税標準の算定方法に関する全国共通のルールがあります。そして，表5.2に示されるように，税率についても制約があります。

　この表に登場する**標準税率**はまさに「標準」とされる税率です。年度ごとの地方の歳出・歳入を見積もる地方財政計画（第1章第3節を参照）や国から地方への一般補助金である地方交付税制度（第7章第3節を参照）においては，標準税率に基づいて地方税収が算定されます。標準税率を上回る税率を選択することも可能ですが，**制限税率**を上回ることはできません。逆に，きわめて稀なのですが，名古屋市の住民税のように標準税率を下回る税率を実施している例もあります。**一定税率**は国が定めた税率からの変更を認めないという，最も制約が厳しいケースです。地方消費税や，金融関係の個人所得に適用されています。

課税自主権

地方税は，地域住民向けの公共サービスを供給するための**自主財源**です。同じ内容の公共サービスでも，各地域の実情に応じて必要とされる質と量は異なると考えるのが自然でしょう。また，地域住民の公共サービスへのニーズは，経済・社会の状況に応じて変化します。このため，必要に応じて，税収を柔軟に増減できる仕組みが必要となります。ここに課税自主権の意義があります。国が一律に定める地方税制度では，地域ごとのニーズの違いや同じ地域内におけるニーズの変化に対応しきれません。地方自治の観点からは，地方公共団体の歳入を裁量的に調整する余地を残しておく必要があります。わが国では，地方税制の大部分を国が定めつつも，課税自主権への配慮もなされています。

《**法定外税と超過課税**》 課税自主権に関する代表的制度は，地方税法にはない**法定外税**を認める制度です。ただし，法定外税についても地方税法で規定されており（地方税法259，669，731条），国の経済政策と矛盾しないことや，国内経済の物流を妨げないこと，そして既存の国税・地方税と重複しないことが，導入の条件とされています（同法261，733条）。また，法定税についても，税率選択の裁量性がある程度認められています。先に，標準税率を上回る税率の可能性に触れましたが，このような状況を**超過課税**と呼びます。法定外税と超過課税の状況を，図5.2に示しておきます。

法定税が網羅的であるため，法定外税から得られる税収額は地方税収全体に比べて微小です。道府県税には核燃料や産業廃棄物などの特殊な税目がめだちます。市町村税については，各地域の状況や固有の環境に応じてさまざまな法定外税が設けられているようです。超過課税については，法人関係の税を中心に実施されていますが，地方税収全体に占める割合は2%にもなりません。

このように話を進めると，課税自主権の限定性が際立つ印象を受けると思います。しかし，地方分権改革（第1章第4節）の流れのなかで課税自主権の拡大が図られてきたのも事実です。たとえば，法定外普通税について，その導入には総務省の許可が必要であったのが，総務省と地方公共団体の間の協議制に移行しました。また，法定外税は普通税に限定されていましたが，目的税の導入も可能になりました。法定外普通税については，以前は税収目的の導入が基

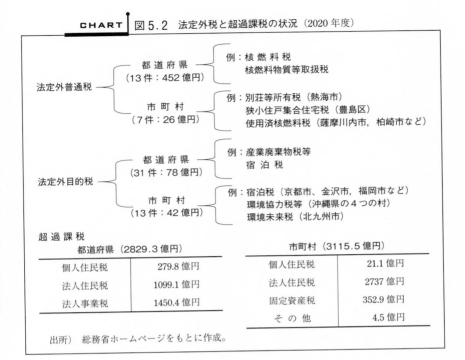

法定外普通税
- 都道府県
（13件：452億円）
  - 例：核燃料税
    核燃料物質等取扱税
- 市町村
（7件：26億円）
  - 例：別荘等所有税（熱海市）
    狭小住戸集合住宅税（豊島区）
    使用済核燃料税（薩摩川内市，柏崎市など）

法定外目的税
- 都道府県
（31件：78億円）
  - 例：産業廃棄物税等
    宿泊税
- 市町村
（13件：42億円）
  - 例：宿泊税（京都市、金沢市，福岡市など）
    環境協力税等（沖縄県の4つの村）
    環境未来税（北九州市）

超過課税

都道府県　（2829.3億円）	
個人住民税	279.8億円
法人住民税	1099.1億円
法人事業税	1450.4億円

市町村　（3115.5億円）	
個人住民税	21.1億円
法人住民税	2737億円
固定資産税	352.9億円
そ の 他	4.5億円

出所）　総務省ホームページをもとに作成。

本でしたが，政策目的の導入も認められています[1]。税率についても，個人住民税，固定資産税，法人事業税，自動車税などの制限税率の撤廃や引き上げが行われています。

《不均一課税・課税減免》　法定外税や超過課税以外にも，地方税法は地方公共団体に裁量的に**不均一課税・課税減免**を行う権限を与えています（同法6条）。これらの制度は，特定の条件を満たす場合に，地方税法や国の定めるルールを逸脱して裁量的に減税することを認めるものです。法人住民税，法人事業税，固定資産税などについて，各地方公共団体で多様な不均一課税・課税減免が実施されています。たとえば，法人への超過課税を大企業に限定して中小企業には標準税率を適用するケース，地域経済振興策として地域内で投資する企業に対して期間限定（2〜5年間程度）の減税を行うケースや，不動産取得時に納税する不動産取得税を減免するケースなどがあります。

　また，関連する制度として，固定資産税や都市計画税を中心に，地方独自の税負担減免を認める地域決定型地方税制特例措置（わがまち特例）も新たに導

入されました。減免対象となる資産には，保育関係施設や排水設備関係などが含まれます。

地方税原則

租税原則とは

　図 5.1 でみたように，わが国では国・地方のいずれも所得・消費・資産に幅広く課税しています。しかし，本章の冒頭に述べたように，「どんな税でもよい」というものではありません。何を対象としてどのような税を課するべきかについては，税負担のあり方や経済的影響などを考慮しつつ慎重に検討する必要があります。

　租税原則は，財政学の先人たちが「租税が満たすべき要件」としてまとめたものです。そのエッセンスは，「公共部門の財源である租税は，その活動の目的に貢献する形式（少なくとも，邪魔しないような形式）で課するべき」というものです。ここでいう「活動の目的」は，公共部門が市場経済において果たすべき役割を指します。第 2 章で学んだように，地方の役割には，国が果たすべき役割とは大きく異なる部分があります。このことは，「国税と地方税の租税原則には異なる部分がある」ことを暗示します。本書は地方財政のテキストですが，まずは国税に関する租税原則を簡単に紹介します。次いで，地方税の原則について学んでいきましょう。

マスグレイブの 3 原則

　国税を想定した租税原則の議論は，古くは「経済学の父」と称されるアダム・スミス（A. Smith）以前にまでさかのぼります。しかし，最も幅広く認知されているのは，アメリカの財政学者である**マスグレイブ**（R. A. Musgrave）がまとめた簡素・中立・公平の 3 原則でしょう。

　○簡素性の原則──納税・徴税費用が少ない制度にする。

CHART 表 5.3　国の所得税の限界税率

課税所得	0 ～ 195 万以下	195 万超 ～ 330 万以下	330 万超 ～ 695 万以下	695 万超 ～ 900 万以下	900 万超 ～ 1800 万以下	1800 万超～ 4000 万以下	4000 万超
限界税率	5%	10%	20%	23%	33%	40%	45%

注)　1.　限界税率：各所得枠に適用される税率。
　　　2.　課税所得 500 万円のケース：(195 万×0.05)＋(330 万－195 万)×0.1＋(500 万－330 万)
　　　　　×0.2＝57.25 万の税額。

○中立性の原則——市場経済への影響をなるべく抑える。
○公平性の原則——納税者への税負担配分を公平に行う。

　簡素性の原則は，納税者の事務負担が軽く，かつ徴税事務が簡便な税が望ましいとするものです。納税義務を果たすのに多大な労力を要する税や，公共部門に多大な事務負担を強いる税は望ましくありません。**中立性**の原則は，市場経済の資源配分機能を妨げないような税が望ましい，とするものです。第2章第2節で説明したように，市場での交換は消費者・生産者に対して資源を有効に活用するインセンティブを与えます。この観点からは，一部の財やサービスに偏った課税は望ましくありません。本来ならば消費者・生産者に多大なる便益をもたらすはずの消費・生産活動が，税によるコストアップのために避けられる可能性があるからです。このような悪影響は，租税が消費者・生産者が直面する価格や費用に影響する限り避けることはできません。消費・生産活動全般にバランスのとれた租税負担が行き渡るようにするなど，租税体系を構築するうえでの工夫が求められます。

《**応能説と応益説**》　公平性の原則には2つの考え方があります。**応能説**は，「経済能力に応じて租税を負担」するのが公平とするものです。他方，**応益説**における公平は，「公共部門の行財政活動から得る受益に応じて租税を負担」することです。国税を考える場合，応能説に基づいて租税体系を考えるのが一般的です。これは，第2章第3節で学んだように，富・所得の再分配は国の重要な役割の1つであるからです。

　国税である所得税では，課税標準の所得が高くなるにつれて税率が高くなる**超過累進税率**（限界税率5～45%）に基づいて納税額を算出しますので，再分配を促進する効果があります。表5.3に所得税の限界税率一覧と税額計算の方法

を示しておきます。また，超過累進税率は景気変動の影響緩和にも貢献します。第2章第3節で学んだように，これも国の担うべき役割です。所得が減少すると税率が下落する仕組みなので，自動的に減税が行われて景気刺激策として機能することになります。

▌地方税が満たすべき条件 ▌

地方財政の主な役割は，地方公共財の供給を住民のニーズに応じて無駄なく行うことです。この観点から，地方税について，次のような条件が議論されてきました。これらの条件を総称して，**地方税原則**と呼びます。

○ 普遍性の原則──特定地域に偏らず全地域的に存在する財源である。
○ 応益性の原則──公共サービスからの受益に応じて税負担を求める。
○ 負担分任の原則──地方公共団体の運営のための負担を住民で分かち合う。
○ 安定性の原則──景気変動の影響を受けにくく安定した税収をもたらす。
○ 自主性の原則──自主的・裁量的に税収を調整できる。
○ 地域性の原則──他地域に地域間外部効果を及ぼさない。

とくに応益性・負担分任・自主性・安定性の各原則については，地方財政が果たすべき役割に密接に関連します。地域性の原則は，第3章第2節で学んだ地方分権のデメリットに関連しています。以下，各原則の内容を説明します。

《普遍性の原則》 この原則は，一部の地域に偏らず全地域に満遍なく（つまり普遍的に）存在する課税客体の選択を求めるものです。一般に所得・消費・資産は，普遍的な課税客体と考えられます。わが国のように国が地方税体系の大枠を規定している制度のもとでは，普遍性の原則は地方税法に登場する税（図5.1を参照）が満たすべき要件と考えるべきでしょう。これらの税は全国共通に実施されるべきものですから，一部の地域にしかない課税客体では意味がありません。他方，全地域に存在する課税客体であっても，経済活動が活発な都市圏に集中する傾向があることに留意する必要があります。過度な地域間の税収格差を抑制するための配慮も必要です。

なお，地方公共団体が選択する法定外税は，各地域の状況や固有の環境に応

じて課税されるものです。課税自主権に基づいて，このような課税を行うことに何ら問題はありません。たとえば，核燃料税（図5.2を参照）は課税客体の偏在度がきわめて大きい税です。しかし，「普遍性の原則に反する」と議論するのは的外れです。

《応益性の原則》 租税負担配分の公平性について国税が応能説を軸にするのとは対照的に，地方税は応益説を軸にすべきです。福祉移住の問題（第2章第3節を参照）に象徴されるように，再分配は地方財政の役割としては不適切です。このため，応能説に基づく課税は地方税になじみません。むしろ，地域住民の日常生活に欠かせない各種公共サービスを効率的に供給するという視点からは，応益説に基づく課税が望ましいといえます。

　第2章第3節で学んだ分権化定理が主張するように，地方公共財の供給については地域住民の意思に委ねるべきです。資源配分の無駄をなくして責任ある地方自治を行うためには，公共サービスからの受益に対して住民は自ら負担をすることが大切です。どのような公共サービスをどれだけ消費するかを適切に判断するうえで，費用意識をしっかりと保つことが欠かせません。このためには，受益に応じた税負担を求めるべきです。

　自由選択と自己責任を基本とするこのような考え方は，市場経済における消費者主権的な発想に類似していますが，市場経済とまったく異なる側面もあります。私たちが普段行っている買い物では，財・サービスを消費するごとに支払いを行うため，消費に伴う受益と負担の対応関係が明快です。他方，地方税の主力である普通税には税収の使途に制限はなく，住民の税負担が特定の公共サービスに直接対応づけられているわけではありません。実際，教育サービス（教材や給食を除く）や道路（有料道路を除く）などの公共サービスは，住民から直接料金をとらないフリー・アクセスの形式で供給されています。これらのサービスは，公共財・価値財（第2章第2節を参照）の特徴をもっていると考えられます[2]。

　応益性の原則に立脚する普通税の理解は，「複数商品の詰め合わせパックへの支払い」というイメージになります。個々の公共サービスの消費について個別に負担を求めるのではなく，地域内で供給されるさまざまな公共サービスを1つのパッケージ商品と見なして，その消費者である地域住民に税負担を求め

るのです。パッケージの内容は地方公共団体の予算に明示されて，住民とその代表者である議会から受益と負担の総合的バランスについてチェックを受けます。

　他方，前節で言及した都市計画税や入湯税のような目的税については，税収の使途が限定されているので，税負担と公共サービスとの対応関係がみえやすくなっています。また，地方税とは別に，住民が役所に依頼する粗大ごみの個別回収や各種証明書発行，そして住民による公的スポーツ施設の利用などについては，**使用料・手数料**という形で直接的に負担を求めています。しかし，これらの財源が地方歳入に占めるシェアは決して大きくありません。他方，地方税とは文脈は異なりますが，上下水道や交通関係の地方公営企業については，利用料や運賃は重要な収入源です。

《負担分任の原則》　この原則は，応益性の原則に密接に関連するものです。地方公共団体を地域住民で構成される一種のクラブと位置づけて，住民にクラブの会費を負担してもらおうという発想です。応益性の原則が公共サービスからの受益に対して負担を求めるのに対して，負担分任の原則に基づく負担は公共サービスの供給を行う地方公共団体に支払う会費に近いものと考えられます。

　ある地域に「住んでいる」というだけで当地の税負担をすることには，抵抗感があるかもしれません。税負担のあり方としては，多少雑な印象を与えるでしょう。しかし，会費の徴収は，「住民＝地域クラブの会員」の関係を明確にするものです。この原則の意義は，住民に地域運営の当事者であることを自覚してもらうことで，自治意識の向上を図ることにあります。

　応益性の原則と負担分任の原則の組み合わせは，フィットネス・クラブなどでみられる2部料金制に類似しています。クラブでのサービス利用料とは別に年会費を払うという料金体系です。電気・ガス料金でも同様の料金体系（基本料金と電気・ガス使用量に応じた従量料金）が採用されています。消費者の払う基本料金が電気・ガス設備の投資・維持に向けられるのと同じように，住民は地方公共団体を維持するための負担をすべきです。このような負担は，地方公共団体が供給する公共サービスの使用権を得るためのものととらえることができます。フィットネス・クラブに年会費を払って，その施設やサービスの使用権を得るようなものです。

《安定性の原則》　地方公共団体が供給するごみ収集，義務教育，消防，警察，福祉や道路などのサービスやインフラは，住民の日常生活に密着しており，安定的な供給が求められます。第4章第1節で学んだように，地方財政には，毎年確実に発生する経常的経費の歳出に占めるシェアが大きいという特徴があります。これらの公共支出のための財源を安定的に確保するには，景気変動に大きく影響されない税が必要です。

　　この点について，義務的経費を構成する人件費や扶助費を地方公共団体の裁量で調整できないという事情も考慮する必要があります。第1章第3節や第4章第1節で説明したように，地方公務員定数基準や生活保護・児童手当等の支給基準は国の法令で定められており，地方公共団体が法令を無視して勝手に削減することは困難です。このため，景気が悪くなると税収が大きく落ち込んでしまうような状況は，できるだけ避ける必要があります。

《自主性の原則》　この原則は，課税自主権を発揮できるような地方税が望ましいとするものです。前節で課税自主権を説明する際に述べたように，公共サービスへのニーズに対応して柔軟に税収を変化させることができる税制度が必要です。わが国の地方税制度に関連して，法定外税・超過課税・不均一課税・課税減免などについて触れました。課税自主権は課税客体・課税ベース・税率に関する地方の裁量権の問題ですが，できるだけ独立した税を地方公共団体にもたせて運営させることが基本になります。

　　この点については，国税と地方税との関係を考慮した議論もあります。その背景にあるのは，第3章第2節で学んだ地域間外部効果の1つである垂直的外部効果の問題です。国・地方の課税重複に伴う過剰な課税の可能性を踏まえると，国と地方は異なる課税客体を採用するのが望ましいということになります。つまり，課税自主権に伴う副作用を軽減しようという考え方です。

《地域性の原則》　この原則は，地方分権のデメリットである地域間外部効果の抑制を要求するものです。地方税の文脈では，第3章第2節で学んだ租税輸出と租税競争の議論に直結しています。自主性の原則に関する垂直的外部効果の議論と同様に，課税自主権の副作用を抑えることを意図しています。

　　他地域への税負担転嫁である租税輸出は，公共サービス費用の過小評価を通じて過剰なサービス供給につながります。このため，「租税輸出をもたらす税

　　シャウプ勧告（第2章第1節を参照）では，地方税制について国との課税重複よりも，道府県と市町村の課税重複の回避に重点が置かれていました。行政責任明確化の原則の観点から，道府県と市町村はそれぞれ独立した税に完全なる責任を負うべきであるという考え方です。この考え方を「突き詰めすぎた」ためか，1950年にシャウプ勧告が提示した地方税制案はかなり偏ったものになっていました。

　　市町村は現在のように住民税と固定資産税を柱とする体系でしたが，勧告以前に道府県で実施されていた住民税は除外され，事業者への付加価値税（現在の事業税に相当：Column ❺-3を参照）と自動車税に加えて，遊興・宿泊施設の使用や展覧会入場を対象とする入場税や遊興飲食税が軸となっていました。行政責任明確化の原則と市町村優先の原則を徹底したものと考えられますが，道府県に住民への直接課税を認めないという歪なものでした。上記4税の税収が都市部に偏ることから，道府県税体系としての適格性に欠けるとの批判がありました。結局，1954年度の税制改正で道府県住民税が復活して，国・都道府県・市町村の3者が所得課税を行っています。この場合，理論的には第3章第2節で学んだ垂直的外部効果の問題に直面することになります。

（参考文献）　丸山高満（1985）『日本地方税制史』ぎょうせい。

は望ましくない」ということになります。地域間移動可能な企業や資本をめぐる租税競争については，誘致のための過剰な減税が行われれば，地域住民のために使われるべき財源は減少してしまいます。そのような非効率性を防止するために，「移動性の高い課税客体をできるだけ避ける」ことが理想的であるとされています。

3　主要な地方税と地方税原則

個人住民税

本章第1節で「住民税＝地方の所得課税」と説明しましたが，厳密には全住

均　等　割		所　得　割		利子割・配当割・株式譲渡所得割	
	標準税率(年額)		標　準　税　率		一　定　税　率
市町村民税	3,500 円	市町村民税	6%	道府県民税	5%
道府県民税	1,500 円	道府県民税	4%		

注)　1.　指定都市に住所がある人の場合，所得割の税率は道府県2%，市町村8%。
　　　2.　金融関係（利子割・配当割・株式譲渡所得割）は，一部を県から市町村に交付。

民に一定額を負担してもらう**均等割**も含まれています（ただし，所得100万円程度の住民は非課税）。また，所得課税も金融所得への課税（**利子割・配当割・株式譲渡所得割**）とそれ以外の所得への課税（**所得割**）に分けられています。表5.4は，これらの異なる課税形式の税率を示したものです。

　均等割は，負担分任の原則に対応するものと位置づけられます。所得割の標準税率は収入に関係なく10%（道府県4%，市町村6%）に設定されており，表5.3のような超過累進課税は適用されません。これは，地方税が応益性の原則に立脚していることを意味します。なお，所得割の税率構成は，指定都市か否かで異なります（表5.4の注1を参照）。指定都市は義務教育教員給与を支出しますが，それ以外の市町村については道府県が負担するためです。このため，指定都市に厚めに税源を割り当てています。

　税率構造のみならず，国の所得税と住民税所得割には異なる**所得控除**が適用されます。納税者の所得はそのすべてが課税の対象となるわけではなく，家族構成その他の条件に基づいて一定額の所得を課税対象から除外して，残った額を課税所得と認定して税率を適用します（図5.3を参照）。その根拠として，生活に最低限必要な所得は課税の対象とすべきではない，という考え方があります。たとえば，基礎控除と配偶者控除は，それぞれ納税者本人と配偶者のための所得控除であり，扶養控除は16歳以上の家族が対象です。

　図5.3に示されるように，所得控除は住民税所得割で相対的に低く設定されています。この違いについては，国の所得税の場合，低所得者への配慮から所得控除をあえて高めに設定しているという解釈が可能です。結果として，「これ以上の所得が課税対象となる」という目安である**課税最低限**は，国の所得税で高めになります。

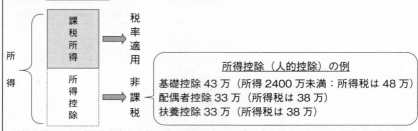

課税最低限の額（総務省令和 3 年度第 1 回個人住民税検討会資料より）：4 人家族（専業主婦，大学生，高校生）の場合，2022 年住民税（所得割）は，294.5 万円まで非課税；2021 年所得税は 354.5 万円まで非課税。

　そのほか，個人住民税の特徴として前年課税があります。所得税とは異なり，個人住民税所得割は所得を得てから 1 年後に納税します。その理由は，前年の所得税納税のデータを地方税の徴税事務にそのまま転用するためです。この制度により納税・徴税側双方の事務負担は軽減されますが，所得と納税との間にタイムラグが発生します。

法人住民税

　法人を対象とした住民税の基本的構造は，個人住民税と同様に，均等割と所得割に相当する法人税割から構成されています（表 5.5 参照）。

　均等割については，法人の**資本金**（ビジネス活動の元手で，経営者の自己資金や株主からの出資金などで構成）や従業員数に応じて異なる額が課せられます。法人には投票権はなく，負担分任の原則に関して述べた自治意識の向上とは直接関係ありませんが，道路，警察，消防などの地方公共財の受益者であることに変わりはありません。均等割は，公共サービスを利用するうえでの法人会費であると位置づけられます。

　法人税割は，法人所得（利潤）ではなく，国に納税する法人税額を課税標準とするものです。基本的に「法人税額＝利潤×法人税率」で計算されますから，実質的に利潤課税と見なすことができます。この方式は簡便ですが，その代償として，国が法人税制度の改正を行い，課税標準に認定される利潤の定義や税率を変えてしまうと，地方税収に直接影響が及ぶというデメリットもあります。

CHART 表5.5 法人住民税の概要

均等割（資本金・従業員数に応じて）		法 人 税 割	
	標 準 税 率		標 準 税 率
市町村民税	2万～80万円	市町村民税	1%
道府県民税	5万～300万円	道府県民税	6%

このため，自主性の原則には合致しない側面があります。実際，国が法人税率の切り下げを行う度に，地方財政計画（第1章第3節を参照）上で地方税減収への対策を迫られてきたという経緯があります。

　複数の地域にまたがって活動を行う場合，法人税割の税収は納税を行う地域（本社の所在地域）が独占するのではなく，法人が事務所などを配置している地方公共団体の間で分割されます。法人税割については従業員数が基準です。たとえば，ある法人がA，Bの2つの市にそれぞれ50％ずつの従業員を配置している場合，この法人の課税標準は両市に均等に分配されて，それぞれの税率が適用されます。このような分割は，応益性の原則の視点から理解することが可能です。従業員数が多いほどビジネス活動に関わる公共サービス受益の機会が多くなると解釈すれば，この数に応じた地域間税収分割は合理的です。

個人・法人事業税

　事業税は不動産を含む事業への課税を行うものですが，個人と法人で大きく制度が異なります（図5.4を参照）。個人の場合，課税標準は利潤であり，適用される税率（比例税率）は業種によって異なります。法人の場合，資本金が1億円超・以下で扱いが異なります。資本金1億円以下の場合，個人と同様に課税標準は利潤ですが，業種に関係なく同じ超過累進課税が適用されます（ただし，電力・ガス・保険は収入額に比例税率を適用）。しかし，前節で述べたように，この税率構造は，応益性の原則には本来合致しないものです。地方税理論の枠を越えた「中小規模の事業者への配慮」と見なすべきでしょう。

　法人で資本金1億円を超えると，利潤（所得割）に加えて付加価値と資本金が課税標準に参入されます。**付加価値**とはビジネス活動を通じて生み出される価値を指し，利潤・賃金・利子・地代などで構成されます。生み出された価値

個人事業税 ── 第1種（標準税率5%）：物品販売, 保険, 金銭貸付, 運送, 飲食店, 不動産貸付, 演劇・興業など

第2種（標準税率4%）：畜産, 水産, 炭薪製造

第3種（標準税率5%：医療関係などは3%）：医師・歯科医師, 薬剤師, 弁護士, 公認会計士, 理容・美容など

法人事業税 ── 資本金1億円以下：標準税率3.5%から7%の超過累進税率

課税所得 （利潤）	0～ 400万以下	400万超～ 800万以下	800万超
限界税率 （標準）	3.5%	5.3%	7%

資本金1億円超：標準税率＝所得割1%, 資本割0.5%, 付加価値割1.2%

注）電気・ガス・保険関係の法人は, 収入割を含む課税方式。

が労働者や資金および使用不動産の貸し手に分配されて, 残りが経営側の得る利潤となるというイメージです。

付加価値や資本を課税標準としたものを**外形標準課税**と呼びます。「外形」とは「利潤や所得ではない」ことを指しています。とくに付加価値は利潤よりもビジネス活動の規模を正確に反映するので, 公共サービスからの受益の尺度としてより望ましいと考えられます。利潤課税の場合には, ビジネスを大規模に展開して公共サービスから多くの受益を得ても, 赤字であればまったく課税されないことになってしまいます。これでは応益性の原則に反します。「赤字事業に税を課するのは酷だ」と思われるかもしれませんが, 地方税については受益に応じた負担を求めるのが基本です。市場で調達される原材料に対して対価を支払うのと同様に, 公共サービスへの対価を支払うのが応益性の原則の考え方であることを思い出してください。受益に応じた負担をすることで公共サービスの供給を支えるのが, 地方財政の基本的な考え方です。

法人事業税についても, 法人住民税と同様, 複数地域で事業を行う場合には課税標準を関係地方公共団体間で分割することになっています。製造業については基本的に従業員数に基づく分割ですが, 工場要員は人数を1.5倍換算して計算します。非製造業については, 課税標準の2分の1をそれぞれ事務所の数と従業員数で按分して団体間で分割することになっています。

　シャウプ勧告（第2章第1節を参照）に基づいて，事業税は付加価値税として1950年度に導入されました。勧告が行われた当時は，基本的に利潤への課税でした。勧告の背景として，シャウプ自身が付加価値税の専門家であったことが挙げられますが，事業活動における公共サービスの使用に対して負担を求めるという姿勢が明確にされていました。当時から公共サービス受益の尺度として付加価値の優位性が注目されており，「応益性の原則に即している」との肯定的な評価もありました。しかし，当時は付加価値税を実施している国はなく，この税への理解が税務当局と納税者の双方で深まらない状態でした。簡易な付加価値計算方式（加算法と呼ばれるもので，現行制度の基本）を認めるなどの制度改正も行われたのですが，「税務行政上の混乱を来しかねない」との指摘や「赤字法人には酷すぎる」などの批判を受けて実施延期となり，ついには一度も実施されないままに1954年度に廃止されました。そして，利潤課税を基本とする事業税が再びスタートしたのです（電気・ガス業界は例外として収入金への課税）。

　利潤課税として再出発した事業税は，学界や国の税制調査会から「応益課税としては不十分」や「法人住民税と重複」との批判を受けてきました。前者の議論は「赤字法人であっても受益するなら負担すべき」という考え方に基づいており，利潤以外の外形標準の導入を主張するものでした。シャウプ勧告直後の議論が逆転した状態です。その後も議論が重ねられ，2004年度から，ついに付加価値割を含む外形標準課税が導入されました。50年もの歳月を経て，本来あるべき姿を取り戻したのです。

　もともと，事業税は明治時代に創設された営業税に端を発するものですが，国税に移されたり地方税とされたり，そして売上，資本金，給与総額などの外形標準課税が行われていた時期もあったりと，戦前においても波瀾万丈な運命を歩んでいます。

　（参考文献）　丸山高満（1985）『日本地方税制史』ぎょうせい。

地方消費税

　国の**消費税**は，それまで一部の商品（貴金属，宝石，自動車，スポーツ用品，カメラ，化粧品など）に課せられていた消費課税（物品税）を統合して，幅広く消費一般に課税するものとして1989年度に導入された税です。1997年度から都

CHART 図 5.5 地方消費税の概要

地方消費税 ┤ 一定税率（消費税率換算）
10％のうち 2.2％
8％のうち 1.76％

→ ○清算基準：税収の 2 分の 1 ずつを
・小売・サービス消費支出シェア
・人口シェア
に応じて都道府県に分配

○清算後の税収の 2 分の 1 は，人口と従業員の
シェアに応じて市町村に分配

道府県税として**地方消費税**が実施されています。

地方消費税については，「国税 10％（8％）対象の場合には地方分の税率 2.2％（1.76％）が含まれる」と理解されることも多いようですが，制度としては国に支払う消費税額を課税標準としています。この仕組みは法人住民税の法人税割と同様です。しかし，地方税法上の一定税率（表 5.2 を参照）指定であるため，地方公共団体が裁量的に税率を変えることはできません。

国の消費税は，最終的に税を負担する消費者から事業者が預かって納税します。このため，複数地域でビジネス活動を行う事業者については，納税地域（本社所在）と消費が実際に行われる地域とが一致するとは限りません。国に払い込まれた地方消費税を地方公共団体に配分する際に，地域の消費額と整合性を保つ目的で，人口と消費支出額に基づく**清算基準**が設けられています（図 5.5 を参照）。この制度は法人住民税・事業税の分割基準に準ずるものです。

地方消費税は，景気変動の影響を受けやすい所得や利潤に対する税に比べて，安定性の原則に適合するとの評価が一般的です。景気が悪くなっても生活水準を急激に変えることは困難なので，消費の変動は所得・利潤の変動よりも緩やかになる傾向にあります。他方で，地方側ではいっさい操作できない一定税率であるため自主性の原則に合致しませんが，そのため分権的な税率決定がもたらす地域間外部効果の懸念はありません。

なお，地方消費税は道府県税なのですが，図 5.5 に示されているように，市町村にも税収が分配される仕組みになっています。具体的には，税収の 50％は市町村への交付金とされています。交付すべき税収の半分ずつを，それぞれ各市町村の人口と従業者数に按分して分配することになっています。

固定資産税
（標準税率：資産価格の 1.4%）

土地・家屋
3 年ごと評価
宅地：公示地価の 70% 基準
（面積に応じた 3 分の 1，6 分の 1 特例あり）

償却資産
毎年評価
例：製造設備などの機械，医療機器，
建物付属設備，飛行機，漁船，大型
特殊自動車，パソコン，エアコン

固定資産税

　土地・家屋・償却資産を課税標準とする**固定資産税**については，これらの資産価値を評価する基準が定められています（図5.6参照）。たとえば，土地評価は**公示地価**の 70% が基準です。この地価は国土交通省が公示するもので，全国で 2 万 6000 地点を標準地と定めて価格を算定しています。一般の土地取引や公共部門の用地取得費用の基準とされています。他方，住宅用地の評価には租税負担軽減措置が適用され，200㎡超（以下）の部分の課税標準は評価額の 3 分の 1（6 分の 1）とすることになっています。

　家屋は，評価時点での同等建物の新築相当価格から経年劣化を考慮した価値で評価されます。家屋の固定資産税上の評価額は基本的に 3 年ごとに更新されます。なお，都市計画法に定められた市街化区域内の土地・家屋については，固定資産税と併せて**都市計画税**も課されます。償却資産については毎年評価が更新され，購入時の価格から使用に応じた資産の減価分だけ評価額が下落します。

　固定資産税については，とくに土地課税の部分が応益性の原則に即していると考えられます。まさに「固定」されて移動できない土地は，その価値が所在地の状況に左右されます。つまり，所在地で利用可能な公共サービスが充実していれば地価に反映されるでしょう。これは，第 3 章第 1 節でティブーの理論に関して学んだ**政策効果の資本化**と同じ議論です。このため，公共サービスからの受益に対して負担を求める際に，土地の価値を受益の尺度として課税を行うことは合理的であると考えられます。

┌───┐
│ **Column ❺-4　固定資産税と「負動産」**
│
│　　近年，負動産の問題がマスコミなどで取り上げられています。一般に負動産
│とは，所有していると，かえって損をする不動産です。地方の住宅・商業施
│設・山林・農地などについては，課税上の評価額が市場評価で実勢と思われる
│価格よりも高く，不動産所有者に過大な税負担を強いているケースがあります。
│いわゆる「田舎」でみられる現象ですが，人口減少や経済停滞に伴う地価下落
│に評価が追い付いていないことが原因と考えられます。「価値もない負動産な
│のに，税を払うのか」という不満が溜まるのも無理はありません。
│　　非都市圏のみならず，都市圏でも負動産問題は存在します。たとえば両親が
│亡くなって実家が空き家になってしまった場合，相続して所有者になると住ん
│でもいないにもかかわらず固定資産税を負担しなければなりません。また，管
│理が行き届かず，結果として倒壊の危険や衛生・景観上の問題が生じた場合に
│は，「特定空き家」に認定されて 200㎡以下の住宅用地に対する固定資産税負
│担軽減措置の適用対象外となり，税負担が激増する可能性があります。売却困
│難な空き家（近隣の利便性が低い物件や，土地区画が歪な一軒家，老朽化した
│分譲マンションなど）を所有する人には頭の痛い問題です。
└───┘

地方税原則と地方税制度に関するトピック

　これまで主な地方税の枠組みを概観しつつ，地方税原則との兼ね合いについても学んできました。以下では，地方税原則と地方税制度に関するトピックを3つ紹介することにします。

《地方法人2税の問題点》　法人住民税と法人事業税は，**地方法人2税**と呼ばれています。これらの税には，普遍性の原則との相性が悪いという共通の特徴があります。事業活動は都市圏に集中する傾向があり，地域間の税収格差の原因となっています。図5.7は，全国平均を100として，地方税全体，個人住民税，地方法人2税，地方消費税の1人当たり税収の分布を都道府県単位で示したものです。地方消費税は清算基準の設定を通じてかなり均一化されていますが，地方法人2税ではとくに大都市圏への集中が目立ちます。この状況を踏まえて，地方法人2税の一部を国税に切り替え，地方への一般補助金の財源とする措置が実施されています（第7章第2節・第4節を参照）。

また，利潤課税の部分については，景気悪化時に税収が大きく下落するため，安定性の原則の観点から問題視されることがあります。とくに都道府県は地方法人２税への依存度が高いので，税収が景気状況に大きく左右されることになります。実際，2008年のリーマン・ショックを受けて，地方法人２税の税収は半減（2008年度8.4兆円→2009年度4.1兆円）してしまいました。他方で，個人住民税（2009年度12.4兆円→2010年度11.5兆円：前年課税のため１年遅れて影響を受けることに注意），固定資産税（2008，2009年度いずれも2.8兆円）や地方消費税（2008年度2.5兆円→2009年度2.4兆円）は大きな影響を免れています。

《地域性の原則と課税自主権》　前節でも触れましたが，地域性の原則については，第３章で説明した「地方分権のメリットとデメリットのせめぎ合い」に注意する必要があります。この点に関連して，本章第１節で取り上げた課税自主権が問題となります。課税自主権の意義は，住民の公共サービスへのニーズの変化に対応するために，税収調整を自由に行うことです。しかし，制度運営の実態は本来の意義から乖離しているとの批判があります。

　図5.2をみると，住民税の超過課税に伴う税負担が法人に偏っているのは明らかです。本章第１節で，不均一課税・課税減免に関して，超過課税が大企業に偏っていると指摘しました。複数の地域でビジネスを展開する大企業への狙い撃ちについては，「他地域への負担転嫁を意図した租税輸出ではないか」という批判があります。また，地域内に投資する企業への課税減免についても，「租税競争に陥っているのではないか」という批判があります。課税自主権に関わる制度運用が，法人あるいは一般にビジネス関係の課税に偏っていることが根本的な問題なのかもしれません。課税自主権の意義を再認識する必要があるでしょう。

《ふるさと納税と地方税原則》　ふるさと納税は，本来，居住地に納めるべき個人住民税所得割の税を，他の地方公共団体に寄付できる制度です。所得割税額の20％を上限に，2000円を超える寄付額を居住地への納税額から減免するとともに，国の所得税における所得控除（本節の個人住民税の説明を参照）の対象とします。寄付をする際に，ほとんどの地方公共団体が使途の分野や事業（福祉，教育，観光，産業振興，災害支援など）を指定できるオプションを付けています。

　この制度は地域間格差の縮小と地域振興を意図したものです。寄付に伴う返

地 方 税 計		個人住民税	
最大/最小：2.2倍		**最大/最小：2.5倍**	

地方税計		個人住民税	
北海道	86.3	北海道	80.8
青森県	73.5	青森県	66.1
岩手県	79.2	岩手県	72.4
宮城県	94.1	宮城県	87.0
秋田県	73.0	秋田県	65.0
山形県	79.2	山形県	72.6
福島県	92.7	福島県	78.8
茨城県	93.7	茨城県	89.7
栃木県	96.4	栃木県	89.9
群馬県	93.7	群馬県	86.6
埼玉県	89.7	埼玉県	103.9
千葉県	93.4	千葉県	107.9
東京都	159.7	東京都	162.4
神奈川県	103.9	神奈川県	124.2
新潟県	87.8	新潟県	77.0
富山県	95.3	富山県	89.0
石川県	95.2	石川県	90.1
福井県	98.5	福井県	89.0
山梨県	90.2	山梨県	85.7
長野県	87.5	長野県	83.2
岐阜県	89.7	岐阜県	87.4
静岡県	100.5	静岡県	95.6
愛知県	114.7	愛知県	112.4
三重県	97.9	三重県	91.1
滋賀県	92.3	滋賀県	91.5
京都府	94.8	京都府	93.9
大阪府	103.1	大阪府	95.4
兵庫県	93.7	兵庫県	97.7
奈良県	75.9	奈良県	87.9
和歌山県	79.2	和歌山県	74.2
鳥取県	73.9	鳥取県	70.1
島根県	77.5	島根県	73.6
岡山県	90.2	岡山県	82.4
広島県	94.8	広島県	92.7
山口県	85.9	山口県	80.3
徳島県	82.7	徳島県	75.6
香川県	87.2	香川県	82.3
愛媛県	81.0	愛媛県	73.3
高知県	73.2	高知県	71.2
福岡県	89.4	福岡県	85.1
佐賀県	79.1	佐賀県	71.5
長崎県	72.2	長崎県	69.5
熊本県	76.6	熊本県	71.4
大分県	80.3	大分県	71.7
宮崎県	74.4	宮崎県	66.2
鹿児島県	74.1	鹿児島県	66.0
沖縄県	74.2	沖縄県	69.5
全国平均	100.0	全国平均	100.0

総額 40.0 兆円　　　　　　　　総額 13.0 兆円

出所) 総務省ホームページ。

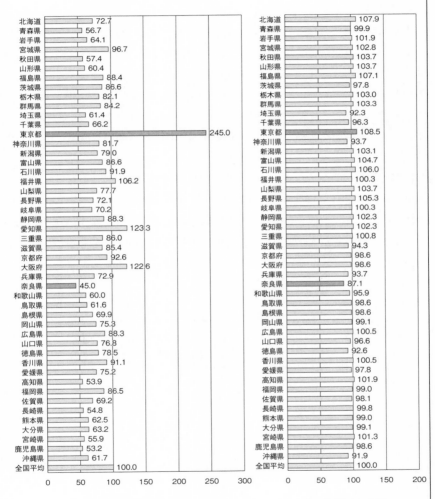

地方法人２税

最大／最小：5.4 倍

北海道	72.7
青森県	56.7
岩手県	64.1
宮城県	96.7
秋田県	57.4
山形県	60.4
福島県	88.4
茨城県	86.6
栃木県	82.1
群馬県	84.2
埼玉県	61.4
千葉県	66.2
東京都	245.0
神奈川県	81.7
新潟県	79.0
富山県	86.6
石川県	91.9
福井県	106.2
山梨県	77.7
長野県	72.1
岐阜県	70.2
静岡県	88.3
愛知県	123.3
三重県	86.0
滋賀県	85.4
京都府	92.6
大阪府	122.6
兵庫県	72.9
奈良県	45.0
和歌山県	60.0
鳥取県	61.6
島根県	69.9
岡山県	75.3
広島県	88.3
山口県	76.8
徳島県	78.5
香川県	91.1
愛媛県	75.2
高知県	53.9
福岡県	86.5
佐賀県	69.2
長崎県	54.8
熊本県	62.5
大分県	63.2
宮崎県	55.9
鹿児島県	53.2
沖縄県	61.7
全国平均	100.0

総額 5.7 兆円

地方消費税（清算後）

最大／最小：1.2 倍

北海道	107.9
青森県	99.9
岩手県	101.9
宮城県	102.8
秋田県	103.7
山形県	103.7
福島県	107.1
茨城県	97.8
栃木県	103.0
群馬県	103.3
埼玉県	92.3
千葉県	96.3
東京都	108.5
神奈川県	93.7
新潟県	103.1
富山県	104.7
石川県	106.0
福井県	100.3
山梨県	103.7
長野県	105.3
岐阜県	100.3
静岡県	102.3
愛知県	102.3
三重県	100.8
滋賀県	94.3
京都府	98.6
大阪府	98.6
兵庫県	93.7
奈良県	87.1
和歌山県	95.9
鳥取県	98.6
島根県	98.6
岡山県	99.1
広島県	100.5
山口県	96.6
徳島県	92.6
香川県	100.5
愛媛県	97.8
高知県	101.9
福岡県	99.0
佐賀県	98.1
長崎県	99.8
熊本県	99.0
大分県	99.1
宮崎県	101.3
鹿児島県	98.6
沖縄県	91.9
全国平均	100.0

総額 5.4 兆円

礼品に話題が集まり，2008年度開始当初の5.4万件81.4億円から，20年度には4495.3万件8533.4億円にまで膨れ上がっています。その地域間再分配効果については第7章（同章 Column ❼–2 を参照）で紹介することとして，本章では地方税原則との兼ね合いに触れておきましょう。

　まず問題となるのは，応益性の原則との整合性です。地方税は公共サービスの受益に対する負担ですから，サービスを供給する地方公共団体に納めるのが筋です。住民税を居住地でサービスを受けることへの対価と見なす場合には，納税者の裁量で他地域に納税先を移す理論的根拠はありません（居住地への納税を前提として，さらに他地域を支援したいというのであれば問題はありませんが）。また，何かと話題を集めている返礼品競争を「租税競争の一形態」と見なせば，地域性の原則の視点からの批判も免れません。実際，過剰な返礼品をルアーとした寄付誘致が問題となり，「返礼品の額は寄付額の30％まで」や「返礼品は地場産品に限定」などの規制を導入せざるをえなくなりました。

　住民に納税先の地域を自由に選択させるという発想は興味深いものかもしれませんが，地方税が本来果たすべき役割との整合性について，改めて慎重な検討が求められるでしょう。

注 ——————————
　1　例として，東京都豊島区が実施している狭小住戸集合住宅税があります（図5.2を参照）。この税は，ワンルーム・マンションの抑制を目的として，その建設に際して課税するものです。単身者に人口構成が偏るのを防ぐ目的で実施されています。
　2　公共財や価値財については，市場の失敗が発生するので，「市場での供給は望ましくない」ということを思い出してください。

□1 わが国では，所得・消費・資産に幅広く地方税が課せられています。地方税法によって，課税客体・課税標準・税率の大枠が定められています。しかし，法定外税の導入範囲の拡大や制限税率の緩和・撤廃などを通じて，地方側の課税自主権を強化する努力が行われています。

□2 地方財政と国家財政の役割の違いから，地方税と国税に求められる機能は異なります。地方税原則は，受益に応じた負担を求める応益性の原則や，地方歳出の硬直性に配慮した安定性の原則など，国税を意識した租税原則とは異なる内容になっています。

□3 地方税制度には，地方税原則に沿ったものとはいえないものも含まれています。現行制度の枠内で課税自主権拡充を進める際には，とくに地域間格差の問題や地方分権のデメリットとの兼ね合いを慎重に検討する必要があるでしょう。

CHAPTER

第6章

国庫支出金の制度と理論

国からのひもつき補助金は悪いもの？

INTRODUCTION

　国庫支出金は，使途が限定されている国から地方への補助金です。国庫支出金は，国からの「ひもつき補助金」と呼ばれ，国が地方公共団体を操るための補助金であるというイメージがあります。しかし，国庫支出金には重要な役割があります。本章では，国庫支出金の種類，役割，問題点について理解してください。

　第1節では，国庫支出金制度についてみていきます。補助金の分類方法，国庫支出金の種類，国庫支出金の現状について説明します。

　第2節では，特定補助金の役割について理論的に考えます。地方公共団体によって供給される地方公共財が他地域に便益漏出する場合，特定補助金が重要な役割を果たします。特定補助金と一般補助金が与える経済効果の違いについてみていきます。

　第3節では，国庫支出金の問題点や交付金化について取り上げます。国庫支出金が地方公共団体の自主的運営を阻害していることや，十分な補助金を受け取れず地方公共団体が大きな負担を負っているなど，問題が生じています。そのため，地方公共団体にとって使い勝手がよくなるような取り組みが行われていることを理解してください。

1 国庫支出金制度

┃ 財政移転の分類 ┃

　第1章でみたように，国から地方への財政移転には，国庫支出金と地方交付税があります。本章で取り上げる**国庫支出金**は，特定の行政目的を達成するために，当該事業に要する経費に充てることを条件として，国から地方へ交付される補助金です。言い方を変えると，国庫支出金は使途が限定されている国からの補助金になります（「ひもつき補助金」ともいわれます）。一方，次章で取り上げる地方交付税は，地方公共団体間の収入格差をなくすため，あるいは財源不足を補うために，国から交付されるものであり，使途が限定されていません。

　政府間の財政移転は，大きく分けて一般補助金と特定補助金に分類されます（第1章第1節を参照）。**一般補助金**は地方公共団体にとって使途に制限がない補助金，**特定補助金**は使途に制限がある補助金を意味します。また，補助金の交付額が地方公共団体の歳出額に関係するかどうかによっても分類されます。国から地方に補助金が給付される際に，地方公共団体の経費に対して一定割合が補助されるものを**定率補助金**，経費とは無関係に一定額が補助されるものを**定額補助金**と呼びます。以上の分類より，国庫支出金はそのほとんどが特定・定率補助金で，地方交付税は一般・定額補助金に分類されます。

　そのほか，交付の根拠が法律・法令で義務付けられているかどうかによる分類もあります。国からの補助金が法律で義務化されているものを**法律補助**と呼び，法律で義務化されておらず国が裁量的に予算措置するものを**予算補助**と呼びます。国庫支出金における法律補助は，国と地方の負担割合などについて法令により明確に規定されています。後で説明するように，国庫負担金や国庫委託金は法律補助にあたり，国庫補助金は予算補助にあたると考えてよいでしょう。

国庫支出金の交付経路

　国庫支出金の交付経路は，2種類あります。国が補助事業を実施する都道府県や市町村に資金を直接的に交付する**直接補助**と，実施する市町村に対して都道府県を経由して間接的に交付する**間接補助**です。また，都道府県が市町村に交付する**都道府県支出金**には，こうした間接補助としての国庫支出金以外に，都道府県が自らの施策として直接的に（単独で）交付する支出金も含まれています。

国庫支出金の種類

　国庫支出金は，国庫負担金，国庫委託金，国庫補助金から構成されています。以下では，これら3つの違いについて説明します。

《**国庫負担金**》　まず，国庫負担金についてみていきましょう。**国庫負担金**は，地方公共団体の事務であるけれども，国にも財源負担する義務があると考えられる経費に対して交付されるものです。国は，全国民に対して最低限の生存権を保障するという考えである**ナショナル・ミニマム**を満たすために，義務教育や生活保護などの公共サービスに関して，全国的に均一的な水準を確保する必要があります（第1章第2節および第3節を参照）。また，国は道路，河川などの重要な社会基盤の整備についても，国全体を考えながら計画的に整備する必要があります。そのため，地方公共団体が実施する事業などに対して，国庫負担金を交付しています。

　具体的に，以下のような国庫負担金があります。

（1）　経常経費にかかる国庫負担金

　地方公共団体が法令に基づいて実施しなければならない事務であって，国と地方公共団体相互の利害に関係があるものに要する経費を，国が負担する国庫負担金です（地方財政法10条）。この負担金の根底には，全国的に一定水準を確保すべき事業などについては，国が責任をもって経費負担すべきであるという考えがあるといえます。たとえば，義務教育職員の給与，生活保護に要する経費，感染症の予防に要する経費，身体障害者・知的障害者の援助に要する経費，児童手当に要する経費などが挙げられます。

(2)　建設事業費にかかる国庫負担金

　国によって総合的に策定された計画に従って実施される建設事業に対する国
庫負担金です（地方財政法10条の2）。例として，道路，河川，砂防，海岸，港
湾などに要する経費などがあります。

(3)　災害復旧事業にかかる国庫負担金

　台風や地震などの大きな災害が起こったときに要する経費に対する国庫負担
金です（地方財政法10条の3）。地方税や地方交付税では，その財源を賄うこと
が困難な経費に対して交付されます。

　国庫負担金は，法令上，国・地方の負担割合，対象経費，算定基準が定めら
れています。国の負担率の例として，義務教育費国庫負担金では3分の1，生
活保護費負担金では4分の3，災害救助事業費国庫負担金では約10分の8な
どとなっています。なお，国庫負担金の対象経費のうち地方分の負担について
は，地方交付税の算定に用いられる基準財政需要額に算入される形で，財源保
障が行われています（基準財政需要額については第7章第3節を参照）。

《国庫委託金》　国庫委託金は，本来国が行うべき事務であるが，能率の観点か
ら地方に委託された事務に要する経費に対して交付されるものです（地方財政
法10条の4）。たとえば，国会議員の選挙，国勢調査などは本来，国の事務で
すが，地方公共団体に依頼して，手続きや実施をしてもらった方が事務の能率
化や国民の利便性を図れます。このような地方に依頼した事務に要する経費は
国が全額負担し，地方の自己負担が発生しないようにしています。なお，国が
本来果たすべき役割にかかる法定受託事務（第1章第2節や第4節を参照）に要
する経費すべてが，国庫委託金として適用されるわけではないことに注意して
ください。

《国庫補助金》　国庫補助金は，国が必要に応じて地方公共団体に対して任意に
交付する補助金です（地方財政法16条）。国庫負担金や国庫委託金とは異なり，
厳格なルールは存在せず，国が自由に地方公共団体に交付する国庫支出金であ
るといえます。

　国庫補助金には奨励的補助金と財政援助的補助金があります。**奨励的補助金**
は，国が地方公共団体に対してある事業を奨励するために交付されるものです。
一方，**財政援助的補助金**は，特定の経費について財政負担の軽減を図る目的で

交付されます。国庫補助金の対象経費として，私立高等学校等経常費助成費補助金，国有提供施設等所在市町村助成交付金，交通安全対策特別交付金，電源立地地域対策交付金などがあります[1]。

国庫支出金の現状

国庫支出金の現状を，2019年度のデータを使ってみていきましょう。2019年度決算における国庫支出金の総額は，約15兆8344億円で，地方歳入総額のうち15.3%を占める割合となっています（表6.1を参照）。そのうち生活保護費負担金が2兆7379億円で国庫支出金総額の最も大きな割合である17.3%，普通建設事業費支出金が1兆9271億円で12.2%，社会資本整備総合交付金が1兆7735億円で11.2%，義務教育費負担金が1兆5300億円で9.7%と大きな比率を示しています。これら4項目で国庫支出金総額の50%を超えています。

都道府県では，義務教育補助負担金が1兆2567億円で21.1%，普通建設事業費支出金が1兆2231億円で20.5%，社会資本整備総合交付金が1兆398億円で17.5%を占め，これら3項目の合計で約6割となっています。市町村に目を向けると，生活保護費負担金が2兆6013億円で26.3%，児童手当等交付金が1兆3141億円で13.3%，障害者自立支援給付費等負担金が1兆3057億円で13.2%，児童保護費負担金が1兆2354億円で12.5%と，これら4項目で6割を超える割合を占めています。

以上のように，都道府県には公共事業にかかる補助金が多く交付されている一方，市町村では社会保障にかかる補助金が多く交付されています。第1章第2節でも説明したように，都道府県と市町村では事務・事業の担当領域が異なります。そのことにより，国庫支出金の対象項目割合に大きな違いが生じているのです。

なお，市町村が都道府県から交付を受ける都道府県支出金の決算額は，4兆1659億円で，市町村歳入総額の6.8%となっています。都道府県支出金の内訳をみると，国庫財源を伴うものが2兆6150億円で都道府県支出金総額の62.8%，都道府県費のみのものが1兆5509億円で37.2%となっています。

次に，国庫支出金がどのような目的に対して支給されているかをみましょう。図6.1は，国の2022年度予算における地方公共団体向け補助金等の全体像を

（単位：百万円・%）

区　　分	2019 年度					
	都 道 府 県		市 町 村		純 計 額	
義務教育費負担金	1,256,722	21.1	273,242	2.8	1,529,964	9.7
生活保護費負担金	136,586	2.3	2,601,269	26.3	2,737,855	17.3
児童保護費等負担金	114,360	1.9	1,235,390	12.5	1,349,750	8.5
障害者自立支援給付費等負担金	77,434	1.3	1,305,712	13.2	1,383,146	8.7
私立高等学校等経常費助成費補助金	96,693	1.6	－	－	96,693	0.6
児童手当等交付金	－	－	1,314,145	13.3	1,314,145	8.3
公立高等学校授業料不徴収交付金	28	0.0	3	0.0	32	0.0
高等学校等就学支援金交付金	348,005	5.8	－	－	348,005	2.2
普通建設事業費支出金	1,223,108	20.5	703,988	7.1	1,927,096	12.2
災害復旧事業費支出金	383,287	6.4	170,724	1.7	554,012	3.5
失業対策事業費支出金	－	－	25	0.0	25	0.0
委 託 金	128,641	2.2	88,458	0.9	217,100	1.4
普通建設事業	6,224	0.1	4,217	0.0	10,441	0.1
災害復旧事業	92	0.0	2,202	0.0	2,295	0.0
そ の 他	122,325	2.1	82,039	0.9	204,364	1.3
財政補給金	817	0.0	3,982	0.0	4,799	0.0
国有提供施設等所在市町村助成交付金	34	0.0	36,506	0.4	36,540	0.2
交通安全対策特別交付金	28,245	0.5	20,703	0.2	48,948	0.3
電源立地地域対策交付金	86,197	1.4	29,363	0.3	115,560	0.7
特定防衛施設周辺整備調整交付金	－	－	21,054	0.2	21,054	0.1
石油貯蔵施設立地対策等交付金	5,052	0.1	－	－	5,052	0.0
社会資本整備総合交付金	1,039,785	17.5	733,670	7.4	1,773,455	11.2
地方創生関係交付金	36,749	0.6	44,203	0.4	80,952	0.5
東日本大震災復興交付金	26,897	0.5	72,630	0.7	99,527	0.6
そ の 他	964,789	16.3	1,225,884	12.5	2,190,670	14.0
合　　　計	5,953,429	100.0	9,880,951	100.0	15,834,380	100.0

出所）　総務省「令和 3 年版地方財政白書」より作成。

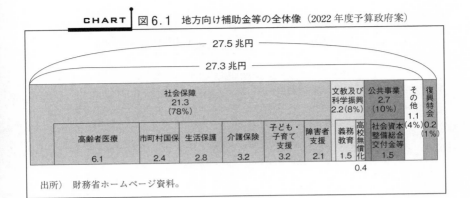

CHART 図6.1 地方向け補助金等の全体像（2022年度予算政府案）

							文教及び科学振興 2.2(8%)		公共事業 2.7 (10%)	その他 1.1 (4%)	復興特会 0.2 (1%)
社会保障 21.3 (78%)											
高齢者医療	市町村国保	生活保護	介護保険	子ども・子育て支援	障害者支援	義務教育	高校無償化	社会資本整備総合交付金等			
6.1	2.4	2.8	3.2	3.2	2.1	1.5	0.4	1.5			

27.5兆円
27.3兆円

出所）財務省ホームページ資料。

表しています。総額は 27.5 兆円であり，少子高齢化の影響により社会保障関係費は増加傾向となっており，78％を占めるまでになっています。この社会保障関係費に文教及び科学振興関係費を加えると 86％を占めることになります。わが国の現状を考えると，社会保障費や義務教育費（公立小中学校の先生の給与費）の削減が難しく，国庫負担金は国・地方の負担割合が決まっていますので，国庫負担金を削減することは容易ではないといえます。

 特定補助金の理論

直観的な説明

　特定補助金は，地方分権のデメリットである地域間外部効果に対処する政策ツールの 1 つとして考えられています（第 3 章第 3 節）。そこで本節では，便益漏出の例を用いて，地域間外部効果への具体的な対処方法を考えていきましょう。以下では，議論を単純化するため，2 つの地域（A，B）が存在し，地域 A の地方公共団体（以下，「公共団体 A」と呼ぶ）が地方公共財を供給する状況を考えます。

　地方分権のもとで，地方公共団体は基本的に自地域の住民のために地方公共財の供給を行います。そのため，公共団体 A が供給する地方公共財が，自地域（地域 A）の住民のみに便益が及ぶような地方公共財であれば，第 2 章第 3

Column ❻-1　新型コロナウイルスが国庫支出金に与えた影響

　2020 年度決算における国庫支出金の合計額は，37 兆 4557 億円で，2019 年度に比べて 136.5％も増加しました。その内訳をみると，新型コロナウイルスに関連する補助金が大きな割合を占めています。とくに，特別定額給付金給付事業費補助金等が最も大きな割合（34.1％）を占め，そのほか，新型コロナウイルス感染症対応地方創生臨時交付金（8.7％），新型コロナウイルス感染症緊急包括支援交付金（8.1％），その他新型コロナウイルス感染症対策関係国庫支出金（4.9％）を含めると，新型コロナウイルス感染症対策関連の国庫支出金の合計は 20 兆 8573 億円となります。この額は，2020 年度国庫支出金総額の 55.7％を占めています。以上の数字から，国が地方にコロナ対策としていかに多くの国庫支出金を給付していたかがわかります。

表 6.2　国庫支出金の状況（2020 年度）

（単位：億円，％）

区　分	2020 年度						2019 年度		比　較	
	都道府県		市町村		純計額		純計額		増減額	増減率
義務教育費負担金	12,369	10.0	2,750	1.1	15,119	4.0	15,300	9.7	△ 181	△ 1.2
生活保護費負担金	1,333	1.1	25,815	10.3	27,148	7.2	27,379	17.3	△ 230	△ 0.8
児童保護費等負担金	1,166	0.9	14,719	5.9	15,885	4.2	13,498	8.5	2,387	17.7
障害者自立支援給付費等負担金	796	0.6	13,696	5.5	14,492	3.9	13,831	8.7	661	4.8
児童手当等交付金	－	－	12,889	5.1	12,889	3.4	13,141	8.3	△ 252	△ 1.9
普通建設事業費支出金	14,139	11.4	7,885	3.1	22,024	5.9	19,271	12.2	2,753	14.3
社会資本整備総合交付金	11,150	9.0	7,167	2.9	18,317	4.9	17,735	11.2	583	3.3
新型コロナウイルス感染症対応地方創生臨時交付金	18,359	14.8	14,216	5.7	32,575	8.7	－	－	32,575	皆増
新型コロナウイルス感染症緊急包括支援交付金	30,211	24.4	－	－	30,211	8.1	－	－	30,211	皆増
特別定額給付金給付事業費補助金等	－	－	127,560	50.9	127,560	34.1	－	－	127,560	皆増
その他新型コロナウイルス感染症対策関係国庫支出金	12,538	10.1	5,690	2.3	18,227	4.9	－	－	18,227	皆増
その他	21,740	17.7	18,369	7.2	40,109	10.7	38,190	24.1	1,920	5.0
合　計	123,801	100.0	250,756	100.0	374,557	100.0	158,344	100.0	216,213	136.5

　注）　交通安全対策特別交付金および国有提供施設等所在市町村助成交付金を含む。
　出所）　総務省「令和 4 年版地方財政白書」。

節で解説した**分権化定理**にみられるように，地方公共団体は純便益が最大となる効率的な地方公共財の供給を行うことができます。

　このことを明らかにするために，第 3 章第 2 節で説明した考え方を用いて，

地方分権のもとで行われる個別地域の政策行動と国全体の視点から望ましい政策行動を，簡単に比較しておきましょう。

(1) 地方分権的決定——「地元便益－地元費用」の最大化
(2) 効率的決定——「地元便益＋他地域便益－地元費用－他地域費用」の最大化

公共団体Aが自地域の住民にのみ便益が及ぶ地方公共財を供給する場合であれば，(2)式において「他地域便益＝他地域費用＝ゼロ」になりますので，(1)式でも(2)式でも同じ政策行動になります。

しかし，第3章第2節でも紹介したように，地域間において地方公共財の便益漏出が発生する場合があります。地方公共財の**便益漏出**とは，ある地域における地方公共財の供給が他地域の住民に便益をもたらす状況であることを思い出してください。このような便益漏出を伴う地方公共財を供給する場合でも，地方公共団体は自地域の住民への便益のみを考えて地方公共財の供給を行います。すなわち，(1)式のように，公共団体Aは地方公共財の供給が地域Bの住民に便益を生み出していることを考えることなく，地方公共財の供給を行うことになります。それに対して，国全体からすると，地域Bへの便益も考えて地方公共財の供給を行う必要があり，国全体の視点からみた効率的決定の式は次のようになります。

(3) 効率的決定——「地元便益＋他地域便益－地元費用」の最大化

地方公共財が他地域に便益漏出する場合，(1)式と(3)式は同じになりません。
地方分権的決定のもとでは他地域Bの便益を考慮しないので，公共団体Aは自らの地方公共財が生み出す便益を部分的に無視して地方公共財の供給水準を選択します。便益が過小評価されているため，「地域Bの住民の便益を考えると，供給を増やすべきでは？」という状態であるといえます。このようにして，便益漏出をもたらす地方公共財の供給は，効率的水準よりも少なく（過少供給に）なってしまいます。

《特定補助金を使用する場合》　この問題に対処するために，特定補助金を使用する方法があります。他地域に便益漏出をもたらす地方公共財に対して補助金を与えることで，地方公共財の供給に要する費用を減少させることができます。その結果，地方公共団体は地方公共財の供給を増加させるようになり，過少供給の問題が解決できるようになります。つまり，特定補助金を適切に設定し，他地域の住民が享受する便益を地方公共団体の意思決定に組み込ませる（**内部化する**）ことで，国全体として望ましい地方公共財の供給を達成させることができるのです。第3章第3節で説明したように，地域の政策がプラスの地域間外部効果をもたらしているので，「報奨」として補助金を使って，地方公共財を供給するインセンティブを与えていると考えるとわかりやすいでしょう。

　数式を用いてもう少し説明すると，以下のように考えることができます。地方分権のもとで特定補助金を用いると，(1)式は以下のように変化します。

(4)　特定補助金を用いた地方分権的決定——「地元便益 − 地元費用 + 特定補助金額」の最大化

この(4)式を(3)式と同じものにすることができれば，便益漏出の内部化をすることができます。そのためには，「特定補助金額 = 他地域便益」となるように，特定補助金を設定すればよいといえます。

《一般補助金を使用する場合》　それでは，もう1つの補助金である一般補助金を用いて国全体にとって望ましい地方公共財の供給を達成させることはできないのでしょうか。一般補助金はすでに説明したように，地方公共団体にとってどのようなものにでも使用できる補助金です。仮に地方公共団体が一般補助金を受け取ったとしても，自地域の住民のことだけを考えている状況であれば，費用対効果を考えると，自地域にとって望ましい地方公共財水準以上を供給することはせず，他のものにお金を使ってしまうでしょう。

　以上のように，他地域の住民に便益が漏出する地方公共財については，特定補助金である国庫支出金を活用することは有益であると考えられます。「ひもつき補助金」と呼ばれている国庫支出金は，悪い補助金であるイメージがありますが，地方分権のデメリットである地域間外部効果に伴う非効率性（第3章

第2節を参照）を是正したり，全国的に均一的な公共サービスを確保（本章第1節を参照）したりという観点から一定の意義があり，重要な役割を担っています。

　ただし，同じ地方公共財であっても，その地方公共財が生み出す漏出効果の大きさは地理的条件などによって異なってくることが考えられます。第3章第2節で説明した便益漏出の例のように，夜を過ごす場所（住む場所）と昼を過ごす場所（働く・学ぶ場所）が異なるケースでは，都市部の地方公共財であれば便益漏出を生み出す程度は大きい可能性がありますが，過疎地域の地方公共財では他地域に便益漏出を生み出す程度は限定されているでしょう。そのような観点からすると，全国一律に補助率を設定していると，地方公共財を国全体に望ましい水準にできていない可能性があることには注意が必要です。

限界概念を用いた説明

　上記で説明したことを経済理論における限界概念を用いて説明します（限界概念については補章Aを参照）。ここで考える経済においても，地域Aと地域Bが存在するとし，地域Aの公共団体が地方公共財を供給する場合を考えます。

　一般的に，地方公共財の**限界便益**は逓減し，地方公共財の**限界費用**は逓増するという想定がなされます。この想定は以下のような状況を考えています。限界便益の逓減は，地方公共財の供給量が増加すると，住民の限界便益は増加しますが，1単位増加するにつれ，その便益の増加は小さくなる状況を表しています。これは，図6.2のMB_A曲線のように，地方公共財の供給量を横軸，限界便益額を縦軸にすると，限界便益曲線は右下がりの曲線として描くことができます。一方，限界費用の逓増は，地方公共財の供給を1単位増やすごとにそれに要する追加的費用も増加していく状況です。これは，図6.2のMC曲線のように，地方公共財の供給量を横軸，限界費用額を縦軸にすると，地域Aの限界便益曲線は右上がりの曲線として描くことができます。

　以上の状況において，公共団体Aは，地域Aの住民が受け取る便益から地方公共財の供給に要する費用を差し引いた純便益を最大にするように，地方公共財の供給量を選択します。公共団体Aが地方公共財の供給量をGの水準にしたとき，限界便益はCG，限界費用はDGで表され，$CG>DG$（プラスの限界

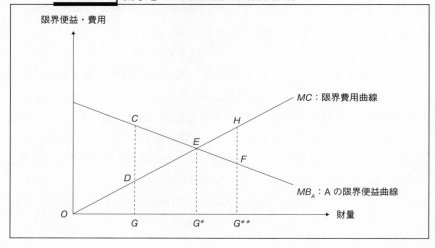

CHART 図6.2 限界便益曲線と限界費用曲線

限界便益・費用

MC：限界費用曲線

MB_A：Aの限界便益曲線

O　　　*G*　　*G**　*G***　　財量

純便益）となります。このとき，公共団体Aは地方公共財の供給量を増加させることで，純便益を増加させることができます。逆に，地方公共財の供給量を *G*** の水準にしたとき，限界便益は *FG***，限界費用は *HG*** で，*FG*** ＜ *HG***（マイナスの限界純便益）となるので，地方公共財の供給量を減少させることで純便益を増加させることができます。結果的に，公共団体Aは地方公共財の供給量を限界便益と限界費用が等しくなる *G** の水準に設定することになります。

　ここで，この地方公共財の便益が地域Bの住民に漏出する場合，どのようなことが起こるでしょうか。その状況を表したものが，図6.3になります。この場合においても公共団体Aは，自地域の住民のことのみを考えればよいので，地方公共財の供給量を *G** の水準に設定するでしょう。しかし，国全体として考えると，地域Aの住民だけでなく，地域Bの住民が受け取る便益も考慮する必要があります。そこで，地域Bの限界便益を地域Aの限界便益に加えることにより，**社会的限界便益**曲線（*SMB*）を描くことができます（たとえば，地方公共財の供給量が *G* の水準に設定されたとき，地域Bの限界便益は *IC* の長さで表されます）。このことから国全体を考えると，この社会的限界便益と限界費用が等しくなる *G*** の地方公共財供給が行われることが望ましいといえます。国全体

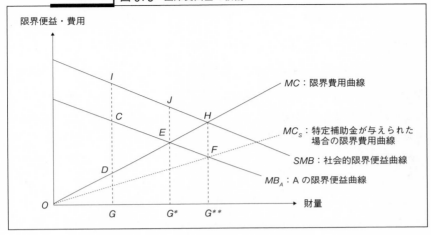

限界便益・費用

I

MC：限界費用曲線

J

C

H

MC_S：特定補助金が与えられた
場合の限界費用曲線

E

F

SMB：社会的限界便益曲線

D

MB_A：Aの限界便益曲線

O

財量

G　　G^*　　G^{**}

にとって望ましい地方公共財水準 G^{**} に対して，公共団体Aが供給する地方公共財水準 G^* は小さい水準になります。このように，地方公共財が他地域に便益漏出する場合には，地方公共財は過少供給になることがわかります。

　それでは，国はこのような地方公共財の過少供給を補正するために，どのような政策を用いればよいのでしょうか。ここで，この地方公共財の供給に対して，国が地方に特定補助金を出す状況を考えましょう。特定補助金として地方公共財の限界費用に対して一定割合の補助金を給付すると，図6.3のように，地域Aの限界費用曲線を補助金の割合だけ下に（MC 曲線から MC_S 曲線に）シフトさせることができます。この状況下において，公共団体Aは特定補助金給付後の限界費用曲線（MC_S 曲線）と地域Aの限界便益曲線（MB_A）が交わる点Fで達成される地方公共財供給量を選択することになります。したがって，点Fで達成される地方公共財の供給量が G^{**} となるように特定補助金を設定することにより，国全体にとって望ましい地方公共財の供給水準を達成させることができます。

　それでは，特定補助金ではなく，一般補助金を使用した場合にはどうなるでしょうか。この場合には，地域Aの限界便益，限界費用ともに変化させることができませんので，地域Aにとっての最適地方公共財水準は G^* のままとなり，国全体にとって最適な地方公共財水準 G^{**} を達成できません。先に述べた

ように，一般補助金は他の地方公共財に振り向けられるだけです。

混雑効果がある場合

　以上の説明は，地方公共財の非競合性が強い（ある人の消費が他の人の消費を邪魔しない：第2章第2節を参照）場合を想定していることに注意が必要です。もし非競合性がそれほど強くない場合，混雑現象が発生します。この**混雑効果**が大きい場合にはどのような状況になり，どのような政策が必要となるでしょうか。結論を先に述べると，先の混雑効果がない場合と同様の議論が有効となります。

　たとえば，中心都市に周辺地域の住民が仕事や買い物に来ることによって，中心都市の地方公共財（たとえば，道路など）は混雑（渋滞）を引き起こします。この状況は，中心都市の地方公共財が周辺地域の住民に使用されることにより，中心都市住民の費用（時間費用など）が増加してしまうことを意味します。当然ながら，中心都市の地方公共財は中心都市自身が供給することになりますので，地方公共財の負担はすべて中心都市が負担することになります。その結果，地方公共財の供給量は混雑効果がない場合よりもさらに低い水準になってしまいます。このような過少供給を是正するためには，これまでの議論と同じように，地方公共財の供給に対して補助金を用いることにより，最適水準となるように地方公共財の費用を減少させることが有効となります。

特定補助金のデメリット

　先に説明したように，他地域に便益漏出するような地方公共財の供給に関しては，各地方公共団体は他地域住民の便益を考慮して行動しないため，国全体からみて過少供給になりがちです。このような外部効果が発生するケースでは，特定補助金によってその財の供給量を増やすように促せるため，一般補助金よりも特定補助金の方が優れているといえます。

　しかし，他地域に便益漏出しない地方公共財が供給される場合には，そうとはなりません。この評価を行うためには，両補助金において同じ金額が国から地方公共団体に給付される状況を考える必要があります。同額でなければ，多くの補助金が給付される方が有利になるからです。

すでに説明したように，特定補助金は使途が限定されている補助金，一般補助金は使途が限定されていない補助金です。このことから，同額の補助金を受け取れるのであれば，地方公共団体にとっては一般補助金の方が望ましいといえます。なぜなら，一般補助金から得られる予算は何に使ってもよいため，地方公共団体にとって地方公共財の供給に対する選択肢が増えるからです（少なくとも，特定補助金が支給される状況で選択できる地方公共財の供給は，一般補助金が支給される状況でも選択可能となります）。皆さんも，同じ金額をもらえるのであれば，決められたものにしか使えないもの（図書カードなど）よりも，何にでも使えるもの（現金）の方が自由度が高く，満足度が高いでしょう。このことは，地方公共団体にとっても同じです。

③ 国庫支出金の課題と改善

▌国庫支出金の弊害 ▌

　前節で説明したように，国庫支出金は理論的に意義があるものですが，実際の運用面ではいくつかの問題点が指摘されています。その問題点として，以下のようなものが挙げられます。

《自主的財政運営の阻害》　地方公共団体は，国庫支出金の交付にあたりさまざまな条件を付けられますが，その条件は標準的（画一的）なものが多く，地方の実情に合っていないといった問題があります。また，交付の権限を国の各省庁が保有するため，国の縦割り行政の弊害が地方に波及し，地方公共団体の能率的・自主的財政運営を歪めてしまうことが考えられます。

　たとえば，補助金獲得をめざす地方公共団体が，国庫支出金の対象となる事業を国の定める基準に基づいて優先的に行う可能性があります。しかし，このような事業が住民にとって優先度の高いものとは限りませんし，国の定める公共サービスの基準が住民のニーズにマッチしているとも限りません。また，国庫支出金のなかでもとくに国庫補助金（奨励的補助金）は，財政的誘導手段として国による地方支配の道具とされやすく，地方公共団体による補助金目当て

の霞が関詣（陳情合戦）といった国への依存体質を生み出すといった側面もあります。

《交付手続きの煩雑性・細分化》 国庫支出金には，細部にわたる補助金条件や煩雑な交付手続きが必要となります。たとえば，施設整備についてのプロセスは，一般的に，①事業計画などの応募〜採択，②補助金の交付申請〜交付決定，③実績報告〜交付額確定，と大きく3段階に分かれています。それぞれの段階において審査があり，場合によってはヒアリングもなされます。さらに，事業主体が市町村の場合は，市町村から都道府県，都道府県から国の出先機関（第2章第3節を参照）という2つのステップが，上の3つそれぞれの段階で必要となります。その結果，行政の簡素化や能率的な予算執行を妨げるおそれがあります。

《責任の所在の不明確さ》 国と地方公共団体がともに財政負担を行う状況では，何か問題が生じた場合にどのレベルの政府に責任があるのかが不明確となる問題が発生します。また，国が全額財政負担をする場合でも，事業の実施主体が地方であるため，お金を出した側に責任があるのかあるいは実施した側に責任があるのか明確に決められないおそれがあります。第2章第1節で紹介したシャウプ勧告では，国と地方の行政責任明確化を図るため，国庫負担金は原則廃止すべきであるという勧告をしていました。

《超過負担問題》 責任の所在の不明確さのなかには，費用負担が不明確になっているという問題も含まれます。いわゆる，**行政上の超過負担**です。これは，国庫支出金の交付額を算定するための国の基準が現場の実態とズレていることによって，地方公共団体の実質的な費用負担額が法定割合以上になってしまうという問題です。

　そもそも，法定割合とは実際の支出額に基づくものではなく，国の基準のもとで算出された経費額に対する割合です。しかし，国の基準はあくまで標準的なものです。そのため，たとえば，なり手不足による教職員の高年齢化で国基準よりも年齢給算定が高くなってしまった（単価差），社会的な要請のために国基準よりも多くの教職員が必要となった（数量差），現代では必要とされる物品や設備が補助対象から外れたままだった（対象差）といったような事態が起こります。こうした要因によって，国の基準に基づいて算定された経費額が実際

の支出額と乖離してしまうのです。

　この問題は，かつて裁判沙汰にまでなりました。1973年の「摂津訴訟」です。保育所の運営費用は，児童福祉法によって国が分担するように定められています。これに基づき，大阪府摂津市は，保育所建設費に関して超過負担が生じていると主張し，その分にあたる金額の返還を厚生省（現在の厚生労働省）に求め，東京地方裁判所に提訴したのです。この訴え自体は棄却されましたが，この訴訟をきっかけにして超過負担がクローズアップされ，国もその解消に取り組むようになってきました。

　ただし，単価差といった超過負担の要因が，社会経済的な不可抗力によって生じているものなのか，各地方公共団体の政策によるものなのかについては，慎重に判断する必要があります。たとえば，「地域のニーズに応じて市独自の基準を設けた」ことで，保育所事業に関して国基準よりも多くの保育士が必要となっているような場合です。いくら国の分担が義務付けられているとはいえ，こうした事情による費用の追加負担について，「何が超過負担にあたるのか」を問うことは，**基準型財政責任**と**限界的財政責任**の線引きがどこなのかという議論と表裏一体なのです。

▎国庫支出金の交付金化

　上述したように，国庫支出金には多くの問題点が指摘されています。そのため，これまでに国庫支出金の整理・交付金化などが進められてきました。ここでは，2000年以降の国庫支出金改革についてみていくことにします。

　2001年に発足した小泉政権では，「地方にできることは地方に」という理念のもと，**三位一体の改革**（第1章第4節を参照）が打ち出されました。この改革は，地方公共団体が自由な財政運営を行えるようにするため，国庫補助負担金の削減・縮小や一般補助金である地方交付税の見直しを実施するとともに，地方に税源移譲を行うというものでした。

　国庫支出金だけについて目を向けると，税源移譲に結びつく国庫補助負担金の削減額が3兆1176億円，スリム化の改革として9886億円（2003年に先行された義務教育費国庫負担金の一部2344億円の一般財源化分も含む），交付金化の改革が7943億円と，2004年から2006年の3年間で合計4兆6661億円の削減にな

りました（なお，地方交付税総額の抑制は 5 兆 1000 億円，税源移譲額は 3 兆 94 億円になりました）。

　三位一体による国庫支出金の改革は，主に義務的経費にかかる補助負担率引下げによって行われました。例として，税源移譲に結びつく国庫補助負担金の削減額 3 兆 1176 億円のうち，主なものは，義務教育費国庫負担金の国庫負担率を 2 分の 1 から 3 分の 1 に（6862 億円），児童扶養手当給付費負担金の国庫負担率を 4 分の 3 から 3 分の 1 に（1805 億円），児童手当国庫負担金の国庫負担率を 3 分の 2 から 3 分の 1 に（1578 億円）と補助率の引下げによって削減が行われました[2]。

　三位一体の改革の目的が，地方公共団体が自由に財政運営を行うことができるようにすることであれば，一般財源化を行うことが望ましいといえます。**一般財源化**とは，それまで国庫支出金といった特定の目的のみに使用できる特定財源の形で交付されていたものが，国からの税源移譲，地方交付税措置といった使途に制限がない一般財源による交付に変更されることをいいます。

　上記のように，三位一体の改革による国庫支出金の削減の多くは，国の関与を残したままの補助率引下げが中心であり，一般財源化はあまり進まず，地方公共団体の自由度が高まるといったものではありませんでした。その一方，まちづくり交付金，地域住宅交付金，地域介護・福祉空間整備等交付金などが創設され，補助金の交付金化が進められました。**補助金の交付金化**とは，地方公共団体の自主性・裁量性を拡大するために，使途が限定されている補助金を事業別に細かく分けずに大枠を決めて交付金に再編することです。しかし，この段階における補助金の交付金化は，個別事業へのひもつき補助金ではなくなったという意味で自由度が少しは高まりましたが，所管省庁の枠を越えるものではありませんでした。

　その後も，補助金の交付金化は進められ，民主党政権がはじめての予算を組むこととなった 2010 年度には，国土交通省所管である道路，河川，下水道，港湾，砂防，まちづくりなどの社会資本整備についての個別補助金を一括化する「社会資本整備総合交付金」が創設されました。社会資本整備総合交付金の補助対象はインフラ関係を中心に幅広く設定されており，これまでとは異なり事業ごとに補助金を申請する必要がなく，社会資本整備総合交付金の補助対象

となるいくつかの事業を組み合わせて補助金を申請することができるようになり，地方公共団体にとって自由度の高い総合交付金となりました。同様に，農業農村，森林，水産，海岸など個別に設定されていた国庫支出金を一括化した農山漁村地域整備交付金も創設されました。しかし，これらの交付金化も所轄省庁の枠を越えるものでないという点では，これまでの補助金の交付金化と同じものであるといえます。

さらに，2011年度には，「地域自主戦略交付金」が創設されました。各府省庁が所管する投資的経費にかかる9種類の補助金を内閣府予算として一括計上し，地方の自主的な事業選択に応じて交付金を配分する仕組みで，一括交付金化への足掛かりとなることが期待される制度でした。しかし，対象が投資的経費に限定されていたこと，交付対象が都道府県と指定都市に限られていたという問題がありました。また，補助対象の一括交付金化や地方公共団体の選択を認めるメニュー化を進めることは一見よいことのように思われますが，地方交付税との役割分担についての問題が生じてしまいます。2012年12月に自民党・公明党の連立政権が発足したことにより，2013年度予算では，地域自主戦略交付金は廃止され，各府省の交付金などに移行されることになりました。

注意しておきたいことは，交付金化が行われるようになっても，国が地方に関与する権限や国が財源を維持する状況はそのままであるという課題は残されていることです。このような観点からすると，地方公共団体の自主的財政運営を行うためには，特定財源の一般財源化が必要であるといえます。

ただし，すべてを一般財源化すればよいということではなく，本章第2節で説明したように，地方公共財に便益漏出が生じるような場合には，特定補助金を使う必要が生じます。このような補助金に対しては，現在行っている補助金などについて常に見直しを行うといった「スクラップ・アンド・ビルド」や，既得権益化を防ぐために事業の打ち切り期限を設けるといった「サンセット」という手法を徹底して使う必要があります。

注 ────────

1　私立高等学校等経常費助成費補助金は，私立学校における教育に必要な経常的経費に対して交付されるものです。国有提供施設等所在市町村助成交付金は，米軍や自衛隊が

使用している土地や施設が所在する市町村に対し交付されるものです。交通安全対策特別交付金は，交通違反の反則金を原資として，道路交通安全施設整備の経費に充てるための財源として交付されるものです。電源立地地域対策交付金は発電用施設の設置や運転の円滑化を図るため，発電施設の所在市町村などに交付されるものです。

2　国庫負担金における補助率の削減は，削減分だけ基準財政需要額が増額することになります。そのため，地方交付税交付団体の負担は変化しませんが，不交付団体の負担は増加することになります。

SUMMARY●まとめ

□ 1　国庫支出金は，あらかじめ使い道が決まっている補助金であるため，特定補助金に当てはまります。国庫支出金は，国庫負担金，国庫委託金，国庫補助金からなります。少子高齢化の影響から社会保障を対象にした補助金の割合が非常に高くなっています。

□ 2　他の地域に便益漏出する地方公共財は，国全体での効率的水準よりも過少供給となってしまいます。このような問題に対して，特定補助金を用いて，効率的水準になるように調整することができます。このように，国庫支出金には重要な役割があります。

□ 3　国庫支出金は，地方公共団体の自主的財政運営の阻害，交付手続きの煩雑性・細分化，責任の所在の不明確，行政上の超過負担といった問題が指摘されています。近年は，地方公共団体にとって自由度が高くなるように，国庫支出金の交付金化が行われるようになっています。

第 **7** 章

地方交付税の制度と理論
地域間格差への対応はいつの時代も悩ましい

INTRODUCTION

　分権化定理が述べるように，地方公共団体の活動経費は地方税によって賄われることが原則です。しかし，地理的・経済的な理由で最低限度の水準の公共サービスを供給するのに十分な地方税収を得られない地域もあります。そのため，わが国では，地方公共団体の税収不足を補うための財政調整制度として，地方交付税と地方譲与税が設けられています。本章では，地方交付税を中心にして，財政調整制度の仕組みと課題について学びます。

　第1節では，わが国の財政調整制度の概況を紹介します。財政調整制度には，地方公共団体間の財政力の格差を是正する水平的財政調整と，国と地方財政の間のギャップを調整する垂直的財政調整があります。この節では，それらのメリット・デメリットについて理論的に考えます。

　第2節では，地方交付税以前にあったわが国の財政調整制度について概観し，それらをもとにして形作られている地方譲与税と地方交付税の仕組みを紹介します。この節ではとくに，地方交付税について，交付総額（マクロ）の調整と普通交付税算定（ミクロ）の調整について理解しましょう。

　第3節では，ミクロの調整に踏み込んで，各地方公共団体への普通交付税の配分方式について紹介します。この節では，普通交付税の交付額を決めるために必要となる，その団体での標準的な公共サービス供給のための経費，およびその団体の標準的な歳入額の算定の仕方について整理しましょう。

　最後に第4節では，わが国の財政調整制度についての最近の制度改正に関するトピックを取り上げるとともに，わが国の制度が直面する課題について考えます。

1 財政調整制度の現状と理論

財政調整制度の現状

　図 1.5（7頁）でみたように，財政調整制度に関係する地方交付税，地方譲与税，地方特例交付金の3つをあわせた 2019 年度決算額は 19 兆 8213 億円（歳入構成比 19.2%）です。この内訳は，地方交付税が 16 兆 7392 億円，地方譲与税が 2 兆 6138 億円，地方特例交付金が 4683 億円となっています。これらはいずれも，使途を限定されていない**一般補助金**（第1章第1節）です（ただし，地方譲与税の一部に例外あり）。

　地方交付税は，国税収の一定割合を原資として都道府県と市町村に交付されます。そのうちの 94% は，**普通交付税**として地方公共団体へ配分されます。残りの 6% は**特別交付税**として，偶発的に発生する災害への対処などのように普通交付税だけでは対応が難しい特別なニーズについて，そのための経費を補てんすることを目的に交付されます。

　地方譲与税は，本来，地方税とされるべき財源が，いったん国によって徴収され，その後に地方公共団体へ再配分されるものです。現在は 7 種類の譲与税があります。これらは，基本的には地域間の財源格差を調整するためのものですが，課税技術上の理由により国が徴収し配分するものもあります。

　地方特例交付金とは，国の制度変更などにより，地方税の減収が生じた場合などに，特例的に交付される交付金のことです。現在は，個人住民税，自動車税，軽自動車税の減収を補てんするものがあります。

　地方交付税と地方特例交付金の原資は，基本的には国の一般会計から交付税及び譲与税配布金特別会計（**交付税特会**）に繰り入れられ，その後に各地方公共団体へ配分されます。一方，地方譲与税の場合，原資の国税は一般会計を経ずに交付税特会の歳入となります（図 1.7〔17 頁〕を参照）。

　図 7.1 は，地方税収および上に述べた3つの一般補助金について，都道府県別の住民1人当たり金額を図示したものです。グラフは1人当たり地方税収が

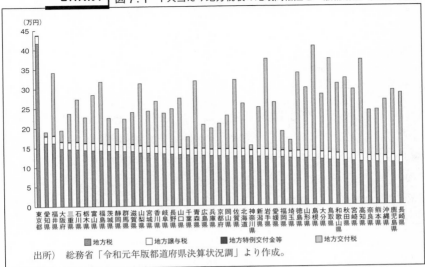

（万円）

地方税 　　地方譲与税 　　地方特例交付金等 　　地方交付税

出所）　総務省「令和元年版都道府県決算状況調」より作成。

　多い順に左から並べられています。**変動係数**を用いて地域間格差の状況をみて
みましょう。なお，変動係数とは，分布のばらつきを検証する指標の1つで，
数値が大きいほどばらつきが大きいことを示します。係数の詳しい説明につい
ては補章Cを参照してください。

　1人当たり地方税収の変動係数は0.33です。グラフからわかるように，この
要因は東京都が大きく飛びぬけているからです。一方で，おおむね，1人当た
り地方税収が少ない県ほどより多くの一般補助金を受けており，地方税と一般
補助金をあわせた1人当たり金額の変動係数は0.24となります。グラフから
は，財源格差縮小の主要な役割を担っているのが地方交付税であることもわか
ります。

　ここで，千葉県，神奈川県，埼玉県や福岡県などは，1人当たり税収が多く
ないにもかかわらず，地方交付税が少ないことに留意が必要です。本章第2節
および第3節で述べるように，わが国の地方交付税の目的は，単に税収格差を
是正することではなく，ある県における標準的な公共サービス供給のための歳
出額がその県の標準的な歳入額を上回る分について財源を補てんすることです。
第4章第2節で述べたように地方歳出には**規模の経済性**が働きますので，人口

規模の大きなこれらの県では1人当たりの必要歳出額が少なくなります。そのため，1人当たり税収が多くなかったとしても，これらの県に対する1人当たり地方交付税額は少なくなっているのです。

財政調整制度の機能

一般補助金を用いた財政調整制度には，地方公共団体間の財源格差を是正する水平的財政調整と，国と地方財政の財源のギャップを調整する垂直的財政調整という2つの機能があります。ここでは，これらの2つの機能について一般補助金による財政調整のメリットとデメリットを理論的に考えていきます。

《水平的財政調整》　一般補助金によって地方公共団体間の財源格差を是正することを水平的財政調整と呼びます。この財政調整は，財政的な余裕のある団体の財源の一部を財政の貧弱な団体へ補助金として移転する方法が基本です。財政調整制度に組み込まれた水平的財政調整の仕組みは，**財源調整機能**（もしくは**財政調整機能**）と呼ばれています。地域間で水平的財政調整が求められる理由は，財政学で用いられる公平性の概念の1つである水平的公平性（第2章第3節）に由来します。すなわち，「同等の経済能力を有する人であれば，どの地域に住んでいても財政上公平に扱われるべき」という考え方です。地方財政の理論においては，この「財政上公平に扱われる」状態を，地方公共財の便益から地方税負担を引いた純便益（第2章第3節）が「個人間で等しい」ことだととらえています。

それぞれ3人の市民がいる2つの市を想定した表7.1の例で考えてみましょう。表のA市とB市では，どちらの市民税の税率も10%ですが，市民の所得分布が異なっています。そのため，市民の税負担額を合計した地方税収は，A市で240，B市で180となります。話を単純にするため，地方公共財の供給には追加のコストはかからず，各市の税収額がそのまま地方公共財の便益（金額換算）になると仮定しましょう。また，それぞれの市において，3人の市民が得ることのできる地方公共財の便益は同額であるとします。

これらの想定のもとで計算された純便益をみてください。A市に住む市民A1・A2とB市の市民B1は，同じ所得・税負担であるにもかかわらず，住んでいる市が異なるという理由だけで，同じ純便益を得られていません（市民A3

CHART 表7.1　純便益の水平的公平性

	市　民	所　得	地方税負担	地方公共財便益	純　便　益
A市	A1	1,000	100	240	140
	A2	1,000	100	240	140
	A3	400	40	240	200
B市	B1	1,000	100	180	80
	B2	400	40	180	140
	B3	400	40	180	140

と市民 B2・B3 についても同様です)。このように、「その地域内での多様性」によって、個人に対する財政上の扱いに水平的な不公平が生ずることは、現実の社会でも珍しくないと考えられます。そのため、水平的財政調整が必要とされます。

　この事例において最もシンプルな財政調整は、A市の税収のうちの 30 を B市へ移転する方法です。こうすることで、A1・A2・B1 が得る純便益はいずれも 110 となります。つまり、同じ所得・税負担であれば、住んでいる地域が異なっていても同額の純便益を得られるという、「財政上公平に扱われる」状態が実現されます。

《垂直的財政調整》　国と地方財政の財源のギャップを一般補助金によって調整することを**垂直的財政調整**と呼びます。これには、国の税収の一部を補助金として地方財政へ移転する方法がとられます。この調整の仕組みが組み込まれるのは、財政調整制度に**財源保障機能**が求められる場合です。

　表 7.1 において、全国民が最低限享受すべきと社会的に合意された**ナショナル・ミニマム**に相当する地方公共財便益は 240 だったとします。これは、国と地方の役割分担(第 1 章第 2 節)において、より多くの役割を地方公共団体が担っている状況だといえます。この状況では、B市は満たすべき基準をクリアできず、さらには、先のような団体間での水平的財政調整だけでは問題を解決できません。

　また、A3・B2・B3 は高齢者であり、医療や福祉サービスについてのニーズが他の市民よりも高いといった、より現実的な仮定を表 7.1 に加えてみましょう。このような場合も、地方税収のみを財源とする地方公共財供給では、便益

が需要に見合わない可能性が高くなります。したがって，このようなことも考慮して財政調整制度を設計しようとすると，地方税だけでなく国の税収の一部をその財源に充てることが必要となります。

　こうした一般補助金による財源保障は，あくまで**全体的財政責任**（第1章第3節）の遂行のためのものであることに留意が必要です。個別の公共サービスに関するナショナル・ミニマムを保障するために国に求められる**基準型財政責任**は，使途の限定された**特定補助金**の交付として果たされると考えてください。わが国の場合は，国庫支出金（なかでも国庫負担金：第6章第1節）がそれに該当します。

　ここまでの説明に対して，「税収が足りないなら，国から地方へもっと税源移譲すればよいのではないか」という考え方もあるでしょう。つまり，税源移譲を進め，地域間での税収格差には先に述べた水平的財政調整で対応する方が，地方分権社会においてより適した財政調整制度なのではないかという意見です。

　しかし，地方が多くの税源をもつ社会においては，第3章第2節で述べた**地域間外部効果**による地方分権のデメリットがより顕著になると考えられます。とくに，租税輸出や租税競争のように，地方による課税自主権の行使から生じる現象は，地方が多くの税源をもっていればいるほどより厄介な問題となります。これらについては，特定補助金による対処も理論的には考えられますが，地域間外部効果を正確に計測することは現実的には難しいため，実際の政策として実行できる可能性は高いとはいえません。

　そこで，こうした地方分権のデメリットへの対処という意味でも，垂直的財政調整が有効です。つまり，国と地方の税源配分について，国がより多くの税収を得ておき，国の税収の一部を一般補助金として地方へ配分することで，地方財政における歳出額と税収のギャップを埋めるのです。財源保障機能とは別に，垂直的財政調整にはこうした地方財政における資源配分効率性を損なわないための役割もあります。

《一般補助金のデメリット》　このように，一般補助金による水平的および垂直的な財政調整には一定の合理性があるものの，他方で住民や行政に悪いインセンティブを与える可能性があることも指摘されています。

　表7.1の水平的財政調整の例に立ち返って考えてみましょう。A市の税収の

うち30が国によってB市へ再配分されると，B市民は自分たちの税負担合計額の180よりも多い210の公共財便益を得ることができます。これにより，B市民は「地方公共財は割安だ」という錯覚を起こし，さらに多くの公共財を消費したいと言い出すかもしれません。財政学や地方財政論の理論では，政府の補助金によって住民がこうした「誤った割安感」を抱くことを**財政錯覚**と呼びます。

逆に，A市民は，便益の見込額240よりも少ない210の便益しか実際には得られないことを不満に思い，個々の純便益自体はプラスであったとしても，市民税をまともに支払いたくないと思うかもしれません。したがって，このような水平的財政調整がなされると，A市民は「よけいな負担感」を抱くと考えられます。

このように，一般補助金を用いて地域間での財源を再配分すると，住民が地方公共財の便益と費用に関する正確な情報を知ることができなくなってしまいます。このことで，地方分権のメリットは大きく損なわれてしまいます。第1に，「それぞれの地域の住民が，地方公共財から得られる便益と供給に関する費用を見比べながら地方公共財の供給量を選択する」という**分権化定理**（第2章第3節）の大前提が成り立たなくなります。それに加えて，第2に，ヤードスティック競争や足による投票に欠かせない**地域間比較**（第3章第1節）のための情報も不正確なものとなります。これらの結果，各地域での地方公共財の供給量は，資源配分の観点からみて非効率な水準となってしまいます。

また，一般補助金は，地方公共財を供給する行政側にも悪いインセンティブをもたらすおそれがあります。たとえば，一般補助金をもらえるB市の市長は，地域経済を活性化してB市の税収を増やす努力を怠るかもしれません。他方で，A市の市長も，豊かな団体であるがために税収を国に召し上げられるのであれば，さらなる暮らしやすさをめざそうとはしなくなるかもしれません。

こうしたことは，地方公共財の供給に無駄を生み出します。つまり，B市において必要以上に豪華なハコモノが計画されたり，A市のある部署で深刻な人員不足が発生し公共財を迅速に供給できなかったりといった形で，地方公共財の供給コスト（時間的なコストも含む）を上昇させます。そして，こうしたコストの上昇は，上で述べた住民の選択にも影響することになります。

　財政調整制度の国際比較研究によると，先進諸国の財政調整制度は表7.2のように大別されます。まず，列での区別は，調整のための原資をどこが拠出しているかの違いです。水平的調整では，財政的に豊かな団体の税収の一部が，貧困な団体へと配分されます。垂直的調整は，国税が各団体へ再配分される方式です。これに加えて，垂直的調整を導入している国の間では，交付原資の決まり方が異なっています。1つは，日本の地方交付税のように，「国税の一定割合」といったルールによって自動的に決まる仕組みです。もう1つは，イギリスの歳入補填交付金のように，中央政府が経済状況などを踏まえて交付原資の予算を毎年裁量的に決定する仕組み（予算措置）です。

　次に，行での区別は，交付原資をどのように再配分するかです。「財政力ベース型」は，1人当たり地方税収といった財政力の地域間格差を是正する仕組みです。一方の「需要・財政力混合ベース型」とは，財政力に加えて，各団体における公共サービスの供給コストも補助金の算定において考慮することで，財源保障機能もあわせもつ仕組みです。この仕組みでは，標準的なサービス需要に対応する経費と税収の差額を補てんする方式が一般的です。しかし，スウェーデンの制度は，財政力を基準とする補助金と経費額を基準とする補助金の二本立て構成となっています。つまり，財政力が豊かな団体であっても，都市部の過密対策などで他団体よりも多くの経費が必要となる団体には，経費額を基準とする補助金が交付されます。

表7.2　先進諸国の財政調整制度

| | 垂直的調整 | | 垂直・水平混合制度 | 水平的調整 |
	ルール	予算措置		
財政力ベース型	カナダ，スイス（1958 〜 2007年），フランス，オランダ			ドイツ（共同税）
需要・財政力混合ベース型	オーストラリア，日本，韓国	イギリス，アメリカ（1972 〜 85 年）	スウェーデン，スイス（2008年〜）	デンマーク，ドイツ（連邦補充交付金）

出所）　持田信樹編『地方分権と財政調整制度——改革の国際的潮流』（東京大学出版会，2006 年）の第 1 章および日本都市センター「各国の財政調整制度」（2012 年 2 月現在）をもとに作成。

一般補助金がもたらす悪いインセンティブは，国税の投入を必要とする財源保障のもとではさらに強くなると考えられます。つまり，一般補助金によって財源がいっそう拡充されるＢ市では，公共財の割安感がより強くなります。他方で，Ａ市では，地方税だけでなく国税の負担ものしかかってきて，かつその多くは自分たちに還元されないのですから，Ａ市民の税負担に対する不満はさらに高まると予想されます。

　地方分権社会においては，それぞれの地域内における話し合いを通じて地方公共財の水準を決めるべきという分権化定理の考え方が大原則です。しかし，財政上の扱いの公平性やナショナル・ミニマムの保障も無視することはできません。このように，地方分権社会における財政調整制度について考えるうえでは，**限界的財政責任**と**全体的財政責任**とをどのようにバランスさせるのかを意識することが重要です。

　財政調整制度の仕組み

交付税以前の財政調整制度

　わが国の財政調整制度の草分けは，1940 年に創設された地方分与税制度です。この制度は，戦後の地方自治を推進するうえで地方財源の充実に応えられるものではない，とシャウプ勧告において指摘されました。そこで，財源保障機能を強化した地方財政平衡交付金制度が導入されました。しかし，この制度も制度運営上の問題点があり，その問題を改善する形で現在の地方交付税制度が確立しました。

　本節では，まず過去の制度の概観から始めることで，現在の財政調整制度が過去の制度のどのような特徴を受け継いでいるのか，また問題点を解消するためにどのような仕組みが設けられているのかを整理します[1]。

《地方分与税制度》　地方分与税は，国税収の一部を一定の基準で国が地方公共団体に再配分するもので，還付税と配付税からなっています。このうち，**還付税**は，課税技術の便宜上，特定の地方税を国税として国が徴収し，そのまま徴収

地に還付するものです。

　もう一方の**配付税**は，所得税，法人税，入場税（映画館や競馬場などへの入場料に課される税）および遊興飲食税（旅館などでの遊興代や飲食代に課される税）の税収の一定割合を，徴収地とは関係なく道府県と市町村に再配分するものでした。交付基準は，原資の２分の１を課税不足額（１人当たり税収の団体平均との差）に，残りの２分の１を公共サービスへの需要量（人口と小学校児童数がベース）に比例して交付するというシンプルなものでした。また，１人当たり税収が団体平均を大きく超過する団体には，配付税が交付されないという仕組みもありました。このように，地方分与税制度は**水平的財政調整**の色合いが濃い制度でした。

《**地方財政平衡交付金制度**》　第２次世界大戦後に来日したシャウプ使節団の勧告書（第２章第１節を参照）には，地方財政のあり方とあわせて財政調整に関する議論も含まれていました。とくに市町村を中心とする地方自治に重きを置く**シャウプ勧告**では，地方公共団体が活動するための十分な財源保障という観点から，地方分与税制度について次の２点が指摘されました。第１は，先に述べたように交付原資が国税収の一定割合とされていると，配付税が国家財政の都合に左右されてしまう点です。第２は，交付基準がシンプルすぎて各地域の公共サービスへの需要を的確にとらえきれていないという点です。このように，国と地方の役割分担を整理するなかで，水平的財政調整だけではなく，**垂直的財政調整**による財源保障機能も制度のなかに盛り込むことが勧告されました。

　シャウプ勧告の指摘を受けて，1950年に**地方財政平衡交付金**制度が創設されました。この制度では，地方分与税のようなざっくりとしたとらえ方ではなく，公共サービス需要に対応するために必要な経費額について精緻な算定が行われ，その経費額と各団体の標準的な歳入額との乖離の全額を国が補てんする仕組みが設けられました。そして，各団体への補てん額を積み上げたものが，交付総額として国家財政から支出されることになりました。このような仕組みにより，財源保障機能が大幅に強化されました。

　しかし，このように地方の財源不足の全額を補てんする方式では，地方の状況によって交付総額が毎年度変動し，国が行う他の政策の予算が影響を受けてしまいます。そのため，実際の制度運営は理想どおりには行かず，従来から策

定されていた**地方財政計画**を用いて交付総額が決定されていました。ところが，理想が先行していたために，毎年のように国と地方の間で交付総額をめぐる対立が起こり，制度に対する地方の不信感も高まっていきました。そのため，この地方財政平衡交付金は3年しか続きませんでした。

　そこで，交付総額の調整を盛り込む形でこの平衡交付金を改正し，**地方交付税制度**が1954年度からスタートすることになりました。それに加えて，同年度には最初の地方譲与税も創設されました。

地方譲与税の仕組み

　前節で述べたように，金額的には地方交付税が現在のわが国の財政調整制度の主軸です。ただし，水平的財政調整の一部は**地方譲与税**に割り振られています。各譲与税の交付原資には特定の国税が充てられ，それぞれの譲与基準に基づいて各団体に配分されます。

　水平的財政調整の特徴が最も端的だったのは，1954年度に最初に創設された入場譲与税（入場税の減少により1961年度に廃止）です。これは，都市圏においてより多く得られていた入場税収（国税）を，単純に人口シェアで按分して都道府県に再配分していました。

　この現代版ともいえるのが**特別法人事業譲与税**です。この譲与税は，地域間の税収偏在が非常に大きな法人事業税（第5章第3節）の約3割分を**特別法人事業税**として国税化し，それを人口を譲与基準として都道府県に再配分する仕組みです。たとえば，東京都の企業利潤（県民所得のうちの営業余剰・混合所得）が全県合計に占める割合は22.6％（2018年）なのに対して，東京都の人口シェアは10.5％（同）です。したがって，企業利潤がベースとなっている特別法人事業税の税収を人口シェアで再配分すれば，東京都への交付額は東京都の企業が支払った特別法人事業税の税収よりも少なくなり，地方へはより多くの財源が行き渡ることになります。

　水平的財政調整といっても，特定の政策にひもづけられている譲与税もあります。**航空機燃料譲与税**と**森林環境譲与税**は，それぞれ国税である航空機燃料税と森林環境税を，騒音世帯数や林業就業者数などの譲与基準によって再配分するものです。つまり，空港対策，森林整備の実施が求められる団体へより多

く配分される仕組みとなっています。この2つの譲与税は使途が制限された**特定財源**です。

　少しややこしいのが，**地方揮発油譲与税**（2008年度までは地方道路譲与税），**石油ガス譲与税**，**自動車重量譲与税**です。これらは，2008年度までは上で述べた2つの譲与税と同様に特定財源でした。つまり，道路整備や騒音・排ガス対策が必要とされる地域への再配分が目的でした。しかし，そのことが無駄な道路建設を助長しているとして，民主党政権（2009～12年）のもとで「一般財源化」されました。ところが，譲与基準は道路延長・面積のままなので，譲与税の位置づけが微妙になってしまっています。つまり，極端な話，その地域に道路がたくさんあるために他地域よりも多く交付されたこれらの譲与税を，福祉や教育の財源として使うこともできてしまいます。

　現行の地方譲与税のなかで，**特別とん譲与税**のみは，課税技術上の理由による還付税であり，財政調整を目的としません。これは，わが国へ入港する外国貿易船の大きさ（純トン数）への課税として，とん税（国税）および特別とん税（譲与税の原資）を国の機関である税関が一括徴収し，外国船が入港できる港湾のある市町村へ純トン数に応じて再配分するものです。

▎地方交付税の仕組み

　地方交付税制度には，地方財政平衡交付金制度の特徴を継承しつつ，一方でその問題点を解消することが求められました。その結果として，次の2点の特徴をもつことになりました。第1は，地方分与税と同じく，交付原資が国税収の一定割合（交付税率）とされた点です。これにより，国の政策の予算が地方の財源不足に影響されにくくなりました。第2は，地方の財源不足を補てんする方式という平衡交付金の特徴を踏襲している点です。しかし，交付に使える額（交付原資）と交付に必要な額（交付総額）とがこのように別個に決定されるため，両者の額が一致しない場合にそれを調整する仕組みが盛り込まれました。それが次にみるマクロの調整（地方財政対策）です。

《マクロの調整》　現在の地方交付税の交付原資は，所得税と法人税の税収の33.1％，酒税収の50％，消費税収の19.5％，および地方法人税収の全額という**交付税率**のもとで決まります（地方交付税法6条）。ここまでは，地方分与税と

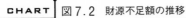

CHART 図7.2 財源不足額の推移

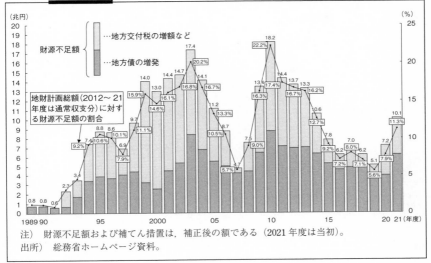

注) 財源不足額および補てん措置は，補正後の額である（2021年度は当初）。
出所) 総務省ホームページ資料。

同じ流れです。

　ところが他方で，地方交付税の交付総額は別の決まり方となっています。ま
ず，歳出見込額については，第1章第3節で述べたように**地方財政計画**の策定
において決まります。次に，算定された歳出見込額から，国庫支出金と地方債
によって財源が工面される経費を除くと，残りは一般財源を充てるべき経費と
なります。ただし，一般財源のなかでも地方譲与税は先ほど述べたようにそれ
ぞれの基準で決まっています。したがって，内閣府の経済見通しに基づき地方
税収額の見込みが立てば，地方交付税で賄われるべき経費額（交付総額）を算
出できます。

　このようにして算定されたマクロの交付総額と，交付税率によって決まる先
ほどの交付原資の額が一致することはまずありません。ほとんどの場合，**財源
不足額**が生じます。そこで，それを埋めるための**地方財政対策**が行われます。
近年用いられている調整方法は大きく次の2つです。1つは，総務省と財務省
の折衝によって交付税率を臨時的に引き上げ，交付原資を増額させる方法です。
もう1つは，地方公共団体による地方債の増発を認める方法です。

　図7.2は，ここ約30年間の財源不足額の推移です。これによると，近年で

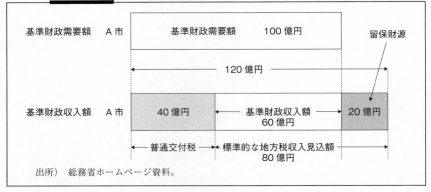

CHART 図7.3 普通交付税の仕組み

基準財政需要額　A市　　基準財政需要額　　100億円　　　　　留保財源

120億円

基準財政収入額　A市　40億円　　基準財政収入額60億円　　20億円

普通交付税　標準的な地方税収入見込額80億円

出所）総務省ホームページ資料。

は財源不足が常態化していることがうかがえます。とくに，バブル崩壊後，アジア通貨危機，世界金融危機といった不況期において財源不足額が大きく増加しています。また，最近では，交付原資の増額よりも地方債の増発によって財源不足額が賄われることの方が多い傾向にあります。

　ただし，国は毎年このような場当たり的な調整をしているだけではなく，財源不足の状況や地方分権の進展を踏まえて，交付税率の引上げや対象税目の変更などのように恒久的な制度変更も行ってきています。たとえば，2015年度には，酒税の交付税率を32％から50％に引き上げました。また，税収格差是正のために，法人住民税法人税割（第5章第3節）の一部分を国税化して**地方法人税**を2014年に新たに設け，その全額を交付原資に組み込みました[2]。財源不足額解消のためにこうした長期的な視点からの調整も行われている点が，地方財政平衡交付金制度との違いです。

《ミクロの調整》　財源不足の補てん方式について，各地方公共団体への**普通交付税**は，図7.3のようにして算出されます。ここで，**基準財政需要額**とは，各団体が標準的な公共サービス（ナショナル・ミニマムに対応：第1章第2節を参照）を供給するために必要となる経費を賄うための「一般財源の見込額」です。国庫支出金や地方債で賄われるべき経費は，ここには含まれないことに注意してください。一方，**基準財政収入額**とは，各団体の標準的な地方税収見込額の75％分と地方譲与税です。基準財政需要額および基準財政収入額の詳しい算定方法は，次節で紹介します。

図 7.3 のように，これら 2 つの関係が「基準財政需要額＞基準財政収入額」であれば，その差額が普通交付税によって補てんされます。このような団体のことを**交付団体**と呼びます。逆に，「基準財政需要額＜基準財政収入額」の場合は，基準財政収入額の超過分を国に召し上げられるということはなく，単に普通交付税が交付されないだけです。このような団体を**不交付団体**と呼びます。2020 年度決算での交付状況によると，都道府県では東京都のみ，市町村では 75 団体が不交付団体となっています。

《特別交付税による補完》　基準財政需要額の算定方法の画一性などを補完したり，普通交付税の交付額の確定後に生じた災害などの事情に対処したりするといったように，普通交付税の算定ではとらえきれない地域の特殊性や不確実性による財政需要を賄うために，**特別交付税**が交付されます[3]。

　自然災害に関連する経費以外としては，地域医療の確保（公立病院など）や公営企業の経営基盤強化にかかる経費に関連した名目での交付が，最近では多くなっています。また，地域活性化の立役者として近年注目されている地域おこし協力隊の活動にかかる各団体の経費も，特別交付税によって賄われています。

地方公共団体の基礎体力

　普通交付税の算定で登場した基準財政需要額と基準財政収入額の比率は，**財政力指数**という名称で財政状況を把握する指標の 1 つとして用いられています。それ以外の指標（経常収支比率や実質公債費比率など）については，第 4 章第 1 節を参照してください。財政力指数は次式で表されます。

$$財政力指数 = \left(\frac{基準財政収入額}{基準財政需要額} \right) の過去 3 カ年平均$$

　基準財政需要額と基準財政収入額はそれぞれ，当該団体の標準的な行政サービス供給のための経費額（ただし一般財源で賄われるもの）および標準的な収入額であり，その団体の実際の歳出歳入額とは異なります。また，毎年度の変動を除去するために，過去 3 年間の比率の平均値と定義されます。

　こうした定義によって，財政力指数は，その団体の「財政の基礎体力」を表す指標だと解釈できます。つまり，「その団体において日常的に必要とされる

表7.3　財政力指数の段階別の団体数と構成比

財政力指数 団体区分	0.30 未満		0.30 以上 0.50 未満		0.50 以上 1.00 未満		1.00 以上		合　計		財政力 指　数 平　均
	団体数	構成比	団体数	構成比	団体数	構成比	団体数	構成比	団体数	構成比	
都 道 府 県	3	6.4	22	46.8	21	44.7	1	2.1	47	100.0	0.52
市 町 村	480	27.9	453	26.4	700	40.7	85	4.9	1,718	100.0	0.51
指 定 都 市	−	−	−	−	19	95.0	1	5.0	20	100.0	0.86
中 核 市	−	−	1	1.7	56	93.3	3	5.0	60	100.0	0.80
施行時特例市	−	−	−	−	21	84.0	4	16.0	25	100.0	0.90
都 　 市	45	6.6	205	29.8	397	57.8	40	5.8	687	100.0	0.62
中 都 市	−	−	10	6.4	125	80.1	21	13.5	156	100.0	0.81
小 都 市	45	8.5	195	36.7	272	51.2	19	3.6	531	100.0	0.56
町 　 村	435	47.0	247	26.7	207	22.4	37	4.0	926	100.0	0.40
合 　 　 計	483	27.4	475	26.9	721	40.8	86	4.9	1,765	100.0	0.51

注）　中都市は人口10万人以上の市（指定都市，中核市，施行時特例市除く），小都市は人口10万人未満の市。
出所）　総務省「令和4年版地方財政白書」。

公共サービスを，自力でどの程度賄えているか」です。財政力指数が1以上の団体は，財政的に自立できるほどの基礎体力があるといえます。逆に，財政力指数が1を大きく下回る団体は，財政が脆弱で地方交付税に頼らないと日々の公共サービスを提供できない状況にあると考えられます。

　表7.3は，財政力指数の各段階に該当する団体数を団体の規模グループごとにまとめたものです。これによると，指定都市から中都市までの大・中規模のグループでは，指数が0.5以上である団体が半数以上です。なかでも，施行時特例市（第1章注1）と中都市では，指数が1以上の団体の割合が10%を超えています。一方，小都市と町村では，財政力の弱い団体が多くみられます。とくに，町村のうちで47%の団体は，指数が0.3未満の段階に位置しています。仮に地方交付税が減額されるようなことがあれば，これらの団体の財政は途端に死活問題に晒されてしまうでしょう。

　また，都道府県の半数以上も財政力指数が0.5未満となっています。つまり，脆弱な財政の市町村を補完する立場にあるはずの都道府県も，財政の基礎体力が強いところばかりでは決してないのが現状です。逆にいえば，現在のわが国の地方財政において，地方交付税はそれほどまでに重要な財源となっているこ

とがわかります。

③ 普通交付税算定の詳解

　前節で述べたように，地方公共団体の財源不足を補てんするために重要となるのが，基準財政需要額と基準財政収入額の算定です。本節ではそれぞれの算定方法について，少し詳しく解説します。

▎基準財政収入額▕

　地方交付税の目的の1つは，各地方公共団体がナショナル・ミニマムを維持するための財源を保障することにあります。ただし，その財源としては，まず地方税収が充てられると考えるのが自然です。そこで，ナショナル・ミニマムを維持するための財源は，標準的な地方税収の75％（これを**基準税率**と呼びます）に相当する額と定められています（地方交付税法14条）。前節の図7.3では，A市の標準的な地方税収見込額80億円の75％にあたる60億円がそれです。残りの25％分は，その団体が独自の政策を行うための財源（**留保財源**）と考えられています。

　基準税率が定められているのは，自主財源である地方税の税源（住民所得や地元企業の収益，固定資産の価値など）を増やそうとするインセンティブを損なわないためでもあります。たとえば，図7.3のA市の基準財政需要額が100億円で一定のもとで，A市の行政が地域活性化によって地方税収を1億円増すことができたとすると，基準税率が100％の場合はA市への地方交付税が1億円減額されてしまいます。逆に，行政が怠けていて人口が流出し地方税収が減ってしまっても，その減収額をちょうど相殺するように地方交付税が増額されます。このような仕組みのもとでは，地方公共団体は地域活性化によって税源を増やそうとはしなくなってしまいます。

　また，基準財政収入額には，標準税率（第5章第1節）のもとでの地方税収の見込額が算入されます。つまり，地方公共団体が超過課税を実施することで追加的な税収を得ようとしても，そのような地方税の増収に対して地方交付税

　本章第2節で学んだ財政力指数を用いて，各団体の財政力指数と「ふるさと納税収支の対地方税収比率」との関係をみてみると，図7.4のようになります。この図からは，財政力の弱い団体ほど，その団体の地方税収に対するふるさと納税収支が大きくなるという傾向がうかがえます。たとえば，この比率が100%を超えるような32団体（大きな数値のためグラフ外）の財政力指数の平均値は0.27であるのに対して，マイナスの比率（ふるさと納税収支が赤字）の356団体の財政力指数の平均値は0.82です。このように，ふるさと納税は地域間での再分配効果を発揮しているようにもみえます。

　しかし，実際のところ，この制度において多額の受入額を集めることができるかどうかは，「どのような取り組みを行っているか」ではなく，「どのような返礼品を用意しているか」となってしまっています。つまり，「ウケのよい返礼品を用意できた団体の勝ち」という返礼品競争です（第5章第3節）。

　その結果，この制度においては，「財政力の弱い団体間での格差」が顕著となっています。たとえば，図のデータを用いて計算すると，財政力指数が0.4以上0.6以下の388団体について「ふるさと納税収支の対地方税収比率」の変動係数を求めると1.81となります。しかし，財政力指数が0.3以下の510団体間でのこの比率の変動係数は2.22と団体間の格差は大きくなります。つまり，財政力が弱くても「ウケのよい返礼品」を用意できない団体は，容赦なく見捨てられていることがうかがえます。

が減額されることはありません。このように，地方交付税制度は地方公共団体の**課税自主権**を妨げない仕組みにもなっています。

基準財政需要額

　各地方公共団体の基準財政需要額は，**個別算定経費**の合計額と**包括算定経費**からなります。これらの算定方法について，それぞれ解説します。

《個別算定経費》　基準財政需要額の中核である個別算定経費は，各団体の標準的な公共サービス水準供給に必要な一般財源を算定するために，算定項目ごとに次式によって算出されます。

(1)　個別算定経費＝単位費用×（測定単位×補正係数）

このような現状から，ふるさと納税の地域間再分配効果については，疑問の目も向けられています。

図7.4　各自治体の財政力指数とふるさと納税の対地方税収比率の関係

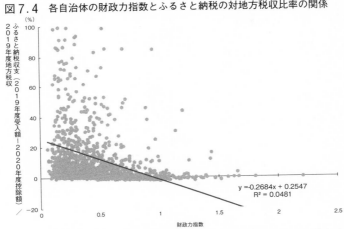

出所）　総務省「令和2年度ふるさと納税に関する現況調査」および「令和元年度地方公共団体の主要財政指標一覧」をもとに作成。

　表7.4のように，各算定項目は，道府県と市町村のそれぞれについて目的別分類（第4章第1節）でみた分野に分かれています。ここで，**測定単位**とは，各算定項目についての公共サービスの需要量もしくはサービスを供給するためのヒトやモノの投入量を近似する客観的な指標です。たとえば，道府県の警察費であれば，測定単位は当該団体において標準的な治安サービスを供給するのに必要な警察職員数となっています。

《単 位 費 用》　次に，**単位費用**とは，「標準団体が合理的かつ妥当な水準で行財政活動を行った場合にかかる1単位当たりの経費」と定義されます。なお，**標準団体**とは，「自然的条件や地理的条件が平均的な地方公共団体」と定義されたバーチャルな団体です。これは，道府県と市町村について，たとえば表7.5

CHART 表7.4 算定項目と測定単位および単位費用（2021年度）

道府県分
(1) 個別算定経費

区　分		測定単位	令和3年度単位費用（単位：円）
一 警察費		警察職員数	8,534,000
二 土木費	1 道路橋りょう費	道路の面積	136,000
		道路の延長	1,958,000
	2 河川費	河川の延長	187,000
	3 港湾費	港 係留施設の延長	29,000
		湾 外郭施設の延長	5,640
		漁 係留施設の延長	10,200
		港 外郭施設の延長	5,230
	4 その他の土木費	人　口	1,250
三 教育費	1 小学校費	教職員数	6,040,000
	2 中学校費	教職員数	6,089,000
	3 高等学校費	教職員数	6,708,000
		生徒数	59,500
	4 特別支援学校費	教職員数	5,830,000
		学級数	2,207,000
	5 その他の教育費	人　口	3,360
		公立大学等学生数	212,000
		私立学校等生徒数	301,140
四 厚生労働費	1 生活保護費	町村部人口	9,480
	2 社会福祉費	人　口	19,400
	3 衛生費	人　口	15,300
	4 高齢者保健福祉費	65歳以上人口	58,300
		75歳以上人口	100,000
	5 労働費	人　口	440
五 産業経済費	1 農業行政費	農家数	116,000
	2 林野行政費	公有以外の林野の面積	5,300
		公有林野の面積	15,400
	3 水産行政費	水産業者数	360,000
	4 商工行政費	人　口	2,070
六 総務費	1 徴税費	世帯数	5,980
	2 恩給費	恩給受給権者数	879,000
	3 地域振興費	人　口	554
七 地域の元気創造事業費		人　口	950
八 人口減少等特別対策事業費		人　口	1,700
九 地域社会再生事業費		人　口	1,950
十 地域デジタル社会推進費		人　口	520
十一 公債費			

市町村分
(1) 個別算定経費

区　分		測定単位	令和3年度単位費用（単位：円）
一 消防費		人　口	11,700
二 土木費	1 道路橋りょう費	道路の面積	71,700
		道路の延長	191,000
	2 港湾費	港 係留施設の延長	28,200
		湾 外郭施設の延長	5,640
		漁 係留施設の延長	10,200
		港 外郭施設の延長	3,710
	3 都市計画費	都市計画区域における人口	994
	4 公園費	人　口	534
		都市公園の面積	37,000
	5 下水道費	人　口	99
	6 その他の土木費	人　口	1,430
三 教育費	1 小学校費	児童数	44,500
		学級数	912,000
		学校数	10,862,000
	2 中学校費	生徒数	42,300
		学級数	1,129,000
		学校数	9,752,000
	3 高等学校費	教職員数	6,641,000
		生徒数	76,300
	4 その他の教育費	人　口	5,740
		幼稚園等の小学校就学前子どもの数	674,000
四 厚生費	1 生活保護費	市部人口	9,430
	2 社会福祉費	人　口	27,600
	3 保健衛生費	人　口	8,210
	4 高齢者保健福祉費	65歳以上人口	73,400
		75歳以上人口	87,400
	5 清掃費	人　口	5,170
五 産業経済費	1 農業行政費	農家数	93,800
	2 林野水産行政費	林業及び水産業の従業者数	401,000
	3 商工行政費	人　口	1,390
六 総務費	1 徴税費	世帯数	4,310
	2 戸籍住民基本台帳費	戸籍数	1,160
		世帯数	2,190
	3 地域振興費	人　口	1,770
		面　積	1,037,000
七 地域の元気創造事業費		人　口	2,530
八 人口減少等特別対策事業費		人　口	3,400
九 地域社会再生事業費		人　口	1,950
十 地域デジタル社会推進費		人　口	760
十一 公債費			

(2) 包括算定経費（道府県分）

区　分	令和3年度単位費用（単位：円）
人　口	9,770
面　積	1,132,000

(2) 包括算定経費（市町村分）

区　分	令和3年度単位費用（単位：円）
人　口	19,000
面　積	2,279,000

出所）　総務省「第204回国会 令和3年度地方交付税関係参考資料」。

	道 府 県	市 町 村
人　　口	170 万人	10 万人
面　　積	6,500㎢	210㎢
世 帯 数	71 万世帯	4 万 2,000 世帯
道路の延長	3,900km	500km

出所）　総務省ホームページ資料。

のような規模が想定されています。ちなみに，2019 年のデータでみると，道府県において表 7.5 にあがっている数値だけでみた場合，総合してこれらに最も近いのは三重県です。次いで，熊本県，山口県が近くなっています。

　単位費用の具体的な算定方法を警察費の例でみてみましょう。これは，次の4 つのステップで行われます。

(1)　標準団体の測定単位である警察職員数 3095 人（2021 年度）に加えて，警察署数 20 署，交番数 62 カ所などのように標準団体の行政規模を定める。

(2)　標準団体における治安サービス供給に必要となる警察費（具体的には人件費や物件費，投資的経費など）を算出する。

(3)　上で算出された警察費から，国庫補助金などの特定財源で賄われる経費額を差し引き，「一般財源で賄われるべき警察費」を算出する。

(4)　「一般財源で賄われるべき警察費」を，標準団体の測定単位 3095 人で割って単位費用を算定する（853 万 4000 円：2021 年度）。

　表 7.4 にある単位費用は，このように「標準団体での公共サービス」の単価として算定項目ごとに算定されます。これらの数値は法律で定められています（地方交付税法 12 条 4 項ほか）。上に述べた算定の過程からわかるように，単位費用は，地方行政に関する制度改正や国庫補助金の改正などに影響を受けます。ですから，こういった制度改正のつど，単位費用の変更のために法律改正（つまり国会での承認）も必要となります。

《補 正 係 数》　最後に，補正係数です。単位費用は，すべての道府県またはすべての市町村の算定費目について同一のものが用いられます。しかし，自然条件や社会条件によって，実際に必要となる公共サービスの単位当たり費用は各団体で異なります。それを調整するために用いられるのが補正係数です。この

CHART | 表 7.6 補正の種類（2021 年度）

種　類	内　容
種 別 補 正	測定単位の種別（ex. 国際戦略港湾なのか地方港湾なのか）の違いを補正。
段 階 補 正	測定単位の数値の多少による段階（人口規模など）を補正。
密 度 補 正	同じ規模の測定単位のもとでの人口密度などの違いを補正。
態 容 補 正	①普通態容補正：行政の質量差（ex, 都市化の程度）や行政権能差（ex, 指定都市，中核市）などの補正。②経常態容補正：職員の年齢構成の違いから生じる給与差などの補正。③投資態容補正：公共施設の整備状況などの違いを補正。
寒 冷 補 正	寒冷・積雪地域の度合いを考慮。
財 政 力 補 正	地方債の元利償還費を基準財政需要額に算入する際に，当該団体の財政力を考慮。
合 併 補 正	合併に伴う特定の事業経費を考慮。2009 年度で廃止（現在は経過措置）。
数値急増（急減）補正	測定単位である人口は，5 年に 1 度の国勢調査の結果に基づくため，この間の急激な人口変化を，住民基本台帳登録人口などを用いて補正。数値急減補正には，農家数や林業・漁業就業者数なども用いられる場合がある。

出所）　総務省ホームページ資料をもとに作成。

　補正係数は，法律ではなく総務省令で決めることができ，単位費用よりも改定が容易ですから，微調整に融通を利かせやすいです。

　表 7.6 のように，補正には 8 種類あります。これらは次の 2 つに大別できます。第 1 は，さまざまな条件によって地方公共団体の間に生じる単位当たり費用の違いを補正するものです。これは，種別，段階，密度，態容の各補正が該当します。第 2 は，その団体が置かれている状況が単位当たり費用に与える影響を考慮するものです。これは，寒冷，財政力，合併，数値急増・急減の各補正が該当します。

　それぞれの補正のなかには，さらに複数の補正係数があり，また，これらの 8 つの補正は複合的に用いられます。たとえば，人口が標準団体の規模である 170 万人を下回っていて，人口密度も低く（つまり，面積は標準団体の規模以上），冬場の積雪量が多い県の警察費を求める場合を考えましょう。このとき，まず，その県の警察職員数（測定単位）に対して，段階補正，密度補正，寒冷補正のための補正係数を乗じていきます。次に，こうして補正された警察職員数と単位費用を掛け算するというプロセスで，その県の警察費を算定します。

これらの補正のなかで，**段階補正は規模の経済性**（もしくは不経済性）をとらえるためのものです。すなわち，地方公共団体には，たとえ人口規模が小さかったとしてもある一定の大きさの行政組織が必要となります。他方で，団体の人口規模に合わせてその行政組織の大きさを比例的に増大させる必要はありません。そのため，規模が大きい団体ほど，測定単位当たりの経費が割安になります。

　この段階補正は，さまざまな算定項目で用いられているため，基準財政需要額全体にも影響を及ぼします。すなわち，地方公共団体のデータを使って1人当たり基準財政需要額と人口規模の関係をグラフ化すると，図4.8（103頁）のようなU字型の曲線となることが知られています。

《包括算定経費》　標準的な公共サービスに必要な職員数といった基準を国が設けていない行政分野を中心に，基準財政需要額全体の約10％分についてシンプルな方法で算定されるのが**包括算定経費**（表7.4の最下段）です。たとえば，先に述べた単位費用算定のステップ(1)において，標準団体のさまざまな行政規模を考慮するなどをせず，人口および面積のみを測定単位としてざっくりと算定します。また，補正係数も，人口に対しては段階補正を，面積に対しては宅地や耕地といった土地利用形態を加味した種別補正を用いるのみです。

　公共サービスに対する住民の実際のニーズはアバウトなものですから，どれだけ精緻な方法で個別算定経費を積み上げても，実際に必要となる経費との間にはズレが生じます。そうしたことにある程度対応できる柔軟性を基準財政需要額にもたせるために，包括算定経費はいわゆる「アソビ」の役割を果たしているわけです。ただし，その一方で，地方からすると交付税算定がブラックボックス化し，わかりにくくなったとともに，安易な削減や数字合わせに利用されるのではないかと危惧する声もあります。

《歳出特別枠と公債費》　表7.4の個別算定経費の算定項目には，歳出特別枠（「七　地域の元気創造事業費」〜「十　地域デジタル社会推進費」）と「十一　公債費」という項目が並んでいます。これらのうち，**歳出特別枠**は，国の特定の政策に関連する業務にかかる地方の経費を地方交付税で賄うために設けられたものです。これについては，改めて次節で取り上げます。

　公債費は，地方が支払う地方債の元利償還費の一部を地方交付税で賄うため

に設けられている項目です。自分の借金の一部を別の誰かに返済してもらえるなら，気が緩んでもっと借金をしてしまうでしょうから，地方交付税で賄うには「それなりの理由」がなければ認められません。そこで，地方交付税を管轄する総務省は，次の3点に該当するものを個別算定経費に組み込むことにしています。

　第1は，防災・減災対策など国民の生命や安全に関わる事業のために発行した地方債の元利償還費です。災害復旧事業費がその代表例です。第2は，特定の地域に偏在する事業に関する元利償還費です。たとえば，ダム事業は中山間地域の団体に特有の事業ですが，多額の支出となるために地方債発行が必要です。第3は，国と地方を挙げて取り組むべき喫緊の政策課題に対応する事業に関する元利償還費です。最近では，公共施設等の適正管理に関する事業（第4章第3節を参照）の財源として地方債が利用され，その元利償還費の一部が基準財政需要額に組み込まれています。

ミクロの調整のカラクリ

　本節でみてきたミクロの調整は，マクロの調整のもとで決まった交付総額を各団体へ配分する形で行われます。

　そのために，まず，道府県と市町村のそれぞれについて，標準団体の基準財政需要額と基準財政収入額から標準団体の地方交付税額を決めます（ここで東京都は別枠です）。これらのそれぞれに道府県数と市町村数を掛け算すれば，理論的には地方交付税の全体額になります。このようにして算出される地方交付税の全体額が，マクロの調整によってすでに決まっている交付総額と等しくなるように，標準団体の測定単位量（先ほどの警察職員数3095人など）および単位費用を決めます。

　次に，補正係数を用いて各団体の基準財政需要額を調整していくというステップとなります。と，簡単に書いていますが，個別算定経費の説明を振り返れば，これらの作業がとても複雑であることは容易に想像できるでしょう。実際，総務省の担当部署はこの作業のために半年近くを費やしているそうです。

4 財政調整制度に関するトピック

　本章では，地方交付税を中心にわが国の財政調整制度を学んできました。最後に，本節では地方交付税制度における近年の改正を大きく 2 つのトピックに分けて紹介した後，制度が直面する課題について述べます。

既存の交付税算定方法の見直し

　地方分権改革が進むなかで，複雑すぎる交付税算定方法は地方公共団体の主体的な財政運営を妨げているとして批判されてきました。それらを踏まえて，次のような改正がなされてきました。

《算定の簡素化・透明化》　前節で述べた補正係数は，種類としては 8 つなのですが，そのなかがさらに細分化されており，基準財政需要額算定の複雑さを助長していました。そこで，いくつかの費目について，補正係数によって調整していたものを単位費用による算定へと切り替えました。たとえば，漁港維持管理，都市公園維持管理，老人医療，私学助成，公立大学に関する経費が挙げられます。こうした算定の切り替えを含め，2001 〜 07 年度に，都道府県の基準財政需要額の算定に関わる補正係数は 146 から 73 へ，市町村に関するものは 176 から 143 へと削減が進められました。また，2000 年度より，交付税算定に関して地方公共団体が意見を申し出ることのできる制度が設けられました。

《包括算定経費（新型交付税）の導入》　交付税算定の複雑さは，地方公共団体が予算編成において次年度の交付税額の見込みを立てることを難しくしていました。また，交付税算定が政策誘導的な性格を強めすぎているとの指摘もありました。そこで，2007 年度より，個別算定経費の項目数を 30 ％減らし，代わりに包括算定経費（新型交付税）が導入されました。

　1969 年度以降，地方圏でのインフラ整備促進を目的として，各費目には経常的経費と投資的経費という区分が設けられてきました。包括算定経費は，主にこの投資的経費を統合する形で行われたため，その導入にあたってこの区分も廃止されました。

《基準税率の引下げ》 2003年度には，それまで80％だった道府県の基準税率が，市町村と同じ75％へと引き下げられました。こうすることにより，基準財政収入額へ算入されない留保財源の割合が増えますから，道府県の税源を増やそうとするインセンティブが高まると期待されます。

ただし，道府県，市町村ともに，今後さらに進展する高齢化に伴って社会保障給付にかかる基準財政需要額の大幅な伸びが予想されます。これは，義務的経費として，財政力にかかわらずすべての団体において的確に財源保障されなければなりません。そのため，地方交付税による財源保障と基準税率のあり方については，今後も検討していく必要があります。

インセンティブ算定と歳出特別枠

基準財政需要額は標準的な行政需要に基づいて算定されており，地方公共団体がコスト削減に取り組むことで捻出できた財源は，その団体独自の政策に使うことができます。また，基準財政収入額の算定においても標準的な収入が想定されているので，標準以上の徴収率や超過課税などで得られた財源で地域に必要な政策を実施できます。

このように，そもそも普通交付税の算定方法は，地方公共団体の経営努力に報いる仕組みとなっているのですが，それだけでは不十分だとの指摘から，地方公共団体へより強いインセンティブを与えるための算定方法が導入されてきました。

また，地方交付税は一部の富裕な団体（不交付団体）には交付されない仕組みですから，地方譲与税よりもはるかに強い水平的財政調整を行うことができます。そのことを利用して，さらなる地域間の格差是正を図るための歳出特別枠が設けられてきました。

表7.7は，近年におけるこれらの見直しをまとめたものです。このうち，インセンティブ算定は，行政改革努力を反映するものと地域経済活性化などを反映するものとに大別できます。いずれも，それらの成果を図る指標（KPI：key performance indicator）を用いた補正係数によって割増算定を行います。ただし，最近導入された**トップランナー方式**は，歳出効率化に取り組む先進団体の水準を単位費用の算定に反映し，全体的な費用削減を促進することを目的としてい

名称など（測定単位）	実施期間	内　　容
インセンティブ算定の導入		
行革インセンティブ算定	2005～13年	歳出削減，行革努力，徴税強化の実績を各個別算定経費の算定に反映
頑張る地方応援プログラム（人口，世帯数，農家数）	2007～09年	「地域経営改革」や「まちなか再生」など10プロジェクトの成果指標を算定に反映
地域の元気づくり推進費（人口）	2013年	給与削減の実績を算定に反映
地域の元気創造事業費（人口）	2014年～現在	行革インセンティブ算定と地域の元気づくり推進費を統合。客観的なデータに基づき地域経済活性化の成果を算定に反映
人口減少等特別対策事業費（人口）	2015年～現在	人口増加や転入出，若年者就業率などの成果を算定に反映を追加
トップランナー方式	2016年～現在	行革先進団体の経費水準を単位費用の算定に反映
歳出特別枠の創設		
地方再生対策費（人口・面積）	2008～11年	段階補正，高齢化率などを用いた補正
地域雇用創出推進費（人口）	2009年	段階補正，自主財源比率や納税者1人当たり課税対象所得などを用いた補正
雇用対策・地域資源活用推進費（人口）	2010～11年	段階補正，上のほかに第1次産業就業者比率や高齢化率などを用いた補正
地域経済・雇用対策費（人口）	2012～17年	段階補正，上のほかに1人当たり製造品出荷額，人口密度などを用いた補正
地域社会再生事業費（人口）	2020年～現在	人口減少，高齢化率，低人口密度などで割増算定
地域デジタル社会推進費（人口）	2021年～現在	高齢者，事業所数，中小企業数などで割増算定

出所）　石原信雄『新地方財政調整制度論（改訂版）』（ぎょうせい，2016年）および総務省ホームページ資料をもとに作成。

ます。

　歳出特別枠として創設された経費は，人口を測定単位とし，段階補正や高齢化率を踏まえた補正などによって，地方交付税を地方圏へより多く配分することを目的としています。たとえば，**地域社会再生事業費**は，**地方法人税の税収**を地方圏へ配分するために2020年度に設けられた項目です。このようにして，**特別法人事業譲与税**とともに，地方法人2税の地域間の大きな税収偏在を是正

する仕組みが普通交付税にも組み込まれています。

　これらの改正には，その是非についての議論もあります。インセンティブ算定の導入については，標準的な財政需要の財源を保障するという地方交付税本来の目的に反するともいえます。がんばっている団体への報酬の意味合いが強い政策誘導的な補助は国庫補助金（第6章第1節）として行うべきですし，トップランナーの経費水準が「標準的」なものなのかどうかについては慎重な判断が必要です。

　また，歳出特別枠の創設による税収偏在への対応についても，まずは普遍性の原則をはじめとする地方税原則（第5章第2節）に基づいて，地方税源の見直しに取り組むことが優先されるべきです。それがなおざりにされてしまっては，本章第1節で述べたように交付団体における住民の財政錯覚をより強くしてしまうおそれがあります。

▌財源保障機能のあり方▐

　本章第2節の地方交付税に関するマクロの調整では，財源不足が常態化してきていることを述べました。図7.2を振り返り，地方財政計画の総額に占める**財源不足額**の割合（図中の折れ線グラフ）に着目してください。この割合は，財源不足が深刻化した年には20％超となり，三位一体の改革（第1章第4節を参照）の効果がみられた2007年度やアベノミクスによる好景気だった2019年度でも，5〜6％程度となっています。

　交付税制度の創設以降，財源不足がなかったわけではありませんが，それが常態化してきたのは，オイル・ショック後の1975年度からです。これ以降，財源不足を補てんするために中心的に用いられてきたのが，**交付税特会借入金**でした。この借入金については，国と地方とで返済を折半することになっており，後年度において，国負担分は国の一般会計からの繰入として，地方負担分の返済費は交付税特会の歳出として返済する形をとっていました。ただし，そうはいっても，1970〜80年代には，先の財源不足割合が0％になる年があったり，深刻な年でも財源不足割合は10％程度でした。そのため，交付税特会借入金はあくまで臨時的なものという扱いでした。

　しかし，バブル崩壊以降の財源不足額の増加と高止まりに合わせてこの借入

金も増加し，1991年度には6733億円だった借入金残高（地方負担分）は，2001年度には28兆5303億円にまで膨れ上がりました。国と地方で折半するとはいえ，地方負担分の実質的な返済主体は交付税特会ですから，この借入金に対して地方側には「借金をしている」という意識はほとんどなかったでしょう。そのことも借入金残高の増加の遠因と考えられたため，交付税特会借入は2001年度に廃止されました。ちなみに，ピーク時と比べると減少はしたものの，この借入金の残高は，2019年度現在でも31兆2123億円あります。

　交付税特会借入金に代わって財源不足額の財源として用いられることになったのが**臨時財政対策債**です。地方債の返済は各地方団体が担いますから，交付税特会借入金と比べると地方側にも借金の意識を抱かせるものです。

　しかし，この地方債は，交付団体にとっては「返済を国が肩代わりしてくれる」という仕組みになっています。すなわち，臨時財政対策債発行可能額が示され，この発行可能額にかかる元利償還金が後年度の基準財政需要額にすべて算入されるのです。これは，一般的な地方債が投資的経費の財源とされているのに対して（第8章第1節を参照），臨時財政対策債は財源不足に対応するための特殊な地方債であり，経常的経費（つまり，標準的な公共サービス供給のための経費）にも充てることができるためです。この臨時財政対策債の残高は，2019年度現在で53兆9662億円となっています。

　他方で，ミクロの調整面に目を向けると，わが国の地方交付税制度においては，「都道府県，市町村ともに95％以上が交付団体」が基本構造となっていることがうかがえます。図7.5は，都道府県および市町村のそれぞれにおける**不交付団体**の割合の推移を図示したものです。このうち，都道府県については，バブル経済の時期には，東京都以外に，愛知県，大阪府，神奈川県も不交付団体でした。市町村については，三位一体の改革および市町村合併（第4章第2節）の時期に不交付団体の割合が10％に達したことがありました。しかし，図7.5からは，これらはいずれも一時的な現象にすぎなかったことがわかります。

　このように，マクロ面では毎年度の財源不足を借金で穴埋めしている一方で，ミクロ面ではほぼすべての地方公共団体が交付団体という構造が常態化しています。国家財政も多くの借金を抱えている現状を踏まえると，これは単に国と

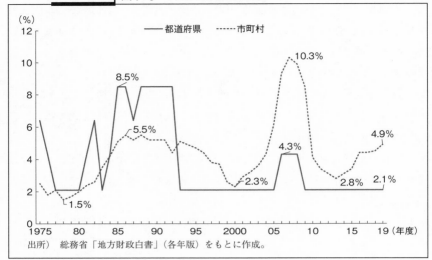

CHART 図7.5 不交付団体割合の推移

出所) 総務省「地方財政白書」（各年版）をもとに作成。

地方の問題というだけではありません。つまり，交付税率をさらに引き上げるとか，国から地方への税源移譲を進めるといった政策では，現在の財源不足を根本的に解消するのは難しいでしょう。それだけでなく，国と地方をあわせた公共部門の**全体的財政責任**について改めて検討し，財政調整制度によってどこまで財源保障すべきか考える必要もあります。

注 ───────

1 歴史的な制度の解説については，石原信雄『新地方財政調整制度論（改訂版）』（ぎょうせい，2016 年）を参考にしています。

2 地方法人税は，2014 年度の消費税増税（税率 8％への変更）に伴って創設され，19 年度の消費税率 10％への引上げに伴い拡充されました。これらの結果，制度改正前に都道府県と市町村あわせて 17.3％だった法人住民税法人税割の税率は 7％となり，差額分の 10.3％が地方法人税の税率となっています。また，地方法人税は地方譲与税と同じように交付税特会へ直接繰り入れられます（図 1.7 を参照）。

3 普通交付税は，毎年度，遅くとも毎年 8 月 31 日までに交付額が決定され（地方交付税法 10 条），4 月，6 月（ここまでは概算額），9 月および 11 月の 4 回に分けて交付されます（同法 16 条 1 項）。これに対して，特別交付税は，12 月と翌年 3 月に交付されます（同法 15 条 2 項）。

□1 わが国の財政調整制度を通じた一般補助金は，地方歳入の約19%を占めています。財政調整制度には，水平的と垂直的の2つの財政調整の仕組みがあり，個人間の財政上の扱いの公平性やナショナル・ミニマムの保障だけでなく，効率性の面でもその意義があります。しかし，同時に，住民の財政錯覚を生み出すなどのデメリットも考えられます。

□2 戦後に創設されたわが国の財政調整制度は，地方分与税や地方財政平衡交付金を経て，現在の地方譲与税と地方交付税へと形作られてきました。地方譲与税は水平的財政調整の機能をもつ一方で，地方交付税には水平と垂直の両方の財政調整機能があります。これらを両立させるために，マクロの調整（地方財政対策）が行われています。

□3 各地方公共団体の財源不足を的確に把握するため，ミクロの調整において基準財政収入額と基準財政需要額が算定されます。基準財政収入額の算定では，地方の課税自主権を妨げないような工夫が施されています。基準財政需要額は，測定単位，単位費用，補正係数からなる個別算定経費によって，財政需要についての詳細な把握がなされています。

□4 基準財政需要額算定の複雑さの是正，交付団体の努力を促す仕組みの導入，水平的財政調整の強化など，地方交付税制度には近年さまざまな改正がなされてきました。その一方で，わが国の財政調整制度は，ほぼすべての団体が交付団体という基本構造とマクロの財源不足額の常態化という課題に直面しています。

第 **8** 章

地方債と地方財政健全化

地方は自由に借金できる？

　地方債は，多額の財源を必要とする建設事業や災害復旧事業などの経費を賄うために地方公共団体が行う借入金です。地方債は，地方税や国からの補助金などとともに地方公共団体にとって重要な財源となっているものの，地方債を発行するためには，いろいろなルールがあります。

　第 1 節では，地方債制度についてみていきます。地方債は地方公共団体が自由に発行できるものではありません。地方債は財源調達できる事業が決まっていたり，地方債を発行する際には協議制度が設けられたりしています。また，国が地方債計画によって地方債の発行予定額の総額などを決め，それをもとに，協議における同意基準および許可基準を定めています。この節では，これらの仕組みについて紹介します。

　第 2 節では，地方債の経済分析について説明します。公債を発行してもよいという根拠とは何かについて，そして，住民が地域間移動を行うことで，地方債の負担から逃れようとする食い逃げ問題について考えていきます。

　第 3 節では，地方財政健全化法についてみていきます。地方財政健全化法により，財政指標といった客観的数字を用いて，地方公共団体の財政運営を見直す仕組みが強化されました。地方財政健全化法の基本的な仕組みや法が施行された後の財政状況についてみていきます。

1 地方債制度

地方債の現状

地方債とは，地方が資金調達するための借入金であり，その返済が1会計年度を越えて行われるものをいいます。返済が同一会計年度内に行われる債務は一時借入金と呼ばれ，地方債とは区別されます。

第1章でもみたように，2019年度決算における地方債は10兆8705億円で，地方歳入の約10.5%を占めています（図1.5〔7頁〕を参照）。また，地方公共団体が発行した地方債の元利償還などに要する経費（地方債を返済するための経費）である公債費は，2019年度性質別歳出純計決算額において12.1%を占めています（図4.2〔93頁〕を参照）。

以上は，単年度にどれだけ地方債が発行され，返済されているかを表していますが，地方債発行額が元金償還額よりも大きくなれば，借金が累積していくことになります。そのため，地方財政の借金が現在どれくらいあるかに注目するため，地方の借入金残高をみてみましょう。

図8.1によれば，地方財政の借入金残高は2022年度末で189兆円と見込まれています。その内訳は，交付税特会借入金残高が約30兆円，公営企業債残高が約16兆円，臨時財政対策債（臨財債）を除く地方債残高が約91兆円，臨時財政対策債が約53兆円となっています。第7章第4節でも説明したように，交付税特会借入金は，地方交付税の財源不足を補塡するために，過去に用いられていた交付税特別会計の借入金です。そして，臨時財政対策債とは，地方の財源不足を補塡するために，本来地方交付税として交付されるべき額の一部を振り替えて発行される地方債のことです。なお，一般的に地方債残高は臨時財政対策債を除く地方債残高と臨時財政対策債の合計額（144兆円）で表されますが，臨時財政対策債の元利償還金は後年度にその全額を交付税算入されることから，図8.1ではこれらを分けて表しています。

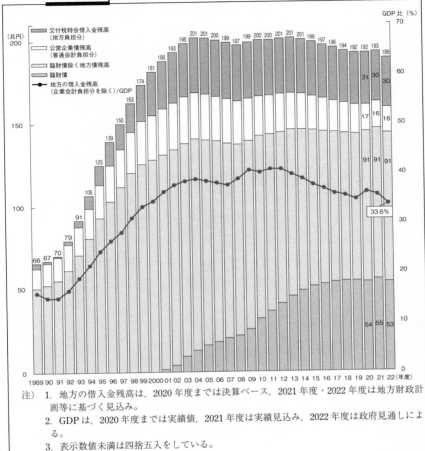

注） 1. 地方の借入金残高は，2020年度までは決算ベース，2021年度・2022年度は地方財政計画等に基づく見込み。
　　 2. GDPは，2020年度までは実績値，2021年度は実績見込み，2022年度は政府見通しによる。
　　 3. 表示数値未満は四捨五入をしている。
出所） 総務省ホームページ。

地方債の対象経費

　地方債は地方の借金ですから，後年度にその元金と利子を返済（償還）しなければなりません。そのため，地方債が無制限に発行されると，その返済に財源をまわすことを余儀なくされ，地方公共団体の財政運営に支障が生じます。そして，地方債は将来世代に負担が転嫁されるといった問題を引き起こします。

以上のことから，地方財政法 5 条には，「地方公共団体の歳出は，地方債以外の歳入をもつて，その財源としなければならない。ただし，次に掲げる場合においては，地方債をもつてその財源とすることができる」と書かれています。この地方財政法 5 条のただし書きには，例外として地方債を財源とすることができる場合が列挙されていて，それらの事業のことを**適債事業**といいます。

地方債を発行できる条件は，以下のとおりです。

(1) 公営企業に要する経費の財源とする場合

地方公共団体には，一般的な行財政活動以外に，バス・電車などの交通機関，病院，上下水道など，応益性の原則に基づく料金徴収をする形で公共サービスを供給している行財政活動があります。図 1.1（3 頁）に示されているように，地方公共団体が経営する企業活動を**地方公営企業**と呼んでいます。地方公営企業の事業に必要となる経費や設備費などの財源を調達するために，地方債を発行することが認められています。その理由は，他の一般行財政活動と異なり，料金収入や一般会計からの繰入金を使って償還財源を確保することができるからです。

(2) 出資金および貸付金の財源とする場合

地方公共団体は，公益法人，社会福祉法人，NPO 法人，特別法上の法人，組合，任意の団体などに出資したり，さまざまな施策上の目的のために地域の住民や企業にお金を貸し付けたりしています。このような出資金や貸付金の財源とする場合，地方債の発行が認められています。その理由は，出資金からは配当，貸付金からはその返済金が得られるので，これらに対して地方債を発行しても返済する財源を見込むことができるからです。

(3) 地方債の借換えのために要する経費の財源とする場合

地方公共団体はすでに借り入れている地方債を償還するために，借換えを行う場合があります。たとえば，ある時期に公債費の返済が集中するとき，その負担を平準化するために借換えを行うことがあります。また，金利負担の軽減を図るために，低利の資金に借り換えることもあります。以上のように，借換えは新しく負債を負うものではないため，地方債の借換えのために充てる地方債は認められています。

(4) 災害応急事業費，災害復旧事業費，災害救助事業費の財源とする場合

地方公共団体にとって災害の発生は予想外な出来事で，災害復旧などには緊急性を要し，それにかかる費用は巨額になります。また，災害により地域経済に打撃が与えられることから，地方税収などが減少してしまいます。以上のことから，災害関連に関係する事業については，地方債により財源を得ることが認められています。

(5)　公共施設または公用施設の建設事業費，土地の購入費などの財源とする
　　場合

　土木施設など（学校，消防施設，道路，河川，港湾など）の公共・公用施設の建設事業費および公共用の土地購入費の財源とする場合などについては，地方債の発行が認められています。これらは，**建設地方債**と呼ばれるものに対応しています。

　建設事業の効果（便益）は将来に及ぶために，現在世代だけでなく，将来世代にも負担を求めることが公平と考えられます。また，事業の実施によりその地域に経済発展がもたらされれば，将来の地方税増収によって間接的に償還財源が確保されたりします。このように，将来世代にも便益となる建設事業の経費については，地方債を財源とすることが認められています。ただし，住民は施設などの耐用年数にわたり便益を受けることができるという考えから，耐用年数の範囲内でのみ元利償還金を返済することを求めています。この点でも，**世代間の公平**を図ることを意図しています。

　以上のように，地方債は，長い期間をかけて償還していくものであるので，短期的視点だけでなく長期的視点からも起債判断をする必要があります。将来的に収益を見込むことができる事業への投資に地方債による資金が充てられるならば，元利償還費をそこから得られた収益を使って返済することで，将来の納税者に負担を求めなくても済みます。また，将来世代にも便益が及ぶような公共施設の建設に対しては，現在世代のみに増税などで全負担を求めると，将来世代は負担なく便益のみを受け取ることができることになり，世代間での受益と負担の関係にミスマッチが生じてしまいます。このことから，**応益性の原則**に則して将来世代にも負担を求める必要があるため，地方債を発行することが望ましいといえます。すなわち，地方公共団体における財政運営の効率性と世代間負担の公平の観点から，上記の5項目については地方債の発行が認めら

れています。

特例地方債

　上述したように，地方債は原則，地方財政法5条に規定されている経費においてのみ発行できることになっています。ただし，地方債の発行は地方財政法5条に規定されている経費以外にも，例外的に認められる場合があります。これは地方財政法5条の特例として，別途定めた法律に基づいて地方債の発行が認められているからです。このような**特例地方債**のことを「赤字地方債」とも呼びます。たとえば，過疎地域の持続的発展の支援に関する特別措置法に基づく過疎対策事業債，地方財政法33条の5の5の規定に基づく退職手当債，地方財政法33条の5の8の規定に基づく公共施設などの除却にかかる地方債，地方財政法33条の5の11の規定に基づく河川などのしゅんせつなどにかかる地方債などがあります。これらの地方債は，特定目的事業の財源として発行されるものです。

　これらのほかに，地方財政法33条の5の2の規定に基づく**臨時財政対策債**（第7章第4節を参照），**減収補てん債**（地方税の税収額が標準税収入額を下回る場合に，その減収を補うために発行される地方債），**減税補てん債**（地方税の特別減税，制度減税による地方公共団体の減収額を埋めるために発行される地方債）などがあります。これらは，使途が特定されない地方債となっています。

地方債計画

　地方債計画は，国が地方債の発行見込額を算定し，公表する年間計画です。地方債計画は，国の予算，地方財政計画や財政投融資計画などを踏まえて策定されます。

　地方債計画には，地方債発行見込額を算定するだけでなく，必要となる資金を確保するとともに，資金の配分を行う目的があります。地方債計画は，地方債の計画的利用の指針となるもので，①起債の目的となる事業別の予定額の総額（事業別計画額），②主に地方税により償還する普通会計分と主に料金収入により償還する公営企業会計等分とに区分された償還財源別の予定額の総額（普通会計および公営企業会計別の計画額），③資金別の予定額の総額（資金区分別計画

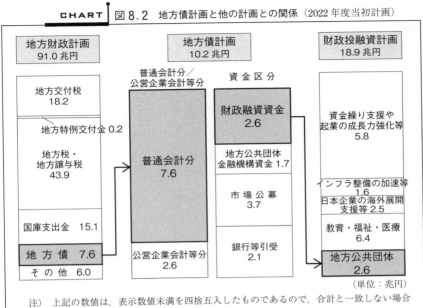

CHART 図8.2　地方債計画と他の計画との関係（2022年度当初計画）

| 地方財政計画 91.0兆円 | 地方債計画 10.2兆円 | 財政投融資計画 18.9兆円 |

普通会計分／公営企業会計等分　　　資金区分

地方財政計画 91.0兆円
- 地方交付税 18.2
- 地方特例交付金 0.2
- 地方税・地方譲与税 43.9
- 国庫支出金 15.1
- 地方債 7.6
- その他 6.0

地方債計画 10.2兆円
- 普通会計分 7.6
- 公営企業会計等分 2.6

資金区分
- 財政融資資金 2.6
- 地方公共団体金融機構資金 1.7
- 市場公募 3.7
- 銀行等引受 2.1

財政投融資計画 18.9兆円
- 資金繰り支援や起業の成長力強化等 5.8
- インフラ整備の加速等 1.6
- 日本企業の海外展開支援等 2.5
- 教育・福祉・医療 6.4
- 地方公共団体 2.6

（単位：兆円）

注）　上記の数値は，表示数値未満を四捨五入したものであるので，合計と一致しない場合がある。
出所）　財務省ホームページ。

額），を計上しています。

　図8.2では，中央の地方債計画の左側に歳入である普通会計分と公営企業会計等分の地方債総額が描かれています。右側には，資金源を意味する資金区分が描かれており，財政投融資資金，地方公共団体金融機構資金，市場公募資金，銀行等引受資金の4種類で資金調達していることがわかります。以上のように，地方債計画は，資金需要側である普通会計および公営企業会計別の計画額と資金供給側である資金区分の合計が等しくなるように作成されています。

　資金区分についてみていくと，公的資金である財政投融資資金と地方公共団体金融機構資金，民間等資金である市場公募資金と銀行等引受資金に分けることができます。**財政投融資資金**とは，国がある政策目的を達成するために，国債の一種である財政投融資特別会計国債（財投債）の発行などにより資金調達し，それを貸し付ける資金です。**地方公共団体金融機構資金**とは，すべての都道府県および市区町村などの出資によって設立された地方公共団体金融機構が，市場から資金を調達し，その資金を地方公共団体に貸し付ける資金です。公的

資金は地方公共団体全体のリスクをプーリングし，財政力の低い地方公共団体の資金調達コストを抑制する役割があります。

一方，民間等資金は，各地方公共団体が市場から調達する資金です。**市場公募資金**は，債券発行市場において公募により調達する資金であり，**銀行等引受資金**は，金融機関や各種共済組合などから調達する資金です。民間等資金は，財政力の高い地方公共団体が活用する傾向があります。

1951年度までは地方債の全額を公的資金としていましたが，52年度から民間資金が導入されるようになりました。そして，財政投融資改革直後の2001年度においては公的資金が約6割，民間等資金が約4割であったものが，22年度当初予算においては公的資金が約4割，民間等資金は約6割になっています。2001年度の財政投融資改革により，政府資金による地方債引受けが大きく低下し，民間等資金の割合が増加しました[1]。そのなかでもとくに，市場公募債の割合が増加しています。2021年度現在，39団体の都道府県と20団体の指定都市が市場公募債を発行しています。

民間等資金より資金を調達するということは，民間企業などと同様に，返済能力など各地方公共団体の財政状況が問われることになります。地方公共団体の財政力や財政運営状況などが悪化すれば地方債返済にリスクが生じるため，地方債の金利（スプレッド）が高騰したり，資金調達ができない可能性もあります。

地方債充当率

地方債の発行が認められる事業であっても，その事業費のすべてを地方債で賄うことができるわけではありません。地方債を起債するとき，毎年度，総務大臣が事業区分ごとに定めて告示する**地方債充当率**によって，事業費の何割まで地方債で賄ってよいかという上限が決まっています。地方債を充当できる額は，国庫補助金などの特定財源を除いた地方公共団体の負担分に地方債充当率を乗じた額となります。

地方債充当率を設定することで，事業費を地方債で賄う部分（地方債によって将来世代に負担をしてもらう部分）とその年度の一般財源で賄う部分（現在世代の住民に負担をしてもらう部分）に区別しているといえます。つまり，地方債充

当率の設定により，便益と負担に関して世代間の公平性を図るようにしています。ただし，公営企業債や公営住宅建設事業債は，事業収入により元利償還を行うことができるため，充当率が100％に設定されています。

　また，充当率を上げることにより，事業を実行しやすくする効果もあるといえます。たとえば，災害復旧に関する事業などに関しては，緊急性に対応するとともに，多額の財政負担を軽減するため，充当率が100％に近い水準に設定されています。

┃ 地方債協議制度 ┃

　わが国では2005年度まで，地方公共団体が地方債を発行する場合には，都道府県・指定都市は総務大臣，市町村は都道府県知事の許可が必要（**許可制**）とされていました。しかし，この地方債の許可制は地方公共団体の自主性を阻害するという観点から，2006年度に許可制から**協議制**へと変化しました。

　協議制のもとでも地方債を発行する場合には，都道府県・指定都市は総務大臣，市町村は都道府県知事との協議が必要です。協議にて同意が得られた場合には，財政融資資金などの公的資金を借り入れることができるだけでなく，地方財政計画（第1章第3節を参照）や地方交付税制度（第7章を参照）を通じて元利償還金への財政措置が行われることになります。一方，協議にて同意が得られない場合，許可制の頃とは異なり，地方議会への報告を行うことで，起債できるようになりましたが，国からの財源保障がないだけでなく，公的資金の貸付も受けられません。そのため，同意が得られない場合には，市場から資金調達する必要があり，市場からの信用度が高い地方公共団体のみが地方債を発行できる状況になったといえます。

　2012年度より，さらに国による地方公共団体への関与が縮小され，地方公共団体の自主性・自立性を高めるために，一定の要件（**協議不要基準**）を満たす地方公共団体が民間等資金から財源調達する場合には，原則として総務大臣や都道府県知事との協議を不要とし，事前に届出を行うことで地方債を発行することができる**届出制**が導入されました。このような，協議が不要となる地方公共団体を**協議不要対象団体**と呼びます。2016年度にはさらに協議不要基準が緩和されています。この協議不要基準については，本章第3節で説明します。

起債が制限される地方団体

協議制のもとにおいても，地方債全体の信用を維持するため，財政状況が悪化している地方公共団体には，総務大臣や都道府県知事の許可が必要（**許可制**）となっています。どのような地方公共団体が許可を必要とするかという**許可制移行基準**については，本章第3節で説明します。

そして，**標準税率**未満の課税を行っている団体が地方債を発行する際にも，総務大臣あるいは都道府県の知事から許可を受ける必要があります。かつては，標準税率未満の団体については地方債の発行が禁止されていました。その理由は，地方債を発行しようとする団体は，少なくとも標準税率を課すことにより標準的な税収を確保すべきであるという考えによるものです。この考えを根底にもちながら，課税自主権を尊重することを重視した結果，現在では許可制に移行しています。

以上のように，地方債の発行に対して協議制，届出制，許可制の3段階の区分があることになります。

 地方債の経済理論

公債の根拠

公債（国債や地方債）を認める根拠については，すでに述べたように，公共施設や道路などの投資的経費に関するものは長期間使用可能であり，多年度に便益が及ぶため，投資時点の納税者に全負担を求めるのは応益性の原則の観点から不適切であるという考えに基づいています。そのため，**利用時払いの原則**に従い，公債を用いて経費調達を行い，元利償還を通じて便益を受ける将来世代にも一部の負担を求めることで，公平性の原則を満たすことが可能になります。

そのため，財政法4条や地方財政法5条にあるように，国債や地方債は公共事業など投資的経費については起債が認められています。ところが，その実態

は，国・地方ともに投資的経費だけでなく，経常的経費までも公債で賄っている状態となっています。上述したように，地方においては地方財政法5条の特例である臨時財政対策債，減税補てん債，減収補てん債，過疎対策事業債，退職手当債などの特例地方債が発行されている現状があります。

地方債と地域間人口移動

　経済理論を用いて地方債を考えると，第2章第3節や第3章第2節で紹介した地域間人口移動のもとでは，特例地方債は危険なものであることを説明できます。前節で説明したように，特例地方債は赤字補てんとして用いられることが多いため，それによる財源は現在世代の人々に便益を与えるが，将来世代には便益を生み出さないサービスなどに支出される可能性が高いといえます。たとえば，地方債による調達資金が，公債発行時のみに便益を生み出す消費的・経常的サービスに使われたり，減税もしくは本来やるべき増税の先延ばしのために使われたとしましょう。

　すると，地方債発行時に住んでいた住民は税負担をすることなく，便益を得ることができます。しかし，将来の元利償還時に増税などの形で負担を負わなければならなくなると，償還時前に便益を受けた住民は他の地域に移動することにより，その負担から逃れることができます。つまり，地域間人口移動の可能性がある場合には，地方債からの便益を「食い逃げ」することができるのです。このような食い逃げの問題は，地方債発行に伴う受益と負担の時間的ズレが存在するために生じます。

　それでは，地方債による調達資金が，適債事業である建設事業費など投資的経費に使われる場合は，どうでしょうか。建設事業など投資的事業は長期間にわたり便益を生み出すので，適切な対応をとれば，この食い逃げ問題を防ぐことができます。たとえば，毎年発生する便益に見合う形で地方債の償還を行ったり，将来の償還に向けて毎年少しずつ財源を積み立てていくことにより，受益者に相応の負担を求めることができます。仮に，ある住民が，元利償還の負担を回避するために他地域への移動を試みたとしても，移動してしまった後にはその人は投資的事業からの受益を得ることができなくなります。したがって，人々には「食い逃げ」のインセンティブがありません。以上のように，地域間

人口移動の可能性を考慮した場合でも，投資的事業に関する地方債は，特例地方債とは異なり**応益負担の原理**を侵害しないので，起債を容認することができます。

┃ 食い逃げは防げるか ┃

投資的事業については地方債からの便益を食い逃げされるリスクは低いですが，消費的・経常的サービスでも食い逃げを防ぐことができる可能性はあります。そのためには，2つの条件が成立する必要があります。第1の条件は，地方債の償還の財源として土地所有への課税である固定資産税のみ用いることです。第2の条件は，地方債が発行された地域の住民が，その地域の土地所有者であることです。

通常，土地の価値は，土地が将来生み出す収益の割引現在価値（将来受け取れると見込まれる利益が現在ではいくらの価値をもつかを表すもの）の合計額に等しくなります。地方債の償還のため，現在であれ将来であれ固定資産税の負担が増加すれば，土地を購入したい人（需要）が減少し，土地の価格が下落することになります。このことを「税の資本化」と呼びます（同様の話は第3章第1節を参照）。したがって，固定資産税が用いられると，固定資産税を納税しなければならない住民（土地所有者）は，その地域に住み続ければ固定資産税を負担することになる一方で，移住しようとすると下落した価格のもとで土地を売却しなければならなくなります。つまり，現在の土地所有者が移住するか否かにかかわらず，資本化を通じた負担から逃れることは（地方債の食い逃げは）できなくなります。ただし，土地所有者ではなく借地人や借家人であるならば，移動することで，地代や家賃に含まれている固定資産税の間接的な負担から逃れることができるため，第2の条件が必要となります。

第1の条件はともかく（現にイギリスの地方税はカウンシル税という住居に対する固定資産税のみです），第2の条件は現実的に満たされないでしょう。また，仮に2つの条件が揃っていたとしても，資本化が十分になされない場合には，負担の一部を回避することができるため，地方債の食い逃げを完全に防ぐことは困難です。

3 地方財政健全化法

基本的な仕組み

　地方公共団体が行財政サービスを継続して供給していくためには，健全な財政運営を行っていかなければなりません。一定レベルを超えた赤字の拡大や債務の増大は，地方公共団体の財政運営の持続可能性に危険を生じさせることになります。そのため，財政指標といった客観的数字を用いて，財政状況に危険な兆候がみられる場合には財政運営を見直す仕組みが必要となります。

　1955年以降，普通会計の実質赤字比率が一定程度に達した場合には，地方財政再建促進特別措置法（以下，「旧再建法」と呼びます）のもと，財政再建に取り組む仕組みが設けられていました。ところが，北海道夕張市の不正会計が発覚し，2007年度に財政破綻したことを契機に，国が地方財政の健全化をチェックする仕組みを見直す動きが加速しました（Column ❽-1を参照）。総務省において「新しい地方財政再生制度研究会」が開催され，旧再生法の問題点として，①情報開示が不十分であること，②財政再建団体の基準があるだけで，財政再建団体に陥ることを防ぐための早期是正の機能がないこと，③ストック・ベースの財政状況（借金残高）の把握が不十分であること，④健全性の判断が一般会計に限定されており，公営企業や地方公社などの経営状況が考慮されていないこと，⑤再建を促進するための仕組みが十分でないこと，といった問題が指摘されました。

　その指摘を受け，2007年6月に**地方公共団体の財政の健全化に関する法律**（以下，「**地方財政健全化法**」と呼びます）が公布され，2009年4月に完全施行されました。この地方財政健全化法により，地方公共団体は実質赤字比率，連結実質赤字比率，実質公債費比率および将来負担比率の4つの健全化判断比率を毎年度，監査委員の審査に付したうえで，議会に報告し，公表しなければならなくなりました（図8.3を参照）。また，これらの指標を用いることで，一般会計だけでなく，公営事業会計，一部事務組合・広域連合，地方公社・第三セクター

Column ❽-1　財政破綻した夕張市で起こったこと

　北海道夕張市は，かつて炭鉱都市として栄えましたが，1960年代からのエネルギー転換による石炭産業の衰退とともに人口減少が進みました。それにより，夕張市の財政は打撃を受け，炭鉱都市から観光都市への道を選ぶことになりました。そこで，公営企業や第三セクターを通して観光施設を続々と建設しましたが，負債を増やす結果に終わり，2007年には財政破綻することになりました。

　この後，財政再建計画が作成されることになります。歳入確保の主な政策として，個人市民税の均等割は3000円から3500円，所得割の税率は6％から6.5％，固定資産税税率は1.4％から1.45％，軽自動車税は現行税率の1.5倍など増税が行われました（地方税については，第5章を参照）。また，歳出削減については，人件費削減として一般職給与の給与月額を平均30％削減，期末手当を4.45月から2.45月へと削減，特別職給与を平均60％以上削減，議員報酬を約40％削減など大幅な削減が行われました。それ以外に，小中学校の統廃合（小学校は7校から1校，中学校は4校から1校）が行われ，その他，図書館，美術館，連絡所，集会所，公園，公衆トイレ，公衆浴場など，多くの公共施設が休廃止されました。

　以上のように，地方公共団体が財政破綻すると，そこに住む住民は大きな負担を強いられることになります。そのことから，財政破綻した地域では，人口流出などによる人口減少が生じ，さらなる地域経済の衰退につながってしまいます。ニュースなどでは国の政策などについて話題になりますが，地方公共団体の政策についてはあまり触れられる機会が少ないといえます。国だけでなく，自分の住んでいる地方公共団体の政策や財政状況がどのようになっているのかについて，各人が関心をもつ必要があります。

などの赤字や負債についても明らかにし，毎年度の赤字額であるフローだけでなくストックにまで対象範囲を広げることで，地方公共団体の財政状況をより広範囲に浮き彫りにさせることができるようにしています。

　以上の4つの指標を用いて，各地方公共団体ができるだけ早く財政再建に着手できるように，健全化判断比率のいずれかがイエローカードとしての**早期健全化基準**以上に悪化した場合には，その団体は**財政健全化団体**となり，財政健全化計画を作成しなければなりません（表8.1を参照）。さらに，レッドカード

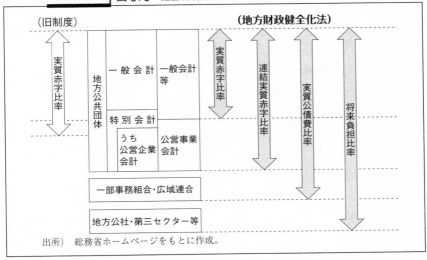

CHART 図8.3 健全化判断比率等の対象

（旧制度）

（地方財政健全化法）

実質赤字比率

地方公共団体
- 一般会計 ｜ 一般会計等
- 特別会計 ｜ 公営事業会計
  - うち公営企業会計

一部事務組合・広域連合

地方公社・第三セクター等

実質赤字比率

連結実質赤字比率

実質公債費比率

将来負担比率

出所）総務省ホームページをもとに作成。

CHART 表8.1 早期健全化基準と財政再生基準

	早期健全化基準	財政再生基準
実質赤字比率	道府県：3.75% 市町村：11.25 〜 15%	道府県：5% 市町村：20%
連結実質赤字比率	道府県：8.75% 市町村：16.25 〜 20%	道府県：15% 市町村：30%
実質公債費比率	都道府県・市町村：25%	都道府県・市町村：35%
将来負担比率	都道府県・政令市：400% 市町村：350%	―

注） 1. 実質赤字比率および連結実質赤字比率については，東京都の基準は別途設定されているが，ここでは省略している。
　　 2. 市町村の実質赤字比率と連結実質赤字比率の早期健全化基準は，標準財政規模によって異なっているため，基準に幅がある。
出所）総務省ホームページをもとに作成。

としての**財政再生基準**以上に悪化した場合には，その団体は**財政再生団体**となり，財政再生計画を作成しなければなりません。実質赤字比率は，いったん早期健全化基準を上回ってしまうと，0％になるまでイエローカードは下げてもらえません。他方，他の3つの指標は早期健全化基準をクリアすれば，イエローカードを下げてもらえます。このように，国は実質赤字比率を最重要視し

ています。

　4つの指標の内容についてみていきましょう。実質公債費比率については，第4章第1節で述べましたが，さらに詳しく触れておきます。

《実質赤字比率》　実質赤字比率は，地方団体の一般会計等（普通会計とほぼ同じ）を対象とした実質赤字の標準財政規模に対する比率であり，短期の資金繰りの悪化を示す指標です。旧再建法における実質赤字比率とほぼ同じものです。

$$実質赤字比率 = \frac{一般会計等の実質赤字額}{標準財政規模} \times 100$$

　　一般会計等の実質赤字額──歳入から歳出と翌年度への繰越財源を差し引いた額

　　標準財政規模──地方税の標準税収入額などに普通交付税と臨時財政対策債発行可能額を加えた額

《連結実質赤字比率》　連結実質赤字比率は，実質赤字比率の概念を一般会計等と公営事業会計を加えた全会計に拡張し，実質赤字額が標準財政規模に占める比率を表しています。

$$連結実質赤字比率 = \frac{連結実質赤字額}{標準財政規模} \times 100$$

　　連結実質赤字額──「一般会計および公営企業以外の特別会計のうち，実質赤字の合計額から実質黒字の合計額を差し引いた額」と「公営企業の特別会計のうち，資金不足額の合計額から資金剰余額の合計額を差し引いた額」を加えた額

　　旧再建法のもとでは，一般会計等と公営企業会計を含めた全会計をチェックしてこなかったため，決算書類の提出時期の違いを利用した会計間の繰入・繰出により，目的とする会計を見かけ上改善させる会計処理が行われてきた可能性がありました。そのため，新しい指標として連結実質赤字比率を用いて公営事業会計などを連結して実質赤字額を算定することになりました。連結実質赤字比率は，公営企業会計などを含めたすべての特別会計と一般会計とを合算した連結ベースで，実質赤字額・資金不足額の集計値の大きさを標準財政規模と比べる指標です。

《実質公債費比率》　実質公債費比率は，一般会計等が発行した地方債の償還費だ

けではなく，公営企業会計や一部事務組合が発行した地方債の償還費を一般会計が繰出によって負担している場合の負担額も含む，現在の公債費負担の重さを示す指標です。全会計の地方債償還費が集計されているのではなく，集計対象は一般会計等が負担する部分に限定されています。実質公債費比率は3カ年平均で算定されています。

実質公債費比率（3カ年平均）

$$= \frac{\text{地方債の元利償還金等}-(\text{特定財源}+\text{元利償還金等にかかる基準財政需要額算入額})}{\text{標準財政規模}-(\text{元利償還金等にかかる基準財政需要額算入額})}$$

　元利償還金等――元利償還金と準元利償還金（他会計への繰出金や一部事務組合などの負担金のうち公債費に充てたものなど元利償還金に準ずるもの）を加えた額

　特定財源――元利償還金や準元利償還金に充てられることを目的とする財源
　（特定財源については第1章第1節を参照）

　元利償還金等にかかる基準財政需要額算入額――元利償還金や準元利償還金に要する経費として交付税の基準財政需要額に算入された額（基準財政需要額については第7章第3節を参照）

《将来負担比率》　将来負担比率は，一般会計の地方債残高に加えて，連結実質赤字や退職手当支給予定額のほか，地方公社や第三セクター法人に対する債務保証・損失補償に伴う潜在的な負担見込額なども含めた，一般会計が負っている債務の大きさをチェックするストックの指標です。

将来負担比率

$$= \frac{\begin{array}{c}\text{将来負担額}-(\text{充当可能基金額}+\text{特定財源見込額}\\+\text{地方債現在高等にかかる基準財政需要額算入見込額})\end{array}}{\text{標準財政規模}-(\text{元利償還金等にかかる基準財政需要額算入額})}$$

　将来負担額――地方債の現在高，連結実質赤字額，退職手当給付予定額，地方公社や第三セクター法人などの負債額などのうち，一般会計等で負担する見込額などの合計額

　充当可能基金額――全基金残高のうち，地方債償還財源へ充当可能な額

　地方債現在高等にかかる基準財政需要額算定見込額――地方交付税の算定方

表8.2 早期健全化水準に達した地方公共団体数の推移

年　　度	2007	2008	2009	2010	2011	2012	2013～20
実質赤字比率	2 (2)	2 (1)	0 (0)	0 (0)	0 (0)	0 (0)	0 (0)
連結実質赤字比率	11 (2)	2 (1)	0 (0)	0 (0)	0 (0)	0 (0)	0 (0)
実質公債費比率	33 (2)	20 (1)	12 (1)	4 (1)	1 (1)	1 (1)	1 (1)
将来負担比率	5	3	3	2	2	2	1

注)　表内の数字は早期健全化水準以上に達した地方公共団体の数。（　）内の数字は財政再生基準以上に達した地方公共団体の数。
出所)　総務省「令和4年版地方財政白書」をもとに作成。

法により算定された地方債現在高等にかかる財政需要額の見込額

実質公債費比率がフローに焦点を当てていたのに対して，将来負担比率はストックに焦点を当てた指標であるといえます。また，地方公社や第三セクター法人を抱えている地方公共団体は，これらの主体が何らかの理由で債務の返済ができなくなったとき，代わりに一般会計から返済をしなければなりません。そのため，将来負担比率はそのリスクの大きさを一般会計等負担見込額として示すことができる唯一の指標となります。一方，そのようなものを抱えていない地方公共団体に対しては，将来負担比率は一般会計を中心とする地方債残高の重さを図る指標として機能することになります。4つの健全化判断比率のなかで，将来負担比率だけが，財政再生基準が設けられておらず，早期健全化基準のみ設けられています。

地方財政健全化法公布後（施行後）の財政状況

地方財政健全化法公布後（施行後）に地方公共団体の財政健全化は進んだのでしょうか。それを知るために，財政健全化団体や財政再生団体の数がどのように変化したのかについてみていきましょう。

表8.2は，2007年度から20年度決算までの間に早期健全化水準に達した地方公共団体数の推移を表したものです（ただし，この期間において早期健全化水準に達した都道府県はないので，表の数字はその水準に達した市町村数を表します）。この表をみると，すべての健全化指標において早期健全化水準に達した地方公共団体数が減少していることがわかります。とくに，2009年度以降に，実質赤

CHART | 表 8.3　協議不要基準を満たさない地方公共団体の数の推移

年　　度	2007	08	09	10	11	12	13	14	15	16	17	18	19	20
実質赤字額がある団体数	24	19	13	8	2	0	2	0	0	0	3	1	0	1
連結実質赤字額がある団体数	71	39	31	17	9	7	6	1	0	1	0	0		1
実質公債費比率が18%以上である団体数	436	399	306	175	114	63	41	29	20	15	15	9	7	4
将来負担比率が早期健全化基準以上の団体数	5	3	3	2	2	2	1	1	1	1	1	1	1	0

出所）　総務省「令和4年版地方財政白書」をもとに作成。

字比率と連結実質赤字比率が早期健全化水準に達した地方公共団体はゼロとなっています。また，実質公債費比率は 2011 年度から，将来負担比率は 13 年度から，早期健全化水準に達した地方公共団体が 1 団体となっています。この 1 団体は 2007 年から財政再生団体となっている夕張市です。以上のように，地方財政健全化法公布後に財政状況が悪化している地方公共団体数は減少してきました。

協議不要基準と許可制移行基準

　本章第 1 節で説明した協議不要基準と許可制移行基準には，4 つの健全化判断比率が使われています。先に説明したように，地方公共団体が民間等資金から財源調達する場合には，協議が不要である届出制を利用できます。**協議不要基準**は，以下の 4 つの要件を満たす必要があります。

(1)　実質赤字額が 0 を超えないこと。

(2)　連結実質赤字比率が 0 を超えないこと。

(3)　実質公債費比率が 18% 未満であること。

(4)　将来負担比率が都道府県および指定都市にあっては 400% 未満，一般市区町村にあっては 350% 未満であること（この基準は早期健全化基準に達しないことを意味する）。

　表 8.3 は，各比率が協議不要基準を満たさない地方公共団体数の推移を表し

Column ❽-2　国は財政破綻した地方公共団体を救済すべきか

　　財政破綻しそうな地方公共団体を国が救済すべきか，そうすべきでないかについて理論的に考えてみましょう。この問題を考える場合には，財政破綻が起きる事前と事後の時間軸が大事になります。まず国は事前に救済しないと宣言する必要があります。なぜなら，救済すると宣言すれば，すべての地方公共団体は国からの援助をあてにして，放漫財政を行ってしまうおそれがあるからです。一方，事後的には財政破綻した地域への影響を考え，救済を行う方が望ましいでしょう。このように時間とともに最適な選択が変化する状況を時間的非整合性と呼びます。

　　それでは，国は事前に救済しないと宣言し，事後的に救済するという選択をすべきでしょうか。結論をいうと，この選択は望ましいものとはいえません。その理由は，一度，国がある地方公共団体を救済してしまうと，自分たちも救済されるのではといった期待が生じてしまうからです。その結果，地方公共団体は放漫財政を行ってしてしまうといったモラル・ハザードを起こす可能性が生じます。以上のことから，地方公共団体の財政破綻に対して，国は地方公共団体に対して決して救済しないといった首尾一貫した姿勢を貫く必要があるといえます。

たものです（ただし，将来負担比率が早期健全化基準以上の団体数については表8.2を参照）。この表から，協議不要基準を満たさない地方公共団体の数が減少傾向にあることがわかります。

　そして，財政状況がさらに悪化している地方公共団体には，総務大臣や都道府県知事の許可制が適用されます。その**許可制移行基準**は以下のようになっています。

（1）　実質赤字比率が一定水準以上の地方公共団体。

　実質赤字比率が許可団体への移行基準以上（市区町村は標準財政規模に応じ，標準財政規模の2.5%〜10%以上，都道府県は2.5%以上）を超えた場合，地方債の許可団体に移行します。

（2）　実質公債費比率が一定水準以上の地方公共団体。

　実質公債費比率が18%以上となると，許可団体に移行します（実質公債費比率が18%以上の地方公共団体の数については，表8.3を参照）。

(3) 地方債の元利償還金の支払いを遅延している地方公共団体。

(4) 過去に支払いを遅延したことのある地方公共団体のうち，将来において地方債の元利償還金の支払いを遅延するおそれのあるものとして総務大臣が指定したもの。

(5) 協議をせず，または許可を受けずに，地方債を起こした地方公共団体のうち，総務大臣が指定したもの。

(6) 協議または許可にあたって，不正行為をした地方公共団体のうち，総務大臣が指定したもの。

注

1 財政投融資は，かつては「第二の予算」と呼ばれ，郵便貯金，年金積立金などを国（資金運用部）に全額義務預託し，その資金を特殊法人など（財投機関）の財源として運用する仕組みでした。高度成長期においては，社会資本の整備などで重要な役割を担いましたが，その整備が終わり低成長期に入ると，財投機関のなかにはその役割を終えたものが出てきたため，赤字の特殊法人が増えました。このような問題を解決するため，小泉政権下の2001年度の財政投融資改革では，郵便貯金，年金積立金からの義務預託を廃止し，国債（財政投融資特別会計国債）の発行中心による資金調達へ転換し，市場から資金調達を行うようになりました。

□ 1 地方債が発行できるのは，公営企業，出資金・貸出金，地方債の借換え，災害対策，建設事業などの財源とする場合に限定されています。それ以外に，別途定めた法律に基づいて地方債の発行が認められているものがあります。

□ 2 国は，地方公共団体全体の地方債起債額を見通す地方債計画を策定し，必要となる資金を確保したり，資金の配分を行ったりしています。地方債の発行には，総務大臣や都道府県知事との協議が必要となります。ただし，一定要件を満たす地方公共団体は，民間等資金から財源調達を行う場合，事前に届出をすることで地方債を発行できます。財政状況が悪い地方公共団体は，許可が必要となっています。以上のように，地方債発行に関して国の関与があります。

□ 3 地方債の発行は，便益と負担が一致するように利用時払いの原則に従う必要があります。また，地域間移動をすることで，地方債の負担から逃れようとする食い逃げ問題にも注意が必要です。

□ 4 地方財政健全化法のもと，実質赤字比率，連結実質赤字比率，実質公債費比率，将来負担比率の4つの健全化判断比率を用いて，地方公共団体の財政破綻を未然に防ぐ手段が講じられています。

補 章

経済学理論・統計指標の概要

　ここから先は，テキストのメイン部分を補足する補章です。A，B，C の各章からなる補章の内容は次のとおりです。

　補章 A では，経済学における理論分析の基本である限界概念に基づいて，資源配分効率性の条件を考えます。第 3 章補論と第 6 章第 2 節において，限界概念に基づく説明が登場します。また，より一般的な効率性概念であるパレート効率性にも言及します。

　補章 B では，生産費用の概念に関わる規模の経済性について説明します。関連するテキストの部分は，第 4 章第 2 節です。

　補章 C では，第 7 章第 1 節で用いた変動係数の算出方法を解説します。また，格差の計測に使える変動係数以外の指標と，指標の算出に必要な基本統計量を紹介します。

　なお，各補章は，一部分を除けば，形式的に互いに独立したものとして書かれています。必要な部分だけをピックアップして読んでもかまいません。

補章 A 効率性と限界概念

1 限界便益・限界費用の概念

第2章第2節で説明したように，経済学では，資源の無駄遣いがないことを効率的と表現します。まずは，**資源配分効率性**の条件を再掲しておきましょう。

(1) 資源配分効率性を満たす状態：各財・サービスについて，財消費から得られる便益と財生産に必要な費用との差額（純便益）が最大化されている状態

図A.1には，ある財について消費量と便益との関係（O, a, c の各点を通過する曲線）と生産量と費用の関係（O, b, d の各点を通過する曲線）が描かれています。両曲線の垂直差が純便益です。たとえば，財量が X ならば線 ab の長さが，そして Y ならば線 cd の長さが純便益に等しくなります。この図において，純便益を最大化する量が効率的な生産・消費量です（Y で最大化）。

このように，生産・消費量の効率的選択に際して便益と費用の比較が行われるわけですが，経済学理論では限界便益と限界費用の概念を使って議論するスタイルが一般的です。

○ **限界便益**──財消費を1単位増やした場合に生ずる便益の増加額
○ **限界費用**──財生産を1単位増やした場合に生ずる費用の増加額

限界概念は，「少し状況を変化させた場合に，計測対象の量に起きる変化」を指します。簡単な数値例を表A.1にまとめておきます。なお，便益・費用は金銭表示で示されますが，表の数字の単位は任意です（1円単位でも，100万円単位でも議論の本質は変わりません）。左側の表には消費量と便益額との関係とともに，財量が増加するにつれて発生する便益の増加額が示されています。消

CHART 図 A.1 便益・費用の図

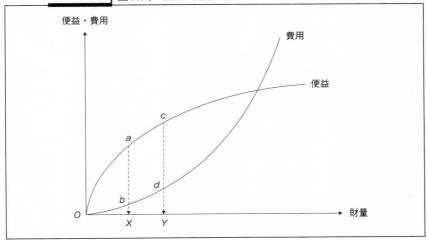

CHART 表 A.1 限界便益・限界費用

財 量	便 益	限界便益	財 量	費 用	限界費用
0	0	200 増	0	0	30 増
1	200	160 増	1	30	40 増
2	360	130 増	2	70	50 増
3	490	100 増	3	120	60 増
4	590	90 増	4	180	70 増
5	680		5	250	

費ゼロから1単位へと増えると200増加，1単位から2単位に増えると160の
増加，という具合です。この変化額が限界便益です。消費ゼロ，1単位，2単
位，3単位……それぞれの段階で，限界便益は200，160，130，100……となり
ます。表A.1の右側の読み方も同様です。限界費用は，生産ゼロ，1単位，2
単位……それぞれの段階で，30，40，50となります。

　表A.1について注意すべきは，次の2つの現象です。

○ **限界便益逓減**──限界便益が消費量の増加とともに下落する現象
○ **限界費用逓増**──限界費用が生産量の増加とともに上昇する現象

経済学理論では，一般にこれらの現象を前提しています。限界便益逓減については，人間の特性である「だんだん飽きてくる」を表現したものです。例として，空腹で倒れそうな人に小さなパン1切れずつ与えて，限界便益を聞いてみるとしましょう。倒れそうな状態ですから，最初の1切れめは大変ありがたみ（高い限界便益）を感じるでしょう。しかし，パンの消費量が増えて腹が満たされるにつれて，ありがたみは小さくなってくるでしょう。しまいには，「パンよりもチャーハンが食べたい」とワガママを言い出すかもしれません。

限界費用逓増については，「事業規模が大きくなると，事業組織の管理費用が膨張してしまう」というイメージでとらえると理解しやすいかもしれません。事業組織が大きくなると，直接生産に貢献しない内部管理（給与計算や人員配置・管理等）に関する人材を増やしていく必要があり，費用が嵩んでしまいます。

限界便益・限界費用の定義から，次の関係が成立することに注意してください。

(2)　限界便益（限界費用）の合計＝便益額（費用額）

実際，表 A.1 左側から，財を3単位消費した場合の便益額 490 は，0単位から3単位めに至るまでの限界便益の合計額（200 + 160 + 130）と一致しています。表 A.1 右側から，費用と限界費用について同じ関係を確認することができます。

② 限界概念に基づく効率的な財量の条件

限界概念に基づくと，効率的な財量の条件である(1)は，次のように書き換えることができます。

(3)　効率的な財の量：限界便益と限界費用が一致する量

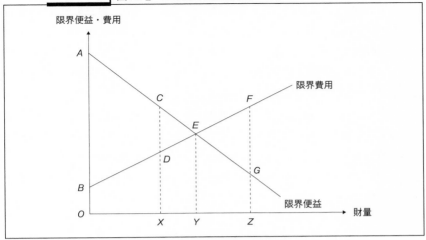

CHART | 図 A.2 限界便益と限界費用の一致

限界便益・費用

限界費用

限界便益

財量

　図 A.2 では，限界便益と限界費用が一致するのは E 点であり，それに対応する生産量 Y が効率的です。Y が効率的である理由を考えてみましょう。そのために，Y とは異なる X と Z の生産・消費を考えます。以下の点に注目してください。

　○ X の場合：限界便益（CX の長さ）が限界費用（DX の長さ）を上回る→財を増やすべき
　○ Z の場合：限界便益（GZ の長さ）が限界費用（FZ の長さ）を下回る→財量を減らすべき

　つまり，X から 1 単位生産・消費量を増やせば，新たに発生する便益（限界便益）が新たに発生する費用（限界費用）を上回りますから，その差額が新たに発生する純便益（限界純便益と呼ぶべきもの：CD の長さと等しい）となります。純便益が増えるのだから，X にとどまる理由はありません。Z の場合，逆に 1 単位生産・消費を減らせば，限界費用分の費用が節約される一方で，便益の減少は限界便益分で済みます。つまり，財量を減らすので便益は減少しますが，費用はもっと減少するという状態です。それならば，財量を減らすべきです。

以上の議論は，「限界便益＞（＜）限界費用である限り，財量を増やす（減らす）ことで純便益を増せる」ことを示しています。消去法的に考えると，限界便益が限界費用と一致する状態が一番望ましいということになるのです。

　以上，限界概念に基づく効率性を説明してきましたが，経済学を学んだことのない方には「なぜ，わざわざ限界概念という面倒なコンセプトに頼るのか？」と思われるかもしれません。図 A.1 をみる限り，「単に便益と費用の差額を最大化する財量を直接探せばよいのではないか？」と感じてしまうのも無理はありません。しかし，経済学を学ぶうえでは，限界概念は必要不可欠なツールです。ここでは立ち入りませんが，市場での需要と供給を図示する際には，限界便益や限界費用が決定的な役割を果たします。

3　パレート効率性の概念

　ここでは，経済学において最も一般的な効率性概念とされている**パレート効率性**を簡単に説明します。パレート効率を満たす状態とは，次のように定義されます。

○パレート効率状態——資源配分を変更しても，経済に参加する全員の厚生（消費からの満足度や生産からの利潤）を同時に高めることができない状態。あるいは，誰かの厚生を高めるには，別の誰かの厚生を下げなければならない状態

　本書では立ち入りませんが，本章第 1，2 節で議論した「財から得られる純便益の最大化」は，厳密にはパレート効率性とは異なるものです。しかし，入門レベルの学習においては，両基準は基本的に整合的であると考えても差し支えありません。

　パレート効率性の概念をシンプルに理解するために，A さんと B さんの 2 人だけから構成される社会を考えましょう。この社会にはパン 10 個が存在します。パンの数は増やせないと前提します。この社会における資源配分問題は，パン 10 個を A さんと B さんに配ることになります。表 A.2 にいくつかの配分

	(a)	(b)	(c)	(d)	(e)	(f)
Aさん	9	5	6	5	3	0
Bさん	1	5	4	4	5	9

パターンが示されています。

　表の(a)(b)(c)は，パレート効率基準を満たします。10個のパンはすべて配分されており，一方の人のパンを増やそうとすると，もう一方の人のパンを減らす必要があります。2人の厚生を同時に高める余地はありません。他方，(d)(e)(f)は基準を満たしません。パンを使い切っていない状態なので，余っているパンを2人に分け与えれば，厚生を同時に高めることが可能です。

　この例は，「効率性＝無駄がない」という点を明確にするものです。ここでは，「無駄がない＝パンをすべて使い切っている」となります。(a)(b)(c)はすべてこの要件を満たすのですが，それでも状況はまったく違います。(a)は格差がひどいという印象を与えるでしょう。それでも，パレート効率性基準は無駄があるか否かだけを問うという緩い基準なので，(a)(b)(c)のすべての配分が基準をクリアしてしまうのです。

　この例は，経済学における効率性概念の本質を浮き彫りにします。この概念は，あくまで無駄があるか否かだけを問う概念であり，格差の問題とはまったく関係のない概念です。このため，第2章第2節で学んだように，公平性の問題は市場の失敗のカテゴリーに含まれるのです。

補章 B　平均費用と規模の経済性

1　固定費用と可変費用

　経済学では，生産に伴う費用を固定費用と可変費用に区分するケースがあります。

(1)　費用＝固定費用＋可変費用
　　○ **固定費用**——生産量がゼロでも負担しなければならない費用
　　○ **可変費用**——生産量がプラスであるときのみ発生する費用

　固定費用は，初期投資に伴う費用ともいえるものです。生産活動を開始するにあたり，各種設備や組織運営の軸となる人員を確保しておく必要があります。この費用は，経済状況その他の理由から一時的に生産を中止することがあっても，事業組織として存続する限りは負担し続ける必要があります。他方，可変費用は生産量とともに増加する費用であり，原材料費や生産に直接従事する人員の給与などが含まれます。

　なお，補章Aでは，固定費用を考慮していません。つまり，可変費用のみが存在するものと想定しています。しかし，固定費用が導入されても，補章Aの議論のエッセンスに変わりはありません。この点については，本章第3節で言及します。

　固定費用の有無は，生産計画期間の長さに依存することに注意してください。短期的には固定費用の存在を前提とした生産計画が求められますが，長期的には固定費用は存在しなくなります。たとえば，パン屋が1週間単位の計画を立てる際には，この週で事業活動の見込みがないとしても，事業から撤退はせずに，「来週以降の様子をみよう」という判断がなされるでしょう。そうなると，今週は材料の仕入れはしないとしても，パン製造機械や店舗のメンテナンス費用を負担することになります。つまり，材料は可変費用で，機械と店舗の維持

CHART 表 B.1　固定費用＝70 のケース

生産量	費用 （可変費用）	平均費用	平均固定費用	平均可変費用	限界費用 （参考）
0	70 （0）	—	—	—	30 増
1	100 （30）	100	70	30	40 増
2	140 （70）	70	35	35	50 増
3	190 （120）	63.33	23.33	40	60 増
4	250 （180）	62.25	17.5	45	70 増
5	320 （250）	64	14	50	

費用は固定費用となります。他方で，5 年 10 年という長い期間で考えると，これ以上事業を継続しても意味がないと判断すれば，「機械や店舗を処分して撤退」することになります。つまり，長期的には「生産しない＝いっさい費用は負担しない」ということになりますので，固定費用の概念は意味を失います。

次に，本章の軸である平均費用の概念を定義します。

(2)　**平均費用**＝費用÷生産量＝平均固定費用＋平均可変費用
　　○ 平均固定費用＝固定費用÷生産量
　　○ 平均可変費用＝可変費用÷生産量

平均費用とは，1 単位当たりの平均的な生産費用を指しています。(1)式より費用は可変費用と固定費用の合計ですので，定義上，(2)式の 2 番めの等号が成立します。以下，数値例に基づいて説明します。

表 A.1 と同様，表 B.1 の数値例は金銭表示ですが，数字の単位は任意です（1 円単位でも 100 万円単位でも議論の本質は変わりません）。この数値例では，生産 1 単位の段階では平均費用は 100÷1＝100 です。生産 2 単位の段階では 140÷2＝70，3 単位の段階で 190÷3＝63.3，そして 4 単位の段階で 250÷4＝62.25 となります（限界費用については，補章 A を参照してください）。

② 生産量と平均費用との関係

　表 B.1 からみえてくるのは，費用総額が生産量とともに増加する一方で，平均費用と生産量との関係はもっと複雑であるという点です。生産ゼロから 4 単位めまでは，生産量の増加とともに平均費用は下落します。しかし，4 単位めを超えると平均費用は増加に転じます。一般的に，生産量と平均費用の関係は U 字型の図で表現することができます（図 B.1 を参照）。

　U 字型の平均費用に基づいて，**規模の経済性・不経済性**が定義されます。

　　○ 規模の経済性（不経済性）──生産量が増加するとともに平均費用が下落
　　　（上昇）すること

　規模の経済性・不経済性が発生する理由を，表 B.1 の数値例に基づいて説明しましょう。(2)式より，平均費用は平均固定費用と平均可変費用の合計です。数値例から，平均固定費用は生産量増加とともに減少し，平均可変費用は生産量とともに増加することに注目してください。つまり，生産量増加とともに，平均費用には減少圧力と上昇圧力が同時に作用しています。問題は，これらの圧力の相対的強さです。生産量が少ない段階では，可変費用はまだ小さいので，平均固定費用減少の圧力が相対的に強くなります。しかし，生産量が増えて可変費用が増加するにつれて，平均可変費用の増加圧力によって，平均費用は上昇傾向をみせるようになるのです。

　以上の議論の直観的イメージは，次のとおりです。あるパン職人が，店と設備を整えたと考えましょう。店・設備の費用は固定費用に分類されます。立派な店・設備をもっていても，パン 1 個作るだけでは意味がありません。「店・設備を有効活用するために，生産量を増やすべき」と考えるのが自然だと思われます。この考え方は，平均固定費用の減少のメリットを追求するもので，規模の経済性の原理に対応します。しかし，生産量が多くなると，小麦粉やパート従業員の経費が増えて平均可変費用が上昇し，規模の不経済性へと転じてしまうのです。

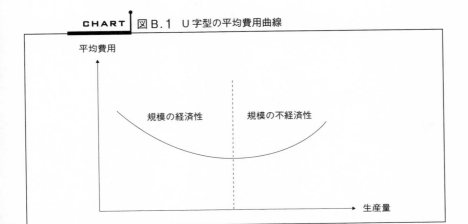

平均費用

規模の経済性　規模の不経済性

生産量

③　公共サービス分析への応用

　前節の規模の経済性に関する議論は，公共サービスの分析に応用可能です。第4章第2節では，地方公共財の供給に関する規模の経済性が説明されています（図4.8を参照）。図 B.1 では，縦軸に平均費用が，横軸に生産量が計測されていますが，地方公共財を考える場合には次のような「読み替え」をします。

○縦軸：住民1人当たりの地方公共財の供給費用（費用÷住民数＝平均費用と定義する）
○横軸：住民数

　図 4.8 に示されるように，地方公共財の平均費用の分析は，財の供給量自体は一定であるという前提のもとで，住民1人当たり費用と住民の数との関係に着目します。地方公共財に関する規模の経済性・不経済性は，前節で学んだ考え方に沿って説明できます。
　たとえば，一定数の消防車を配置して一定レベルの消防サービスを供給すると考えましょう。固定費用に相当する消防車が高額であることを考えると，人口が少ないと住民1人当たりの費用は高額になると考えられます。人口が増え

CHART 表B.2　固定費用が存在する場合の限界分析

	補章A （費用＝可変費用）	固定費用の導入 （費用＝可変費用＋固定費用）
限 界 費 用	生産1単位増による費用増加額 （第1節）	生産1単位増による<u>可変費用</u>の増加額
効率的な 財量の条件	「便益－費用」の最大化（第1節） 限界便益＝限界費用（第2節）	「便益－可変費用－固定費用」の最大化 限界便益＝限界費用

るにつれて，多くの住民で費用をシェアできますから，平均費用は低下します。しかし，人口があまりに増えると火事対応件数が増えて，一定の消防サービスを維持するためには，頻繁な設備メンテナンスや職員の超過勤務手当が必要となります。そのため，住民1人当たりの平均費用は増加に転ずるでしょう。

4 固定費用が存在する場合の限界分析

　この節は，補章Aを読破した方を対象とするものです。補章Aでは，固定費用が存在しない場合を想定して限界概念に基づく効率性分析を行っています。固定費用を導入した場合，表B.2のような「読み替え」が必要となります。

　注意すべきは，補章A第2節で説明した「効率的な財量の条件：限界便益＝限界費用」は保持されるという点です。固定費用は生産量に関係なく一定なので，「便益－可変費用－固定費用」の最大化と「便益－可変費用」の最大化は同じことです。実際，補章A第2節の議論は「限界便益＞（＜）限界費用→財量を増やす（減らす）べき」というものであり，固定費用の有無には関係ありません。

補章 C　基本統計量と格差指標

1　基本統計量

　ここでは次の第 2 節で説明する格差指標の算出に必要な基本統計量として，代表値と散らばり指標を学びましょう。

代 表 値

　代表値とは，分析や考察の対象となるデータのグループ（以下，サンプル）の中心的な傾向を表す指標です。代表値として最もよく用いられるのは平均値（算術平均）です。それ以外には，中央値と最頻値もあります。

　平均値とは，サンプル内のデータの数値を合計し，それをデータの個数で割ったものです。中央値とは，サンプルのデータ個数が奇数の場合は，文字どおりサンプル内の「真ん中」の数値とします。データ個数が偶数の場合は，真ん中の 2 つの数値の平均を用います。最頻値とは，サンプル内で「最も頻繁に登場する」数値です。

　ある 5 人の月収をまとめた図 C.1 のサンプルで具体的にみてみましょう。

　このサンプルにおける平均値は，（14 万円 + 23 万円 + 26 万円 + 37 万円 + 40 万円）÷ 5 = 28 万円となります。中央値は，このサンプルでは真ん中に位置する C さんの 26 万円です。

　最頻値は，この例ではデータ個数が少なすぎて，「ある数値」として求めることができませんから，その代わりに「ある一定の範囲」として求めます（データ数が多い場合でも，このように範囲で考えることがあります）。図 C.1 を，「0円以上 10 万円未満」「10 万円以上 20 万円未満」……といった具合に 10 万円ずつに区切ると，「20 万円以上 30 万円未満」の範囲にのみ 2 つのデータが含まれることがわかります。したがって，このサンプルでは，「20 万円以上 30万円未満」が最頻値（最頻範囲）となります。

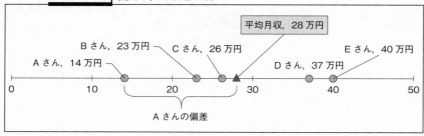

平均月収, 28万円

Bさん, 23万円 — Cさん, 26万円

Aさん, 14万円

Eさん, 40万円

Dさん, 37万円

| 0 | 10 | 20 | 30 | 40 | 50 |

Aさんの偏差

散らばり指標

　散らばり指標には，分散と標準偏差があります。これらの算出については，図C.1の例を逐一用いながら解説していきます。まず，準備として，「各データと平均値の差」である**偏差**を求めます。たとえば，Aさんの偏差は，Aさんの月収14万円と平均月収28万円との差で，－14万円となります。同様に計算していくと，各自についての偏差は，Bさんが－5万円，Cさんが－2万円，Dさんが＋9万円，Eさんが＋12万円となります。

　サンプル内のデータの散らばり具合とは，直観的には，こうして求めた「それぞれの偏差がどれくらい大きいか」ということを意味します。では，これらの偏差を合計すれば散らばり具合を測ることができるかというと，話はそんなに簡単ではありません。試しに，上で求めた5つの偏差を合計してみると，結果は0（ゼロ）になってしまいます。なぜかというと，逆説的なのですが，そもそも，平均値自体が「偏差の合計を0にする」ようにして求められている指標だからです。したがって，このことは，図C.1の例に限らず，どんなサンプルにおいても成り立ちます。

　この「偏差合計が0になってしまう問題」は，それぞれの偏差を二乗し，すべての偏差（に類するもの）の数値をプラスの値にしておけば解消できます。その上で，この数値（偏差の二乗の値）の平均を求めます（正確には，計算で用いる分母の数値は「データ個数－1」です）。このようにして求められる指標が**分散**です。この計算過程からわかるように，分散は各偏差をもとにしていますから，「それぞれの偏差が大きければ，分散も大きい」という特徴をもっています。つまり，サンプル内のデータの散らばり具合を示すことができる指標です。

図 C.1 の例でこの計算をすると，分散は 90 となります。留意すべき点は，計算過程で数値を二乗するという操作をしているため，分散は単位を付けて「90 万円」というように読むことはもはやできません。そのために，数値の大きさを平均値と比較したりすることもできません。

　そこで，分散の平方根を求めることで，二乗した数値を近似的に元に戻すという操作をします。こうして算出される指標が**標準偏差**です。つまり，「標準的（平均的）な偏差」です。ただし，あくまでこれは，この指標のイメージを表現する呼称です。先に述べたように，本来の偏差は合計すると 0 になってしまいますから，その平均を求めることも当然できません。

　図 C.1 の例で標準偏差を求めると，約 9.487 となります。「標準的（平均的）な偏差」のイメージとしてとらえられますから，都合のいいことに，この数値には単位を付けて「約 9.487 万円」と読むことができます。したがって，図 C.1 のサンプルについては，平均月収が 28 万円という情報に加えて，その散らばり具合として，「標準的（平均的）な偏差は，平均月収に対して±約 9.487 万円である」という情報を提示することができます。

② さまざまな格差指標

変 動 係 数

　「格差＝散らばり具合」と単純にとらえれば，上で算出した標準偏差でも十分なように思えますが，この指標の弱点は，「指標の大きさがデータの数値の大きさに影響を受けてしまう」という点です。

　先の図 C.1 の例において，5 人の月収の単位を「万円」ではなく「円」にした数値で考えてみましょう。たとえば，A さんの月収は 140,000（円）という数値で表します。このようにしたサンプルの標準偏差を計算すると，約 94,868 ととても大きな数値になります。この例であれば，（面倒ですが）単位を変えたことを覚えていれば，散らばり具合が大きくなったわけではないことに気づけます。しかしながら，月収データと年収データのように，単位が「万円」で同じだったとしても，一方が 2 桁のデータなのに対して，もう一方は 3 桁もしくは 4 桁となるデータであった場合には，標準偏差を用いていると散らばり具合

について誤解してしまうおそれがあります。

　この弱点をカバーできるのが**変動係数**です。変動係数は，標準偏差を平均値で割り算して求めます。データの数値の大きさに影響を受ける標準偏差を，こちらも同じく影響を受ける平均値で割ることによって，「データの数値の大きさに影響されない」指標を算出するわけです。変動係数には単位がないことに注意してください。

　図 C.1 の元の例で変動係数を求めると約 0.339 となります。単位が「万円」ではなく「円」となっているデータで変動係数を求めても同じ値になります。これは，単位が「円」の場合は，標準偏差が約 94,868（円）と大きくなるのに対して，同時に平均値も 280,000（円）となるからです。

最大値／最小値

　変動係数と同様に，「格差＝散らばり具合」という発想に立ち，変動係数よりも簡単に求められる指標が，**最大・最小比**です。サンプル内の最大値が最小値の何倍かをとらえるものです。第 5 章第 3 節における 1 人当たり地方税収の都道府県間比較（図 5.7）でも用いられています。

　この指標は，変動係数のように偏差の 1 つひとつを考慮するものではなく，サンプル内の最大値と最小値にしか注目しません。したがって，それらが極端な値だった場合には，この指標は格差を過大評価してしまうおそれがあることに注意が必要です。この問題は，とくにデータ個数が多いサンプル（たとえば，47 都道府県ではなく，1718 市町村のように）において，より顕著になります。

中央値－平均値

　散らばり具合だけでなく，サンプル内の偏り具合にも注目し，格差についてより深く考察することが必要となる場合もあります。たとえば，世界金融危機後のアメリカでみられた「Occupy Wall Street」運動で指摘されたような「ごく一部の層への富の集中」といった問題です。変動係数や最大・最小比は，あくまで散らばり具合を測る指標ですので，こういった偏り具合をとらえることはできません。

　たとえば，図 C.1 とは別の 5 人の月収に関するデータの集まりとして，平

均月収 28.4 万円，標準偏差 9.2 万円，変動係数が約 0.324 となるサンプルを考えましょう。図 C.1 の例と比べると，このサンプルは，平均月収が少しだけ高く，散らばり具合は少しだけ小さいようにみえます。しかし，これらの指標は，5 人のうちの 1 人の月収を 10 万円，残りの 4 人の月収は 33 万円として生成したデータをもとにしています。つまり，散らばり具合は図 C.1 の例と大差ないものの，偏り具合は大きく異なります。

　こうした偏り具合を含めて格差を考えたい際に役立つのが，**中央・平均差**です。これは，文字どおり中央値と平均値の差です。これを上の例について求めてみると，図 C.1 の例では，26 万円 − 28 万円 = −2 万円となります。もう一方の「1 人は 10 万円，4 人は 33 万円」のサンプルでは，中央値は 33 万円ですから，中央・平均差は，33 万円 − 28.4 万円 = +4.6 万円となります。

　中央値と平均値の関係について，より一般的にいうと，「Occupy Wall Street」の指摘のような「ごく一部の富裕層」となっているサンプルでは，中央値＜平均値となり，中央・平均差はマイナスの値となります。一方で，上の例のように「ごく一部の貧困層」といった偏り具合になっているサンプルでは，中央値＞平均値となり，中央・平均差はプラスの値となります。

　所得格差や第 5 章で扱った税収の地域間格差のように，世の中で注目されるいわゆる「格差問題」は，対象とするサンプルが「中央値＜平均値」となっているケースがほとんどです。したがって，変動係数によって散らばり具合を測るとともに，中央・平均差のマイナスの値がどれくらい深刻なのかといった偏り具合にも着目することで，格差の構造をより深く理解することができます。

　格差問題に関わる統計には，さまざまな指標があります。本書では扱いませんが，たとえば，ジニ係数やタイル尺度などが有名です。これらは，散らばり具合と偏り具合の両面から格差をとらえることのできる指標です。関心のある方は，ぜひ勉強してみてはいかがでしょうか。

学 習 案 内

　本書は，地方財政論に関する基本的内容をできるだけ平易に説明したものです。さらに詳しく地方財政を学びたいという方のために，関連する文献や統計資料を紹介しておきます。数多くの地方財政関係のテキストや専門書が出版されており，以下のリストはそのほんの一部にすぎません。紹介するテキストや専門書には，それぞれに文献案内や参考文献が付いていますから，それらを辿ってさらに深く広く勉強を進めていくことができるでしょう。

1. 本書の読破後に勉強するのにオススメの地方財政論テキスト
- 佐藤主光（2009）『地方財政論入門』新世社
- 中井英雄・齊藤愼・堀場勇夫・戸谷裕之（2020）『新しい地方財政論（新版）』有斐閣
- 林宏昭・橋本恭之（2014）『入門 地方財政（第 3 版）』中央経済社
- 林宜嗣編（2021）『新・地方財政』有斐閣
- 矢野浩一郎（2007）『地方税財政制度（第 8 次改訂版）』（地方公務員新研修選書 13）学陽書房

　中井ほか（2020），林・橋本（2014），林（2021）は，地方財政に関わる総合的なテキストです。本書で扱われている地方財政に関する理論や制度の基本内容に加えて，地方公営企業や公共投資の現状と課題，少子高齢化や一極集中が進むなかでの地方財政のあり方など，応用的なトピックが取り上げられています。佐藤（2009）は，基礎的なミクロ経済学理論を地方財政論に応用したテキストです。本書の第 2, 3, 6 章で学んだ理論的な内容について，より専門的な解説が含まれています。矢野（2007）は，地方公務員向けに書かれている制度解説本で，地方財政制度全般の基本的な仕組みを学ぶのに有用です。

2. 地方財政の制度・理論について，より高度な内容を含む専門書
- 小西砂千夫（2022）『地方財政学——機能・制度・歴史』有斐閣
- 齊藤愼編（2012）『地方分権化への挑戦——「新しい公共」の経済分析』大阪大学出版会
- 中井英雄（2007）『地方財政学——公民連携の限界責任』有斐閣
- 林宜嗣（2006）『新・地方分権の経済学』日本評論社

○ 堀場勇夫（2008）『地方分権の経済理論——第1世代から第2世代へ』東洋経済新報社

小西（2022）は，地方財政制度全般と戦後から現代に至るまでの制度の変遷について，詳細に解説している専門書です。歴史的変遷については，本書第2章で触れたシャウプ勧告の議論も登場します。齊藤（2012）は，地方交付税，市町村合併，地方公共投資，公営交通事業など，地方財政に関わるさまざまなトピックについてデータを用いた計量経済分析をまとめています。中井（2007）は，本書の第1章で取り上げた財政責任の概念を軸にして，地方財政を理論的に考察した専門書です。日本のみならず，ドイツやイギリスを取り上げて，地域コミュニティの形態に応じた財政責任のあり方を考察しています。林（2006）は，地方行政改革，地方税，補助金に加えて，社会福祉，第三セクター，地域経済活性化などの幅広いトピックを扱っています。堀場（2008）は，欧米で発展してきた地方財政理論を幅広く扱っています。本書第2，3章で学んだ内容を，より高度なミクロ経済学理論を使って解説しています。

3. 財政学や公共経済学関係のテキスト

○ 赤井伸郎編（2017）『実践 財政学——基礎・理論・政策を学ぶ』有斐閣
○ 佐藤主光（2017）『公共経済学15講』新世社
○ 寺井公子・肥前洋一（2015）『私たちと公共経済』有斐閣
○ 西村幸浩・宮崎智視（2015）『財政のエッセンス』有斐閣
◎ 畑農鋭矢・林正義・吉田浩（2015）『財政学をつかむ（新版）』有斐閣

地方財政論を学習する際には，財政学や公共経済学の入門書もあわせて読むことが望ましいでしょう。赤井（2017），西村・宮崎（2015），畑農ほか（2015）は，財政学全般を学ぶのに必要な理論と実際の制度を解説したテキストで，地方財政についても言及しています。佐藤（2017）と寺井・肥前（2015）は，財政問題をミクロ経済学的に考察する公共経済学のテキストです。本書の第2，3章に登場する公共財や外部効果についての理論が，丁寧に解説されています。

4. 統計・資料関係

○ 「地方財政白書」

地方財政に関する最もポピュラーな統計資料です。前々年度の決算データをもとにして，一般会計と特別会計の歳入および歳出の概況がまとめられています。また，前年度および当該年度の地方財政計画，最近の地方財政をめぐる課題と政策につい

ても解説されています。
　・検索ルート：総務省トップ＞政策＞白書
　・URL：https://www.soumu.go.jp/menu_seisaku/hakusyo/index.html

○　「地方財政統計年報」
「地方財政白書」に掲載されているデータについて，より詳しい数値が記載され
ている統計資料です。たとえば，「地方財政白書」では市区町村を一括りにした
データが掲載されていますが，「地方財政統計年報」では市区町村を規模別（指定
都市，中核市，一般市，町村）に区分した詳細な数値が記載されています。
　・検索ルート：総務省トップ＞政策＞統計情報＞地方財政状況調査関係資料
　・URL：https://www.soumu.go.jp/iken/zaisei/toukei.html

○　「地方公共団体の主要財政指標一覧」
本書第4，7，8章で紹介した，財政力指数，経常収支比率，実質公債費比率，将
来負担比率，ラスパイレス指数を，各都道府県および各市区町村について一覧にし
た資料です。
　・検索ルート：総務省トップ＞政策＞統計情報＞地方財政状況調査資料
　・URL：https://www.soumu.go.jp/iken/shihyo_ichiran.html

○　「決算状況調（都道府県／市町村）」
各都道府県および市区町村の人口などの基本情報をはじめとして，一般会計の歳
入および歳出の内訳に関するデータがまとめられています。
　・検索ルート：総務省トップ＞政策＞統計情報＞地方財政状況調査資料
　・URL：（都道府県）https://www.soumu.go.jp/iken/kessan_jokyo_1.html
　　　　　　（市町村）https://www.soumu.go.jp/iken/kessan_jokyo_2.html

○　「財政状況資料集」
各都道府県および各市区町村について，一般会計や特別会計の状況および経常収
支比率などの財政指標やその変化の要因分析など，非常に詳細な情報がまとめられ
ている資料集です。
　・検索ルート：総務省トップ＞政策＞統計情報＞地方財政状況調査資料
　・URL：https://www.soumu.go.jp/iken/zaisei/jyoukyou_shiryou/index.html

以上の統計資料は，使用難易度に応じて平易な順に並べてあります。まずは「地

方財政白書」からご覧になるとよいでしょう。なお，これらの統計資料に掲載されているデータは，Excel ファイルの形式で公開されています（入手方法については，次項をご覧ください）。

5. 地方財政に関連するホームページ
○ 地方財政の概要を紹介しているサイト
・検索ルート：総務省トップ＞政策＞地方行財政＞地方財政制度＞地方財政関係資料
・URL：https://www.soumu.go.jp/iken/11534.html

　本書第 1 章で取り上げた地方財政の概要と関連して，地方財政計画の仕組みや地方財政の現状を紹介しているサイトです。ここに掲載されている各資料は毎年度更新されるため，最新の情報をつかむことができます。

○ 地方行財政に関する各政策の目次サイト
・検索ルート：総務省トップ＞政策＞地方行財政
・URL：https://www.soumu.go.jp/menu_seisaku/chiho/index.html

　地方歳出や行政改革（第 4 章），地方税制度（第 5 章），地方交付税制度（第 7 章），地方債と地方財政健全化（第 8 章）といった地方財政の各テーマのサイトへのリンクが，項目別に並べられています。また，総務省が行っている地域活性化の取り組みのサイトなどへもアクセスできます。

○ 地方分権改革について紹介しているサイト
・検索ルート：内閣府ホーム＞内閣府の政策＞地方分権改革
・URL：https://www.cao.go.jp/bunken-suishin/
・検索ルート：地方六団体　地方分権改革推進本部
・URL：http://www.bunken.nga.gr.jp/

　政府が現在行っている地方分権改革の具体的な取り組みの紹介や，過去に行われてきた取り組みに関するサイトへのリンクがあります。2 つめは，地方分権改革に対する地方公共団体側のスタンスを紹介しているサイトです。

○ 国庫支出金の事例を掲載しているサイト

・検索ルート：インターネット検索サイトの検索欄に「内閣府　国庫支出金　見える化」と入力
・URL：https://www5.cao.go.jp/keizai-shimon/kaigi/special/reform/mieruka/db_top/link/performance.html

本書第 6 章で取り上げた国庫支出金について，すべてではありませんが，各省庁が国庫支出金を用いて行っている政策のサイトへのリンク集です。

○ 国の財政に関する解説資料を掲載しているサイト
・検索ルート：財務省トップ＞財務省の政策＞予算・決算＞わが国の財政状況＞財政関係パンフレット・教材＞過去の日本の財政関係資料
・URL：https://www.mof.go.jp/policy/budget/fiscal_condition/related_data/panfindex.html

国の財政状況について，全体像だけでなく個別分野について概要と課題をまとめた資料です。個別分野のなかに地方財政があり，国と地方財政の関係が簡潔に説明されています。

○ 統計・資料関係の目次サイト
・検索ルート：総務省トップ＞政策＞統計情報＞地方財政状況調査関係資料
・URL：https://www.soumu.go.jp/iken/jokyo_chousa_shiryo.html

「地方財政白書」とその短縮版（ビジュアル版）の PDF ファイルや，先に紹介した各種の統計資料の Excel ファイルをダウンロード可能です。各項目のサイトへ進むと，現在のものだけでなく，20 年ほど過去の分のデータも入手できます。

○ 統計について学べるサイト
・検索ルート：なるほど統計学園（総務省統計局）
・URL：https://www.stat.go.jp/naruhodo/

データの探し方や，グラフの作り方から Excel を使ってできる統計分析まで，入手したデータを用いて地方財政を考察するのにとても役立つサイトです。また，各トピックとは別に用意されている統計用語辞典は，統計に関する用語だけでなくニュースなどで使われる言葉まで幅広くカバーしています。

索　引

＊　本文でゴシック体（太字）となっている用語を索引項目として拾っている。

● アルファベット

PFI　　111
PPP（官民連携）　　110

● あ　行

足による投票　　69
安定性の原則　　133
維持補修費　　94
依存財源　　7
一部事務組合　　15, 104
一定税率　　125
一般行政経費　　18
一般財源　　6, 95, 97
一般財源化　　166
一般補助金　　6, 150, 170
インセンティブ算定　　194
衛生費　　90
応益性の原則　　131, 205
応益説　　129
応益負担の原理　　56, 212
応能説　　129

● か　行

外形標準課税　　138
外部効果　　48
課税最低限　　135
課税自主権　　34, 125, 186
価値財　　47
合併算定替　　100
合併特例債　　100
株式譲渡所得割　　135
可変費用　　230
間接補助　　151
簡素性の原則　　129
還付税　　177

神戸勧告　　39
官民連携　→ PPP
機関委任事務　　28
機関等の共同設置　　106
基準型財政責任　　23, 165, 174
基準財政収入額　　182, 185
基準財政需要額　　182, 186
基準税率　　185, 194
基礎的地方公共団体　　9, 34
規模の経済性　　102, 171, 191, 232
規模の不経済性　　103, 232
義務付け　　30
義務的経費　　94
旧合併特例法　　100
給与関係経費　　18
給与の適正化　　109
教育費　　91
協議会　　106
協議制　　209
協議不要基準　　209, 219
協議不要対象団体　　209
行政上の超過負担　　164
行政責任明確化の原則　　39
許可制　　209, 210
許可制移行基準　　210, 220
銀行等引受資金　　208
均等割　　135, 136
食い逃げ　　211
経済安定機能　　52
警察費　　91
経常収支比率　　95
経常的経費　　95
ケインズ，J. M.　　52
限界消費性向　　52
限界的財政責任　　23, 25, 31, 57, 165, 177
限界費用　　87, 159, 224

——逓増　225

限界便益　87, 159, 224

——逓減　225

減収補てん債　206

減税補てん債　206

建設地方債　205

広域連合　15, 104

公営事業会計　2, 113

公会計の整備　113

公共財　45

公共施設等総合管理計画　113

航空機燃料譲与税　179

公債費　91, 92, 97, 191

公示地価　141

公的総資本形成　3

交付税及び譲与税配付金特別会計（交付税特

　会）　16, 170

交付税特会借入金　196

交付税率　180

交付団体　183

公平性　49

——の原則　129

個人住民税　134

国家公共財　53, 82

国庫委託金　152

国庫支出金　6, 21, 31, 150

国庫負担金　151

国庫補助金　152

固定資産税　122, 141

固定資産台帳　113

固定費用　230

個別算定経費　186

固有事務　28

混雑効果　162

● さ　行

財源調整機能　172

財源不足額　16, 181, 196

財源保障機能　173, 196

歳出特別枠　191, 194

財政援助的補助金　152

財政健全化団体　214

財政再生基準　215

財政再生団体　215

財政錯覚　175

財政状況資料集　118

財政責任　22

財政調整機能　172

財政投融資資金　207

財政力指数　101, 183

最大・最小比　238

再分配政策　49

財務4表　113

三位一体の改革　31, 165

3割自治　7

市（一般市）　12

事業税　122, 137

資源配分機能　46

資源配分効率性　43, 44, 55, 66, 71, 224

資源配分問題　42

自主財源　7, 126

自主性の原則　133

市場公募資金　208

市場の失敗　45, 229

自治事務　11, 28

市町村合併　34, 100

市町村民税　122

市町村優先の原則　39

実質赤字比率　216

実質公債費比率　96, 216

指定管理者制度　111

指定都市　13

私的財　45, 46

自動車重量譲与税　180

資本金　136

事務の委託　106

事務の代替執行　107

シャウプ勧告　38, 178

社会的限界便益　160

集権的分散システム　24, 38, 40

集中改革プラン　109

18年指針　109

住民自治　67
住民税　122
主要財政指標一覧　118
純便益　172
商工費　90
乗数効果　52
消費税　139
情報の非対称性　57
消防費　91
将来負担比率　217
使用料　132
奨励的補助金　152
所得控除　135
所得・富の格差　49
所得割　135
新型交付税　193
人件費　92
森林環境譲与税　179
垂直的外部効果　81, 82
垂直的公平性　61
垂直的財政調整　173, 178
水平的外部効果　82
水平的公平性　61
水平的財政調整　172, 178
税源移譲　31
制限税率　125
政策効果の資本化　72, 73, 141
清算基準　140
性質別分類　4, 18, 92
税の資本化　212
政府最終消費支出　3
石油ガス譲与税　180
世代間の公平　205
全体的財政責任　23, 174, 177, 198
早期健全化基準　214
総務費　90
測定単位　187
租税競争　76, 79
租税原則　128
租税輸出　75, 79

● た　行

第三セクター　115
第三セクター等改革推進債　116
縦割り行政の弊害　57, 163
単位費用　187
段階補正　191
団体委任事務　28
団体自治　67
地域間外部効果　74, 77, 101, 155, 174
地域間比較　66, 90, 118, 175
地域経済の開放性　58, 74
地域自治区　101
地域社会再生事業費　195
地域性の原則　133
地方揮発油譲与税　180
地方行政の改革　35
地方公営企業　114, 204
地方公営企業会計　2
地方公共財　53, 75
地方公共団体金融機構資金　207
地方公共団体の財政の健全化に関する法律
　　→地方財政健全化法
地方交付税　6, 22, 31, 170, 179
地方交付税法　19
地方債　7, 202
地方債計画　19, 206
地方債充当率　208
地方財政計画　12, 15, 22, 23, 179, 181
地方財政健全化法（地方公共団体の財政の健
　　全化に関する法律）　35, 97, 213
地方財政対策　181
地方財政の見える化　67, 116
地方財政白書　116
地方財政平衡交付金　178
地方財政法　19
地方三公社　116
地方自治法　9, 19
地方消費税　122, 140
地方譲与税　170, 179
地方税　7

地方税原則　　130
地方税制改正　　34
地方税法　　19, 34, 125
地方単独事業　　18, 93
地方特例交付金　　170
地方分権一括法　　26
地方分権改革　　25
地方分与税　　177
地方法人税　　182, 195
地方法人2税　　142
中央値　　235
中央・平均差　　239
中核市　　12
中立性の原則　　129
超過課税　　126
超過累進税率　　129
町　村　　12
直接補助　　151
定員管理　　109
定額補助金　　150
定住自立圏　　107
ティブー，C. A.　　70
底辺への競争　　76
定率補助金　　150
適債事業　　204
手数料　　132
統一性・広域性　　11, 40
投資的経費　　18, 95
道府県民税　　122
特定財源　　7, 180
特定補助金　　6, 150, 174
特別区　　14
特別交付税　　170, 183
特別地方公共団体　　13, 104
特別とん譲与税　　180
特別法人事業譲与税　　179, 195
特別法人事業税　　179
特例地方債　　206
都市計画税　　123, 141
トップランナー方式　　194
都道府県支出金　　151

届出制　　209
土木費　　91

● な　行

内部化　　158
ナショナル・ミニマム　　12, 16, 23, 151, 173
能率の原則　　39
農林水産業費　　90

● は　行

排除不可能性　　45
配当割　　135
配付税　　178
パレート効率性　　228
非競合性　　45
必置規制　　29
標準税率　　125, 210
標準団体　　187
標準偏差　　237
付加価値　　137
不確実性　　51
不均一課税・課税減免　　127
福祉移住　　60
不交付団体　　183, 197
扶助費　　92
普通会計　　113
普通建設事業費　　93
普通交付税　　170, 182
普通税　　123
普通地方公共団体　　13
物件費　　94
普遍性の原則　　130
フリーライダー　　46
ふるさと納税　　143
分権化定理　　25, 54, 71, 102, 156, 175
分　散　　236
平均値　　235
平均費用　　231
閉鎖経済　　58
便益漏出　　75, 78, 157

偏　差　236
変動係数　171, 238
包括算定経費　186, 191, 193
法人住民税　136
法人税割　136
法定受託事務　11, 28
法定外税　126
法定税　125
法律補助　150
補完性の原則　10, 12, 54
補助金の交付金化　166
補助事業　18, 94
補助費等　93
補正係数　189, 193

● ま　行

マスグレイブ，R. A.　128
民間委託　110
民生費　90

目的税　123
目的別分類　4, 90

● や　行

ヤードスティック競争　67
有効需要の理論　52
予算補助　150

● ら・わ　行

ラスパイレス指数　98, 110
利子割　135
利他主義　49
留保財源　185
利用時払いの原則　210
臨時財政対策債　197, 206
連携協約　106
連携中枢都市圏　107
連結実質赤字比率　216
枠付け　30

【有斐閣ストゥディア】

地方財政の見取り図
Blueprint for Local Public Finance

2023 年 11 月 20 日 初版第 1 刷発行

著　者	菅原宏太・松本　睦・加藤秀弥
発行者	江草貞治
発行所	株式会社有斐閣
	〒101-0051 東京都千代田区神田神保町 2-17
	https://www.yuhikaku.co.jp/
装　丁	キタダデザイン
印　刷	萩原印刷株式会社
製　本	牧製本印刷株式会社
装丁印刷	株式会社亨有堂印刷所

落丁・乱丁本はお取替えいたします。定価はカバーに表示してあります。
©2023, Kota Sugahara, Mutsumi Matsumoto, and Hideya Kato.
Printed in Japan. ISBN 978-4-641-15116-1